ハーバード・ビジネス・スクール
ファイナンス講座

HOW FINANCE WORKS

ミヒル・A・デサイ＝著

斎藤聖美＝訳

ダイヤモンド社

HOW FINANCE WORKS
The HBR Guide to Thinking Smart about the Numbers
by
Mihir A. Desai

Original work copyright © 2019 Harvard Business School Publishing Corporation
All rights reserved
Published by arrangement with Harvard Business Review Press, Brighton, Massachusetts
through Tuttle-Mori Agency, Inc., Tokyo

本書が生まれた背景について── 謝辞とともに

多数のハーバードMBA、エグゼクティブプログラムの学生から得たフィードバックのおかげで、本書を書き上げることができた。彼らの好奇心、根気強さが、私をことのほか刺激してくれた。ファイナンスを教えるいちばん良い方法はどういうものか、授業指導会議や廊下での立ち話で、ファイナンス専門の教授仲間がさまざまな形で助けてくれた。ハーバード・ビジネス・スクールで私を担当してくれたリサーチ担当ディレクター、シンシア・モンゴメリーと学長ニティン・ノリアは、とりわけ親切に応援してくれた。

本書で採用した教え方は、ハーバード・ビジネス・スクールの「Leading with Finance（ファイナンスでリーダーシップをとる）」というオンライン・コースを、新たに立ち上げようとするなかから生まれたものだ。バラト・アナンドとパトリック・ミュレインは、このプロジェクトをやり遂げるように背中を押してくれた。このコースが実現したのは彼らのおかげだ。素晴らしいパートナー、ブライアン・ミザモアは、私の妄想とも言うべきアイデアをコースに仕立てる手助けをしてくれた。ピーター・クリーシスの深い考えがいろいろな場面で役立った。ハーバード・ビジネス・スクールでのコースを本に置き換えるにあたり、さまざまなアイデアを与えてくれた学生たちには、心から感謝したい。

本書のアイデアは、ティム・サリバンが惜しみなくアイデアを提供してくれたことによる。彼の励ましが本書を完成させる中心的な役割を果たしてくれた。ハーバード・ビジネス・レビュー誌のケビン・エバースは素晴らしいパートナーで、原稿をきちんと整えてくれた。アン・スターは完璧な編集者だ。考えがよく整理されている、厳しいが寛大な人だ。ブライアン・ミザモアとリーン・ファンは原稿を書き終えた後、優れたリサーチで手伝ってくれた。ルーカス・ラミレスのフィードバックはじつに役に立った。ダーリーン・リーは、私が目の前の仕事に集中するよう巧みにコントロールしてくれた。

ティーナ・シェティそしてデサイ家のミア、アイラ、パバティは、最後までヒントを与えてくれた。世界はどう動いているのか教えてくれたのは彼らだ。彼らの忍耐強さ、サポート、励ましがなかったら、本書が日の目を見ることはなかっただろう。

ミヒル・A・デサイ

How Finance Works

**ハーバード・ビジネス・スクール
ファイナンス講座**

目次

CHAPTER 2

第2章

ファイナンスの思考法
なぜ、ファイナンスは
キャッシュと将来にこだわるのか　49

ファイナンスと会計はどこが違うか　50

CHAPTER 3

第3章

ファイナンスを使う
プレイヤーたち

資本市場の「誰が、なぜ、どのように」を
理解する　85

CHAPTER 4

第4章

価値創出の本質
リスク、コストの高い資本、価値の源泉　115

CHAPTER 5

第5章

価値評価のアートと科学

住宅、教育、プロジェクト、あるいは会社を
どう評価するか

CHAPTER 6

第6章

資本配分

CEO と CFO が直面する
最も重要な意思決定をどのように行うか　191

Conclusion

Introduction

序論

ビジネスの公用語としてのファイナンスを学ぶ

多くの人は、ファイナンスというとミステリアスな恐ろしいものと思うようだ。残念なことだが、それも仕方がないだろう。ファイナンスの世界の人は、よそ者が怖じ気づくように、自分たちのしていることを隠したがるからだ。でも、あなたがキャリアアップを望むのなら、ファイナンスに深く関わる必要がある。

ファイナンスはビジネスの公用語であり、経済の生命線であり、ますます資本主義を支配するものとなってきている。だから、ファイナンスを無視したまま、思慮深そうな面持ちでうなずいて会議を乗り切ろうとしても、それはまずできない相談となっている。

ありがたいことに、ファイナンスの識見は、表計算を使ったモデルやデリバティブの価格決定などの複雑な理屈をマスターしなくても、学ぶことができる。本書の目的は、ファイナンスの最も肝要なところを説明して、ファイナンスは恐ろしいなどと二度と思わないようになってもらうことだ。ファイナンスの勘所を身につけても、金融工学の専門家にはなれない。そういう専門家は、もう十分すぎるくらいいる。しかしながらファイナンスの勘所を知っていれば、それはこれか

ら一生、財務の問題に自信と好奇心を持って臨むための基盤となる。

MBA を取得しようとするさまざまなバックグラウンドの学生、ロースクールの学生、エグゼクティブ、そして大学生にファイナンスを教えているうちに、本書のアイデアが浮かんできた。この20年間教えてきたが、私は方程式や古臭い数値例よりも、図やグラフ、実社会での実例を重視してきた。現実との関連性を保ち、要らぬ複雑さを削ぎ落とすためだ。そうしているうちに、過度に正確を期さなくても厳密さを維持できることがわかってきた。同様のことを本書でも試みていくつもりだ。

01 必須の条件は好奇心である

　私の父は製薬会社に勤め、マーケティング担当者としてアジアとアメリカで働いた。58歳のとき、やりがいのある第二のキャリアとしてファイナンスに転じた。そして10年以上働いた。業界に対する深い理解に、新たに身につけたファイナンスの知識を組み合わせて、彼は株のリサーチ・アナリストになった。だが、それは容易なことではなかった。

　その同じ10年間、私はウォールストリートのアナリストとして、大学院の学生として、そして若き教授としてファイナンスを学んだ。私は父とよく話したが、父はよく理解できない別世界で遭遇した多くのことについて、私に質問をした。株価収益率とかディスカウント・キャッシュフローについて話すと、彼は好奇心と忍耐強さを発揮して、この難しいキャリア転換をやり抜いた。

　本書を読むにあたって必須となる条件も同じ。好奇心と忍耐強さだけだ。ファイナンスに対して十分な好奇心があれば、疑問が湧き、この後に続く章を学ぼうという気になるだろう。そして十分な忍耐強さがあれば、難しいところもなんとかやり抜くことができるだろう。さらに、ファイナンスを深く理解し、キャリアで使えるツールとして身につけ、目指す所にたどり着けると思うようになる。それは大変な努力を要することだが、価値あることだとわかっていただきたい。

02 本書が対象とする読者

　本書は、ファイナンスの理解を深めたいと思う人すべてに向けて書かれている。

　ファイナンスを初めて学ぶ人は、親しみやすく、ファイナンスを語るのに欠かせない知識、基盤を与えてくれる、と思ってくれるのではないか。ファイナンスにどっぷり浸かっている人は、口で話すのは簡単でも、きちんとファイナンスを実行するのは難しいとわかっているだろう。

　ファイナンスの核心をなす識見をしっかり身につけるのは難しいが、本書では、アイデアや用語を丸暗記するのではなく、理解を深めることができると思う。向上心の強いエグゼクティブなら、ファイナンスの専門家や投資家との会話をじっくり振り返り、彼らとさらに意義ある対話ができるようになるだろう。

03 本書の構成

気の向くままに本書を読んだり、離れたりしてもいいし、参考書のように、仕事で疑問が生じたときに参照してもいい。だが、最初から最後まで読んでもらえるように意識して書いた。前の章をもとにして次の章が書かれている。

第1章　財務分析入門

財務分析の基礎作りから始めよう。この章で、ファイナンスの用語の大半がわかるようになる。過去の財務諸表を使って業績をどう解釈するか。比率や数字はどういう意味を持つのか。大変だが楽しいゲームで、ファイナンスがフォーカスする比率が現実世界にどう関わってくるのか、わかるようになるだろう。この章は意図的に、ほかの章からは独立した形にしている。実践的に、対話形式でまとめた。ほかの章に進む前の総合的な導入編で、ウォームアップと思っていい。

第2章　ファイナンスの思考法

財務分析と比率がファイナンスだと思っている人は多い。実際には、それはとっかかりでしかない。そのことを理解す

るために、ファイナンスでは次の2つが基盤になっていることを覚えておいてほしい。キャッシュは利益よりも重要だということと、将来は過去や現在よりも重要だということだ。経済的利益を生み出すものは本当は何か？　なぜ会計は問題になるのか？　もし将来が重要なら、将来のキャッシュフローに基づいて今日の価値をどう導き出すのか？

第3章　ファイナンスを使うプレイヤーたち

ヘッジファンド、アクティビストの投資家、投資銀行、そしてアナリストの住む世界。そんなファイナンスの世界は何となく不可解で、ちょっと不透明な感じがある。だが、財務の道に進み、あるいは管理職としてやっていくには、この世界を理解することがきわめて重要だ。なぜファイナンスのシステムはかくも複雑なのか？　ほかにもっと簡便なやり方はないのか？　この問いに答えるべく努力していこう。

第4章　価値創出の本質

ファイナンスで最も重要な質問は、価値創出の源泉となるものは何か、そしてそれをどのように計測するかということだ。どこから価値は生じるのか？　価値を創り出すとはどういう意味なのか？　資本コストとは何か？　どのようにリス

クを測るのか？　これら多くの質問に答えるために、第2章で取り上げたツールのいくつかを、もう少し深く見ていこう。

第5章　価値評価のアートと科学

投資判断をするのに、評価は重要なステップだ。この章では、評価は科学の情報によってアートとなることを見て、何がアートで何が科学かをかいつまんで話そう。会社の価値をどのように知るのか？　投資する価値があるものはどれか？　評価をするうえではまりがちな落とし穴を避けるにはどうすればよいのか、などを見ていく。

第6章　資本配分

最後に、どの会社の財務マネジャーも頭を悩ませる、過剰キャッシュフローをどうするか、という基本的な問題を見ていこう。この章ではそれまでに学んだことを総括する。新規プロジェクトに投資すべきか？　株主に還元すべきか？　もしそうするのならどのように？

04　ファイナンスの世界への手引き

本書の概念的なフレームワークに加えて、現実の世界で得た慧眼と経験を5人の人から、本書のあらゆる場面で提供してもらっている。第3章で述べたファイナンスのエコシステムを望むべく、多様な見方を提供してもらえるように人選した。

2人のCFO（最高財務責任者）が企業代表であり、2人の投資家にそれぞれ公開市場および非公開市場での見方を教えてもらう。そしてファイナンスのエコシステムの中間にいる（父と同じ）株のリサーチ・アナリストにも1人入ってもらう。

最初のCFOは100カ国以上で事業を展開しているグローバルな飲料会社、ハイネケンのCFO、ローレンス・デブローだ。デブローはフランスのビジネススクールを卒業して投資銀行に入り、その後企業側に移ることを決めた。いくつかの企業でCFOとして働いてきた経験があるから、世界中の企業がどのように投資し、資本市場とどのように関わっていくのかを考えるうえで、彼女は素晴らしい道案内役になってくれる。

2人目のCFOはグローバルなバイオテクノロジー会社、

バイオジェンの元CFO、ポール・クランシーだ。バイオジェンのCFOに就く前、彼はペプシコに長く勤めていた。イノベーションと研究開発活動に資金をどう付けるかというテーマに関し、とりわけ貴重な考え方を教えてくれる。

1人目の投資家はアラン・ジョーンズ。彼は投資銀行モルガン・スタンレーでプライベート・エクイティのグローバル・ヘッドを務める。ジョーンズと彼のチームは、過小評価されている企業を見つけて、顧客のために買収する。

2人目の投資家で重要な役割を果たすのは、スコーピア・キャピタルの共同創業者、ジェレミー・ミンディックだ。ミンディックはジャーナリストとして社会人のキャリアを始めたが、企業のことを深く掘り下げて調べる能力は、ファイナンスで成功するのにも役立つのではないかと気づいた。いくつかのヘッジファンドで働いた後、彼はスコーピア・キャピタルを仲間と立ち上げた。今や同社は、ニューヨークで何十億ドルも運用するヘッジファンドとなっている。ヘッジファンドの運用担当者としてミンディックはたえず、企業が過小評価されているか過大評価されているかを見ている。2人の投資家は、企業をどのように査定し、その価値を評価し、彼らの投資によってどのような価値を創出しようとしているか、話してくれるだろう。

5番目の専門家はアルベルト・モエル。以前は株式の調査分析会社、バーンスタインにいた。モエルはCFOやCEOと定期的に会って話を聞き、投資家に推薦する。彼はアナリストがどのように企業を調べ、内部で起きていることを推測し、その価値をどう決めるのかを教えてくれる。彼は実際には、デブローとクランシーに代表されるような企業のCFOと、ジョーンズやミンディックのような投資家の橋渡しをする役目を果たしている。

彼ら5人は、現実社会での見方を話し、基礎を教えてくれ、ここで学んだことを実際にどのように使うかを理解するのを手伝ってくれる。実践にどう関わるかについては、本書の至る所で、「実務家はどう考えるか」という短いコラムで簡単に取り上げ、章末のケーススタディとしてもう少し掘り下げるが、それが章の結論となる。関連して考える「+plus」という囲み記事では、その章で取り上げたアイデアに関連した質問を取り上げる。どの章もすべての関連事項をカバーする練習問題で終わる。

さあ、ちょっとしたゲームから始めることとしよう。

CHAPTER 1

Financial Analysis
Using ratios to analyze performance——all while playing a game

第1章

財務分析入門
ゲームをしながら財務比率を分析に使う

ゲームを始めよう！

　ファイナンスの勘を養うのに、ちょっとしたゲームをしよう。このゲームは、財務分析のプロセスで不可欠な業績評価に数字をどう利用するのかを理解させてくれ、ファイナンスの世界へといざなってくれる。財務分析はCFO、財務担当者、投資家から銀行員まで、ファイナンスを専門とする人たちが必要とする問いに答えを与えてくれる。それは、企業の業績、企業が生き残れるかどうか、将来の可能性はどうか、といった最も基本的な質問に対する答えだ。

　財務分析は会計以上の存在だ。この章で、（例えば貸方と借方のような）会計の仕組みを見ていくことはしない。それよりも、会計を使って作成する財務比率への洞察力を養うことを目的とする。このゲームで財務比率を使い、共通のやり方で数字を比較すれば、何が業績を作り出しているかがわかるようになるだろう。

　ある企業に融資するのはどの程度安全か？　ある企業の株主になるのはどの程度経済的に割に合うのだろうか？　この企業はどの程度の価値をもたらしてくれるのか？　こういった質問に答えるには、1つの数字を見ただけではわからない。財務比率を見れば、共通のやり方で関連の数字を比較できる

ようになる。すると、無意味に思えた数字が意味を持つようになる。このゲームでは、財務比率を見て、それが大手企業14社のうちどの会社のものかを当てる。財務比率を見てどの会社かがわかるようになれば、その知識を企業業績の推移分析に使える。そして、数字から企業の浮き沈みの物語を紡ぎ出せることがわかるようになるだろう。

01　数字の意味を理解する

表1-1を見てほしい。これが本章のバックボーンとなるものだ。異なる業界にまたがる14社の、2013年の財務比率が縦に並べられている。企業名は意図的に隠してある。それがゲームの一部だ。本章を読み進み、財務比率を詳しく見て、それぞれの列の数字がどの会社のものかマッチさせることで、ファイナンスの勘が養われていくだろう。

表は、上から大きく3つの部分に分かれている。最初の部分は、企業が所有する現金、設備機器、在庫といった資産を表す。2番目の部分は、企業がこれらの資産を得るためにどう資金手当てをしているのかを表す。これを見れば、資金を借り入れているのか、企業を所有する株主から資金調達しているのかがわかる。最後の部分は、業績を評価する財務比率だ。それには、企業が何を所有し、その購入資金をどう手当てしたかということ以上の情報が必要になる。ファイナンスの人間は、何でもかんでも割り算をして比率をはじき出し、我々を混乱させようとしているんじゃないかと思わせる節がある。だが、この場合は違う。1つの数字だけでは無意味だが、比率のおかげで解釈が可能になる（例えば、利益1億ドルというのは良い数字なのか悪いのか？　その数字を売上などの数字と比較して初めてわかる）。

業種とそこに分類される企業の名前は表1-2に挙げた。ご覧のように、さまざまな業界の大手企業ばかりだ。

表1-1には406個もの数字が書き込まれている。これだけを見ると怯えるかもしれない。今の段階では、意味のわからないものばかりだろう。でも大丈夫、落ち着いて。今から、このうち28の数字がどういう意味を持つか、説明しよう。「100」が横に並んでいる列は、資産の合計値、負債と株主資本の合計値で、最初の2つの部分の合計だ。ここに載せた企業がみな同じ規模というわけではない。数字は、資産と資金調達源の配分を表す割合だ。したがって、この2つの部分にある数字を足し合わせると100になる。

分析の手助けに、表1-3を掲げた。グローバルなコーヒー・チェーン、スターバックスの2017年の実際のデータを使い、貸借対照表の主だったものを載せた。表1-3（b）にある貸借対照表の資産側（左側だ）には、スターバックスが所有するものを挙げている。「負債と株主資本」の側（右側だ）は、これらの資産がどのように資金手当てされているのかを示す。個人の貸借対照表なら、衣類、洗濯機、テレビ、自動車、家などが資産だ。借金があれば、それは負債。残り

表1-1

業界当てクイズ

貸借対照表の項目の割合	A	B	C	D	E	F	G	H	I	J	K	L	M	N
資産														
現金および有価証券	35	4	27	25	20	54	64	9	5	16	4	2	16	7
売掛金	10	4	21	7	16	12	5	3	4	26	6	2	2	83
在庫	19	38	3	4	0	1	0	3	21	17	21	3	0	0
その他流動資産	1	9	8	5	4	4	6	6	2	4	1	2	5	0
固定資産（正味）	22	16	4	8	46	7	16	47	60	32	36	60	69	0
その他資産	13	29	37	52	14	22	10	32	7	5	32	31	9	10
資産合計*	100	100	100	100	100	100	100	100	100	100	100	100	100	100
負債・株主資本														
支払手形	0	0	8	3	5	2	0	0	11	0	4	4	1	50
買掛金	41	22	24	2	6	3	2	8	18	12	13	2	6	21
未払金	17	15	8	1	5	3	3	9	4	5	5	1	6	0
その他流動負債	0	9	9	9	6	18	2	7	11	10	4	2	12	3
長期有利子負債	9	2	11	17	29	9	10	33	25	39	12	32	16	13
その他負債	7	17	17	24	38	9	5	18	13	10	7	23	22	4
優先株	0	15	0	0	0	0	0	0	0	0	0	0	0	0
株主資本	25	19	23	44	12	55	78	25	17	24	54	36	38	10
負債・株主資本合計*	100	100	100	100	100	100	100	100	100	100	100	100	100	100
財務比率														
流動比率（流動資産 / 流動負債）	1.12	1.19	1.19	2.64	1.86	2.71	10.71	0.87	0.72	2.28	1.23	1.01	0.91	1.36
当座比率（現金、有価証券、売掛金 / 流動負債）	0.78	0.18	0.97	2.07	1.67	2.53	9.83	0.49	0.20	1.53	0.40	0.45	0.71	1.23
在庫回転率	7.6	3.7	32.4	1.6	NA	10.4	NA	31.5	14.9	5.5	7.3	2.3	NA	NA
売掛金回収期間	20	8	63	77	41	82	52	8	4	64	11	51	7	8,047
総資産負債比率（負債合計 / 総資産）	0.09	0.02	0.19	0.20	0.33	0.11	0.10	0.33	0.36	0.39	0.16	0.36	0.17	0.63
長期負債資本比率（長期有利子負債 / 総資本）	0.27	0.06	0.33	0.28	0.70	0.14	0.11	0.57	0.59	0.62	0.18	0.47	0.29	0.56
総資産回転率（売上 / 総資産）	1.877	1.832	1.198	0.317	1.393	0.547	0.337	1.513	3.925	1.502	2.141	0.172	0.919	0.038
売上高当期純利益率（当期純利益 / 売上）	−0.001	−0.023	0.042	0.247	0.015	0.281	0.010	0.117	0.015	0.061	0.030	0.090	0.025	0.107
総資産利益率（当期純利益 / 総資産）	−0.001	−0.042	0.050	0.078	0.021	0.153	0.004	0.177	0.061	0.091	0.064	0.016	0.023	0.004
株主資本資産比率（資産合計 / 株主資本）	3.97	2.90	4.44	2.27	8.21	1.80	1.28	4.00	5.85	4.23	1.83	2.77	2.66	9.76
株主資本利益率（当期純利益 / 株主資本）	−0.005	−0.122	0.222	0.178	0.171	0.277	0.005	0.709	0.355	0.384	0.117	0.043	0.060	0.039
インタレスト・カバレッジ・レシオ（EBIT / 金利費用）	7.35	−6.21	11.16	12.26	3.42	63.06	10.55	13.57	5.98	8.05	35.71	2.52	4.24	NA
EBITDA（金利支払前、税引前、償却前）利益率（EBITDA / 売上）	0.05	0.00	0.07	0.45	0.06	0.40	0.23	0.22	0.05	0.15	0.06	0.28	0.09	0.15

* 合計は100になるように四捨五入されている
* ミヒル・A・デサイ、ウイリアム・E・フルーハン、エリザベス・A・メイヤー。「業界当てクイズ事例、2013」、Case 214-028, ボストン、ハーバード・ビジネス・スクール、2013)

表1-2

業界当てクイズの業界と会社名

業界	会社名
航空会社	サウスウエスト
書店チェーン	バーンズ＆ノーブル
商業銀行	シティグループ
コンピュータ・ソフトウエア開発業者	マイクロソフト
「自社クレジットカード」を持つ百貨店チェーン	ノードストローム
売上の80％を電力販売、20％を天然ガス販売に依存する電力・ガス会社	デューク・エネルギー
パソコンのネット直販業者、売上の半分は企業向けで製造は外部委託	デル
ネット小売業者	アマゾン
宅配業者	UPS
製薬会社	ファイザー
レストラン・チェーン	ヤム！ブランズ
小売ドラッグストア・チェーン	ウォルグリーン
小売生鮮食品スーパー・チェーン	クローガー
SNS	フェイスブック

表1-3

典型的な貸借対照表

（a）貸借対照表

資産： 会社は何を所有しているか	負債・株主資本： 資産はどのように手当てされているか
流動資産	流動負債
現金	買掛金
売掛金	その他流動負債
在庫	非流動負債
その他流動資産	長期有利子負債
非流動資産	その他負債
固定資産	
無形固定資産およびその他資産	**株主資本**
	利益剰余金
	その他資本科目
資産合計	**負債・株主資本合計**

（b）スターバックスの貸借対照表　2017年年次報告書より

資産		負債・株主資本	
現金	19 ％	買掛金	5 ％
売掛金	6	その他流動負債	15
在庫	9	長期有利子負債	36
その他流動資産	2	その他負債	5
固定資産	34		
無形固定資産およびその他資産	29	**株主資本合計**	38
資産合計＊	100	**負債・株主資本合計**＊	100

＊ 合計は100になるように四捨五入されている

表1-4

典型的な損益計算書 ［スターバックスの2017年年次報告書より］

所得

売上	100%
売上原価	−40
売上総利益	60
販売費および一般管理費	−42
営業利益（EBIT：支払利息控除前、税引前利益）	18
利息	−1
税引前利益	17
税金	−6
純利益	11%

が株主資本になる。株主資本と純資産は同義に使われる。ここでは、株主資本を使うことにしよう。

　3番目の部分の比率から業績を評価するために、損益計算書を見よう。これは組織の継続的な運営状況を反映している。**表1-4**は、スターバックスの2017年の、実際の数字を使って簡単にまとめたものだ。損益計算書は、売上、費用を考慮した後、どのように純利益を上げたかを見せる。給料を収入と考え、かかった費用（例えば食費、住宅費など）を計算すれば、いくら貯金できるかがわかるのと同じことだ。

　財務の仕事は、だいたいが膨大な数字を見て、そこから何か面白いことを見つけることだ。**表1-1**に出ている数字を、比率をあまり知らない状態で見たら、どう思うだろうか？　ほかと比べて大きく違う数字があるのはなぜだろうと、好奇心をそそられた？　そうであれば素晴らしい！

　財務分析は、数字を見て面白いと思うところから始まる。最初のステップとしていちばん良いのは、数字の山を眺めて極端な数字を探し、その数字がどういうものか、自分なりのストーリーを作ってみることだ。どの数字がどの会社のものかと推察する前に、それぞれのセクションを見て、最も極端な数字を探してみよう。それから、その数字が何を意味するかを説明していこう。

資産

　企業はミッションを達成するために資産に投資する。だから、資産に関する洞察力を磨くことが重要だ。ある意味、資産は企業そのものである。例えば、ハーゲンダッツは販売用アイスクリーム、アイスクリーム製造工場、そしてアイスクリームを配送するトラックを所有している。資産はそれ以上複雑なものではない。**表1-5**にあるように、資産は現金化が容易な順に並べられている。現金に容易に変えられる資産は流動資産と呼ばれ、いちばん上にくる。**表1-5**の中で、どの

表1-5

業界当てクイズ用資産

貸借対照表の項目の割合	A	B	C	D	E	F	G	H	I	J	K	L	M	N
資産														
現金および有価証券	35	4	27	25	20	54	64	9	5	16	4	2	16	7
売掛金	10	4	21	7	16	12	5	3	4	26	6	2	2	83
在庫	19	38	3	4	0	1	0	3	21	17	21	3	0	0
その他流動資産	1	9	8	5	4	4	6	6	2	4	1	2	5	0
固定資産（正味）	22	16	4	8	46	7	16	47	60	32	36	60	69	0
その他資産	13	29	37	52	14	22	10	32	7	5	32	31	9	10
資産合計*	100	100	100	100	100	100	100	100	100	100	100	100	100	100

＊ 合計は100になるように四捨五入されている

数字が面白く見えるだろうか？

現金と有価証券

　表1-5の最初の列を見ると、F社とG社は、資産の半分以上が現金と有価証券になっていることに気づくだろう。奇妙に思うのではないか？　なぜ企業がそんなに多くの現金を持つ必要があるのだろう？　これは今日のファイナンスで、奥の深い質問だ。企業はかつてないほど多額の現金を所有している。アメリカ企業だけで、合計すると2〜3兆ドルを所有している。例えば、アップルは2500億ドル以上の現金を所有している。この問題に関しては後に詳述するが、多額の

現金を手元に置くのは、(a) 不確実性の高いときの保険として、(b) 将来の買収に備えた軍資金として、あるいは、(c)投資機会がないことを明らかにしているためだ。金利が付かないのだから、企業が現金を保有するのは賢明ではない。そこで現金の大半は、容易に換金できる市場性の高い有価証券である財務省証券（米国国債）に投資される。市場性の高い有価証券は容易に現金化できるから、貸借対照表では現金と一緒に書かれることが多い。

売掛金

　売掛金は企業が顧客から将来受け取る予定のお金だ。企業

と顧客との間で信頼関係が強まると、企業は顧客が後で支払うことを許すようになる。多くの企業は信用供与して、自社とは異なるビジネスをしている顧客に、30日、60日、90日後の支払いを認める。1社（N社）の資産の大半は売掛金で占められている。なぜだと思う？　一方、B社、H社、I社などは、なぜ売掛金が少ないのだろう？

売掛金 + plus

3つの企業を考えよう。多国籍企業の小売業者ウォルマート、文房具店チェーンのステープルズ、そして半導体製造会社インテルの3社だ。売上と比較して、どの企業が最も多額の売掛金を抱えていると思うか？

2016年、ウォルマートは貸借対照表に56億ドルの売掛金を計上した。売上の1.1%だ。ステープルズの売掛金は14億ドルで売上の6.7%に相当する。インテルは48億ドルで、売上の8.9%だ。インテルのように法人対象に販売する企業では、多額の売上が売掛金に反映される。ウォルマートは消費者に販売するので、売掛金は限定的だ。ステープルズはBtoB、BtoCの両方のビジネスを行っているので、面白いことに中間の立場にある。

在庫

在庫は、会社が販売しようとする商品（あるいは商品になる原材料）を指す。在庫には、原材料、完成品、最終製品がある。ハーゲンダッツの在庫には、製造したアイスクリームとアイスクリーム製造に必要なチョコレート、コンデンスミルク、コーヒー豆などがある。

何社か（E社、G社、M社、N社）は在庫を持っていないことに注目してほしい。企業で売るものが何もないということが、あるのだろうか？　これらの企業はサービス業だ、というのが答えだ。これがこのクイズの最初のヒントだ。法律事務所、広告代理店、医療業務を行う会社などを考えてほしい。彼らは売るモノを持たない。だからサービス提供会社なのだ。

有形固定資産

有形固定資産（PP&E）は、企業が製品を製造したり流通させたりするために使う、有形の長期資産である。これには、本社、工場、工場の中に設置された機械、店舗などが含まれる。例えば、電力会社は水力発電ダム、小売業では多数の店舗が有形固定資産に含まれる。I社、L社、M社は、このカテゴリーが60%超という大きな割合になっている。これら

の会社はどの業界に属するだろう？

その他資産

　多額の現金を抱える企業がある一方、D社のように多額の「その他資産」を持つ会社もある。たしかに、現金とその他資産の重要性の増加は、ファイナンスにおける2つの大きな傾向だ。だが、「その他」とはどういう意味だろうか？　いろいろな意味がありうるが、無形資産であることが多い。これは手で触れることはできないが重要なもの、特許とかブランドなどだ。

　ここでちょっと、ひねりが入る。会計士は価値を正確に把握できない限り、無形資産に価値をつけない。たとえばコカ・コーラはものすごく貴重なブランドを有している。いちばん貴重な資産と言えるかもしれない。だが、そのブランドがどのくらいの価値を持つかは、正確にはわからない。そこで会計士はそれを無視する。これは会計における、保守主義の原則だ。正確な価値がわからなければ無視するという考え方のせいで、ファイナンスの世界には会計を信頼しない人が多い。

　企業が別の会社を買収すると、それまで価値を正確に評価できずにいた無形固定資産が、会計上で価値を持つようにな

る。買収時には誰かが実際に、その価値に対してお金を支払うからだ。これが「のれん」になる。その他資産の中できわめて重要な要素だ。貸借対照表に載っている資産価値以上の価格で企業を買収すると、買収企業の貸借対照表にその差額がのれんとして計上される。だから、多くのその他資産とのれんを持つ企業は、それまで保守主義の原則に従って計上されていなかった無形資産を多く持つ企業を買収した可能性が高い。

その他資産 + plus

　マイクロソフトは2016年にリンクトインを262億ドルで買収した。同社の簿価は70億ドルだった。簿価を上回って支払った192億ドルの金額は、のれんを含む「その他資産」の勘定科目に計上される。マイクロソフトが余計に払った192億ドルには、どんな価値があったのだろうか？

　一例としては、リンクトインの4億3300万ユーザーから得る情報で、企業に対するソリューションビジネスや生産性向上の製品のマーケティングを最適化するメリットが挙げられる。リンクトインのユーザー・データは価値を測るのが難しかったため、貸借対照表には表れていなかった。だが、リンクトインを買収することで、マイクロソフトはその価値を明らかにした。

負債および資本の部

2つ目のセクション、負債および資本の部は、企業の資金調達状況に関する情報を記載している（表1-6参照）。資産購入の資金を得る先は2つしかない。お金を貸してくれる人か、出資してくれる人だ。負債は、企業が貸し手から借り入れた金額を表す。株主資本はすなわち純資産だが、株主が出資した金額である。

私たちの日常生活と似ていることに気づいたかもしれない。債務（クレジットカード、住宅ローン、自動車ローン、学資ローンなど）が、資産（住宅、自動車、そして最も重要で貴重な、私たち自身の人的資源）の支払いに役立っている。私たちの資産と債務の差額が、私たちの株主資本（純資産）になる。

表1-6を見るとわかるように、資産構成のパターンは各企業、業種によって異なる。例えばG社は株主資本が大きな資金源となっているが、N社ではほとんどない。資金の構成ミックスは、資本構成と呼ばれる。このトピックは第4章で再び取り上げよう。負債は、返済期限の近い順に記載され、返済期限が間もなくやってくる負債は「流動負債」に分類される。

表1-6

業界当てクイズ用負債・株主資本

貸借対照表の項目の割合	A	B	C	D	E	F	G	H	I	J	K	L	M	N
負債・株主資本														
支払手形	0	0	8	3	5	2	0	0	11	0	4	4	1	50
買掛金	41	22	24	2	6	3	2	8	18	12	13	2	6	21
未払金	17	15	8	1	5	3	3	9	4	5	5	1	6	0
その他流動負債	0	9	9	9	6	18	2	7	11	10	4	2	12	3
長期有利子負債	9	2	11	17	29	9	10	33	25	39	12	32	16	13
その他負債	7	17	17	24	38	9	5	18	13	10	7	23	22	4
優先株	0	15	0	0	0	0	0	0	0	0	0	0	0	0
株主資本	25	19	23	44	12	55	78	25	17	24	54	36	38	10
負債・株主資本合計*	100	100	100	100	100	100	100	100	100	100	100	100	100	100

＊ 合計は100になるように四捨五入されている

買掛金と支払手形

　買掛金は、他社（通常は仕入先）に短期間のうちに支払うべきお金だ。ある会社の買掛金は、支払先の会社の売掛金となる。A 社は多額を仕入先に支払うことになっている。それはなぜだろう？

　A 社が経営難に陥っていて、サプライヤーに支払えないということが、1つの可能性として考えられる。もう1つの可能性として考えられるのは、サプライヤーへの支払いに、わざと時間をかけているということだ。どちらの説明がもっともらしく聞こえるだろうか？

買掛金と売掛金 ＋ plus

　前に、ウォルマート、ステープルズ、インテルの売掛金について検討した。それぞれの会社で、どの顧客がお金を借りているかについて考えよう。言い換えれば、どの会社の買掛金が、この3社の売掛金に対応するだろうか？

　インテルがいちばんシンプルだ。計算能力を持つ電子機器のメーカーに半導体を販売しているから、レノボかデルが同社の顧客だろう。というわけで、インテルの売掛金はレノボかデルの買掛金に対応する。

短期の債務である支払手形を使う会社もある。N 社だけが支払手形を多用していることに気づくだろう。N 社はまた、ほかの会社と比較して売掛金が飛び抜けて多い。この2つは奇妙に見える。こんなにはっきりとした特徴を持つのは、どの会社だと思うか？

経過勘定項目

　経過勘定項目は、広く、すでに受け渡しの終わった活動に対する支払金額を言う。一例を挙げれば給料だ。貸借対照表が給与支払い前の時点で作成されたなら、給与は未払費用となる。

長期債務

　表1-6の短期債務から長期債務に目を移すと、負債が初めて目につく。ほかの債務と違い、負債は金利が明示されるところが特徴だ。これまでに債務を負ったことがある人は多いだろう。学生がお金を借りて債務を負い、そのお金で大学に行く。住宅ローンを借りて家を買うのも同じだ。**表1-6**で、いくつかの企業はかなりの金額を借りていることがわかる。これらの企業は資産の30〜40％を負債でまかなっている。

優先株と普通株

　株主資本はさまざまなリターンに対する所有権だ。実際のところ、所有者は事業から経費と債務を差し引いた残りの現預金をすべて受け取る。債務には固定のリターン（金利）が決められているが、所有権はない。だが倒産時には、株式所有者より前に支払いを受ける。株式所有者は数値の変動するリターンと所有権を持つ。だが、倒産時には何も得られない可能性がある。

　通常、株主資本、純資産、普通株式はどれも同じ意味だ。株主資本は所有者がもともと会社に投資した金額だけとは限らない。会社が純利益を稼ぐと、その利益は配当として支払われるか、あるいは会社に再投資される。この利益剰余金は株主資本の一部だ。それは配当を受け取って、最初に会社に出資したときのように、そのお金を会社に投資するのと同じことだ。

　Ｂ社だけが優先株を発行している。なぜだろう？　そもそも、それは何か？　なぜ一部の所有者が優先されるのだろう？　優先株は債務と株式の両方の要素を持つので、よくハイブリッド証券と呼ばれる。債務と同様、固定金額の配当を受け取り、普通株式の配当よりも前に支払われる。そして株式と同様、優先株は会社に対する所有権を持ち、倒産時には債務の支払いが終わってから支払われる。優先株は当然ながら優先される。会社が悪い状況に陥ると、優先株保有者は普通株式保有者よりも先に支払いを受ける。状況が良くなると、債務所有者とは違い、株式所有者として株価上昇時にはその恩恵にあずかる。

　なぜ企業はそのような株を発行するのだろう？　厳しい事態に直面して将来が危ぶまれる会社を想定しよう。破綻の可能性が高い会社の普通株式に、投資をしたいと思うだろう

長期債務 + plus

　Ｅ社とＩ社の長期債務の資産に占める割合を見てみよう。それぞれ29％と25％だ。どちらの会社の債務のほうが、リスクが高いと思うか？

　この質問に答えるには、両社の現預金のレベルを考える必要がある。Ｅ社は現預金が資産の20％を占める。Ｉ社は5％でしかない。財務アナリストは、現金を「マイナスの債務」と考えることがある。債務を即時に返済するのに使えるからだ。この例の場合、Ｅ社のネット負債は9％だが、Ｉ社はネット負債が20％になる。こう考えると、追加融資をするとなるとＩ社のほうがＥ社よりもリスクが高いと言えるだろう。

優先株と普通株＋plus

　起業家が起こしたベンチャー企業に資金を供給するベンチャー・キャピタルは、ほとんどの場合、資金供給の見返りに優先株を受け取る。なぜ彼らはこの形態を好むのか？

　投資先の業績が良くないときに、優先株なら投資を守ることが可能になる。同時に、会社の業績が良いときにはアップサイドの恩恵を得ることができる。事態がうまく動き出したら、彼らは優先株を普通株に転換してアップサイドを取る。

か？　高い事業リスクに見合わない固定金利しか得られないのであれば、そのような会社に資金を貸そうと思うだろうか？　優先株のユニークな特性のおかげで、会社が危うい状況にあっても資金調達が可能になりうる。

02 比率を理解する

　さて、企業が貸借対照表にどう表されているかはわかった。次に、企業の分析にさらに役立つものを見ていこう。それは

財務比率だ。財務比率はビジネスでの公用語だが、ファイナンスの人間は、これを作り、それについて語り、ひっくり返したり、分解したりするのが大好きだ。

　企業間の比較、異なる時期の比較を可能にするので、財務比率は役に立つ。例えば、コカ・コーラの2016年の純利益は73億ドルだった。これは同社にとって高いレベルなのか？　これだけではわからない。それよりも、コカ・コーラの純利益が売上の16％（純利益÷売上）だったとわかれば、もっと役に立つ。同様に、コカ・コーラの債務は640億ドルと聞いても、あまりピンとこない。資産の71％が債務である（債務÷資産）と言うほうが、同社のことがよくわかる。また、これらの比率を、他社の比率や前年の業績と比較することもできる。

　大まかに言って、**表1-7**の比率は4つの疑問に答える。第一に、会社はうまく利益を生み出しているか？　第二に、会社はどの程度効率的あるいは生産的に稼働しているか？　第三に、会社は資金をどう手当てしているのか？　最後の質問は流動性に関することだが、迅速に現金を調達する能力があるかどうかということだ。もし資産のすべてが不動産であれば、流動性は低い。財産すべてが銀行の普通預金にあるのなら、ものすごく流動性が高い。

表1-7

業界当てクイズ用財務比率

財務比率	A	B	C	D	E	F	G	H	I	J	K	L	M	N
流動比率 （流動資産 / 流動負債）	1.12	1.19	1.19	2.64	1.86	2.71	10.71	0.87	0.72	2.28	1.23	1.01	0.91	1.36
当座比率 （現金、有価証券、売掛金 / 流動負債）	0.78	0.18	0.97	2.07	1.67	2.53	9.83	0.49	0.20	1.53	0.40	0.45	0.71	1.23
在庫回転率	7.6	3.7	32.4	1.6	NA	10.4	NA	31.5	14.9	5.5	7.3	2.3	NA	NA
売掛金回収期間	20	8	63	77	41	82	52	8	4	64	11	51	7	8,047
総資産負債比率 （負債合計 / 総資産）	0.09	0.02	0.19	0.20	0.33	0.11	0.10	0.33	0.36	0.39	0.16	0.36	0.17	0.63
長期負債資本比率 （長期有利子負債 / 総資本）	0.27	0.06	0.33	0.28	0.70	0.14	0.11	0.57	0.59	0.62	0.18	0.47	0.29	0.56
総資産回転率 （売上 / 総資産）	1.877	1.832	1.198	0.317	1.393	0.547	0.337	1.513	3.925	1.502	2.141	0.172	0.919	0.038
売上高当期純利益率 （当期純利益 / 売上）	−0.001	−0.023	0.042	0.247	0.015	0.281	0.010	0.117	0.015	0.061	0.030	0.090	0.025	0.107
総資産利益率 （当期純利益 / 総資産）	−0.001	−0.042	0.050	0.078	0.021	0.153	0.004	0.177	0.061	0.091	0.064	0.016	0.023	0.004
株主資本資産比率 （資産合計 / 株主資本）	3.97	2.90	4.44	2.27	8.21	1.80	1.28	4.00	5.85	4.23	1.83	2.77	2.66	9.76
株主資本利益率 （当期純利益 / 株主資本）	−0.005	−0.122	0.222	0.178	0.171	0.277	0.005	0.709	0.355	0.384	0.117	0.043	0.060	0.039
インタレスト・カバレッジ・レシオ （EBIT/ 金利費用）	7.35	−6.21	11.16	12.26	3.42	63.06	10.55	13.57	5.98	8.05	35.71	2.52	4.24	NA
EBITDA（金利支払前、税引前、償却前） 利益率（EBITDA/ 売上）	0.05	0.00	0.07	0.45	0.06	0.40	0.23	0.22	0.05	0.15	0.06	0.28	0.09	0.15

＊ 合計は100になるように四捨五入されている

流動性

多くの企業が倒産するのは、キャッシュが底をつくからだ。流動比率は、資産を素早く現金化して短期の支払い義務に応じられるかどうかを見ることで、このリスクを測る。顧客にきちんと支払ってもらいたいから、サプライヤーは高い流動性を好む。

しかし、株主にとっては流動性が高いことは善し悪しだ。もちろん、彼らは倒産を望まない。だが現金や有価証券など流動性の高い資産は、十分なリターンをもたらさないからである。

［流動比率］
流動資産 ÷ 流動負債

流動比率はサプライヤーに代わって質問に答える。この会社は、会社を閉鎖せざるを得なくなったとき、サプライヤーに支払えるだろうか？　流動資産は流動負債（サプライヤーに支払うべき金額を含む）を支払うのに十分だろうか？　この比率は、サプライヤーが会社に信用を与えるかどうか、会社が今後6か月から12か月の間生き残れるかどうかを考えるうえで重要なものだ。

当座比率と流動比率 + plus

業種の異なる3社について考えよう。世界的な鉱業金属会社のリオ・ティント・グループ、ミニミル電炉メーカーのニューコア、そして高級ファッションのバーバリーの3社だ。それぞれの会社で、どの比率を見るべきか？　当座比率？　流動比率？

この質問は、どの会社が最もリスクの高い在庫を抱えていると考えるかに依存する。いろいろな面から、バーバリーが最もリスクの高い在庫を抱えていると考えられる。在庫を売って清算できる現物市場があるわけではない。新製品のスタイルを間違えてしまえば、割引きしても在庫をさばくことは不可能だろう。対照的に、リオ・ティント、そして度合いは下がるがニューコアも、在庫を迅速にさばくことができるだろう。現物市場で取引のできる原料を取り扱っているからだ。

［当座比率］
（流動資産 － 在庫）÷ 流動負債

当座比率は流動比率に似ている。だが、分子から在庫が差し引かれている。なぜ在庫がそんなに重要になるのか？　在庫は事業運営に関わることだと思うかもしれない。だがファイナンスの人間にとって、在庫は資金手当てを必要とするリ

スクをはらんでいる。それも、とてもリスクの高いものになる危険性がある。ブラックベリーを考えてみよう。同社は、製品が急速に陳腐化するスマートフォン市場で戦っていた。2013年に同社は Z10 を発売したが、発売時期が遅れ、10億ドルの在庫は実質価値ゼロと発表せざるを得なくなった。高リスクの在庫を扱う企業に対し、当座比率は流動性に対して懐疑的な見方を示す。

収益性

収益性はさまざまな異なる方法で測ることができる。何が適切な計測方法かは、質問の内容による。収益性もまた、従来の会計に基づいた収益性の計測方法をとらなくても見ることができる。

いつでも言えることだが、利益を何かほかのものと比較することが重要だ。例えば、売上から全費用を除いた純利益を売上と比較する（マージン［利ざや］を見られる）、あるいは株主資本と比較する（株主利益）。ともに収益性を測る主な尺度だ。

1つは、すべての関連費用を除いた後、1ドルの売上から会社はどの程度のお金を得られるかを測る利益率である。

もう1つは、利益を株主資本で割ったもので、会社に1ド

ル出資すると、毎年どのくらいのお金が手元に戻ってくるのかを測る。これがリターンの概念であり、株主資本利益率（ROE）と呼ばれる。

［利益率］
純利益 ÷ 売上

表1-1で見たように、異なる費用を考慮した、異なる利益を測る評価尺度がいくつかある。総利益は、売上から単に製品製造関連費用を差し引いたものだ。営業利益は、販売費および一般管理費のような営業費用も差し引く。最後に純利益は、営業利益から金利、税金を差し引いたものだ。面白いことに、A社とB社はマイナスの利益率を示すが、D社とF社はおよそ25％の利益率を出している。

［株主資本利益率（ROE）］
純利益 ÷ 株主資本

この比率は一般に、株主資本利益率（ROE）と呼ばれ、株主が手に入れる年間利益を測る。ある会社に1ドル投資すると年間どの程度の利益が得られるか？　2つの例を挙げると、

C社はROEが22%あるが、M社はわずか6%でしかない。

［総資産利益率（ROA）］
純利益 ÷ 総資産

　総資産利益率と呼ばれるこの比率は、資産1ドル当たりどれだけの利益を会社が生み出しているのかを明らかにする。これは、会社の資産がいかに効率よく利益を生み出しているかを見るのと同じだ。

［EBITDA利益率］
EBITDA ÷ 売上

　EBITDAはファイナンスで最高に優れた略語だ。簡単に発音するには「イー・ビット・ダー」というのが一番だ。これはまた、会計的な利益の考え方から離れて、キャッシュ重視のファイナンスに移りつつあることを示すものでもある。EBITDAとは何か？　EBITとDAの2つの部分に分けるところから始めよう。

　EBITというのは、営業利益としておなじみの言葉を、ファイナンス用語でかっこよく言いまわしたものだ。損益計算書をいちばん下から見ていくと、営業利益を「金利と税金を支払う前の利益」と特徴づけることができる。これがEBITだ。会社によって税率も資本構成も異なるので、EBITを使うことでより直接的に企業業績を比較できる。例えばアメリカの出版社とドイツの出版社では、異なる税率が適用される。したがって税金を反映した純利益を見ると、歪んだ情報で比較することになる。税金支払額を控除したEBITなら、そういうことはない。

　DAはどうか。DAは有形固定資産の減価償却（Depreciation）と、無形固定資産の減価償却（Amortization）の頭文字を取ったものだ。有形固定資産の減価償却は、自動車や設備機器などのような有形固定資産が、時間の経過とともにどう価値を失っていくかを示す。無形固定資産の減価償却も同じことだが、無形資産に使われる。

　DAを重視する理由は、現金支出を伴わない費用だからだ。これは単に、資産価値がどのくらい失われたかを概算するだけだ。工場を建設すると仮定しよう。会計では減価償却をして、その費用を計上しなくてはならない。だがファイナンスでは、現金を重視する。減価償却には現金支出がないから、EBITDAすなわち、金利・税金・減価償却控除前の利益が、事業によって生み出されたキャッシュを測るものとなる。

24

EBIT を出すために減価償却費は差し引かれているので、EBITDA を計算するには DA を足し戻す必要がある。

第2章で見ていくが、キャッシュ重視はファイナンスの考え方の肝になるものだ。後にもっと詳しく述べるが、アマゾンは利益をあまり上げていないが EBITDA は巨額にのぼる。**表1-7**にある会社の中で、D 社の現預金が多額であることが目に付く。45%、すなわち売上1ドルのうち45セントがキャッシュだ！ 同様に、L 社は9%というそれなりのマージンであるが、EBITDA のマージンは28%という途方もない数字になっている。なぜだろう？

資金調達とレバレッジ

レバレッジはファイナンスで最重要のコンセプトで、先に述べた資金調達の選択と資本構成につながる。ファイナンスの仕事をしている友人で、レバレッジについて語ると涙目になる人はいないか？ レバレッジによって帝国がつくられ、破壊されてきた。その理由を見ていこう。

なぜ「レバレッジ（テコ）」と呼ばれるのか？ エンジニアリングでのテコの威力を考えれば、レバレッジの威力をよく理解できる。人力では動かすことが不可能な、大きな岩があるとしよう。テコを使うと何倍もの力が働き、魔法のよう

に岩を動かすことができてしまう。それがまさにファイナンスの世界でも起きるのだ。動かすことのできない岩をテコを使って動かせるように、ファイナンスでもレバレッジを使うと、普通ならできないような資産のコントロールができてしまう。

家を購入した後の個人の貸借対照表を考えてみよう。家を買うのに住宅ローンがまったく使えなかったら？ 100ドル持っていたら、100ドルの家しか買えない。住宅ローンを借りることができたら、例えば500ドルの家を買う。この2つの場合で、貸借対照表がどうなるかを見てみよう（**表1-8**参照）。

事実上、レバレッジのおかげで、住むことのできない家に住めるようになる。テコが大きな岩を動かすのと同じくらい

表1-8

住宅購入の貸借対照表

事例 A		事例 B	
資産	負債および純資産	資産	負債および純資産
100ドルの住宅	純資産100ドル	500ドルの住宅	住宅ローン 400ドル / 物件の純粋価値 100ドル

魔法のようだ。

　そこで大きな疑問が出てくる。ＡのケースとＢのケースでは、どちらのほうがお金持ちだろう？　何も借金がないからＡだと思う人もいよう。大きな家に住めるのだからＢだと思う人もいるだろう。実際には、いずれの場合も変わらない。株主資本は100ドルのままだ。

　レバレッジは、コントロールできない資産をコントロールできるようにするだけではない。運用益も増加させる。この事例で購入した家が、それぞれ10％値上がりしたと仮定しよう。Ａの場合、株主資本対比の運用益は10％だ。しかし、Ｂの場合は50％になる。家の価格は550ドルに上昇するが、住宅ローンは400ドルのままだからだ。

　残念ながら、おいしい話ばかりではない。もし家が20％価値を下げたなら、Ａの場合、株主資本に対するリターンはマイナス20％だが、Ｂの場合には、リターンはマイナス100％になってしまう！　だから、レバレッジを上手にコントロールすることが重要なのだ。レバレッジがなければできないことが、できるようになる。と同時に、リターンを大きく増加させる。ただし、プラスとマイナスの両方向で。

実務家はどう考えるか

モルガン・スタンレーのプライベート・エクイティ、グローバル・ヘッドのアラン・ジョーンズは、レバレッジを使うことについてこうコメントする。

　住宅ローンのたとえはとてもわかりやすい。100ドルの価値の会社を買おうとしているとしよう。100ドルの自己資金で買うこともできるし、誰かから70ドル借りて、30ドルの株主資本で買うこともできる。その資産が所有している間に2倍になったら、最初の場合だと、増加した100ドル、すなわち保有期間のリターンは100％となる。だが、70ドルを他人のお金（すなわち債務だ）を使って同じ資産を買えば、株主資本はもともと投資した30ドルが130ドルになる。お金が2倍になるのではなく、お金のリターンが4倍以上になるのだ。その結果、「他人の金」をできるだけ使おうとするようになる。

[総資産負債比率]

負債合計 ÷ 総資産

　総資産負債比率は、総資産のうち負債がどれだけの割合を占めるかを示す。これにより貸借対照表でレバレッジがどうなっているかを見ることができる。

[総資本負債比率]

負債 ÷（負債 + 株主資本）

　長期負債の総資本に対する比率は、負債と株主資本との混合を強調することで、レバレッジをいくぶんさりげなく見せる指標に変わる。この比率で分母になるのは総資本で、会社の負債と株主資本の合計金額だ。今まで見てきたように、資金調達には主に2種類あり、それぞれ異なる考え方をする。負債には固定の金利費用が発生する。株主資本の場合、収益率が変数となり（すなわち変動するということだ）、また会社の所有権が付いてくる。この比率は、会社の資金調達のうちどの程度の割合が負債によるものかを示す。だから、事業運営のために切り離して注意するよう仕向ける。

[株主資本資産比率]

資産 ÷ 株主資本

　レバレッジによって、コントロールできる資産より大きな資産をコントロールできるようになる。この比率は、株主資本と比較して、どれだけ多くの資産をコントロールできるかを教えてくれる。その結果、レバレッジによって収益がどの程度増幅されているかを見ることができる。

[インタレスト・カバレッジ・レシオ（金利負担能力）]

EBIT ÷ 金利費用

　これまで挙げた3つの比率は貸借対照表から計算できるものだったが、重要な問題となるのは、会社の金利支払能力だ。EBIT と金利費用の比率は、会社が事業運営によってどれだけ金利支払いに充てられる資金を得られるかを示し、データは損益計算書だけを使って計算する。

　例を挙げると、インタレスト・カバレッジ・レシオが1というのは、現状の事業から上がる利益で、ちょうど金利支払いができることを示す。日常生活に当てはめて、月収と住宅ローンの支払金額を考えればわかりやすいだろう。

　損益計算書と貸借対照表の両方の項目を使うハイブリッドの評価基準、負債 EBITDA 比率は、損益計算書と貸借対照表の情報を組み合わせたものだ。

生産性あるいは効率

　生産性は一般によく使われる用語だが、ファイナンスではどういう意味を持つのだろう？　手短に言うと、生産性向上

レバレッジ+ plus

過去20年間に、製薬会社はゆっくりとレバレッジを上げてきた。例えば、2001年にメルクの負債比率は0.53、ファイザーは1.14だった。2016年になると、メルクの負債比率は1.28でファイザーのそれは1.58になった。この業界でいったい何が起きて、この変化となったのか？

この変化の説明として1つ言えそうなのは、製薬会社のキャッシュフローが今までよりも安定的になってきたので、以前よりも大きな負債に耐えられるようになったということだ。大手製薬会社はリスクの高い新治療薬開発を自ら行うよりも、ますますバイオテクノロジー企業から将来性のある技術を買うようになっている。その結果、大手製薬会社の全体的なリスクは減少し、貸し手がもっと信用供与するようになってきた。

プライベート・エクイティの会社はLBO（レバレッジド・バイ・アウト）として知られる取引手法で、企業買収に負債を利用する。こういった取引では、会社は多くの株主から株を買い上げるために資金を借り、それ以前よりもはるかにレバレッジを上げる。
どんな業種がLBOの標的になると思うか？

簡単に言ってしまえば、安定したビジネスモデルで顧客が固定化している会社が良い標的になる。安定的なキャッシュフローがあれば、リスクの非常に高いテクノロジー企業よりも、もっと安全に高いレバレッジを維持することができる。昔からLBOの標的とされてきたのは、タバコ会社、ゲーム会社、電力会社だ。これらの会社の顧客はあまり浮気しないし、代替商品の脅威にさらされることなく需要を予測しやすい。

というのは、少ないものでより多くのものを絞り出すことを意味する。もっと狭義で言えば、**生産性比率は、会社が生産するのにどのくらい資産を上手に利用するかを計測するものだ**。長期的には、生産性の向上が経済成長に最も重要となる。

［資産回転率］
売上 ÷ 資産合計

この比率は、売上を上げるのにどのくらい会社が効率的に資産を利用しているかを示す。これは会社の生産性を測る重要な指標だ。

生産性 + plus

　過去数十年間の情報技術は、生産性向上に大きな影響を与えた。例えば、小売業者と卸売業者、特にウォルマートは1990年代に、アメリカで広範にわたり大きく生産性を向上させた。マッキンゼー・グローバル・インスティチュートによると、ウォルマートは、継続的な経営革新が競争を激化させ、小売業界における「ベストプラクティス」を普及させて生産性を著しく加速させた。この効果は経済のどこに表れているだろう？[注1]

　生産性の向上は、賃金上昇、資金の出し手へのリターン、消費者物価の低下などに表れている。生産性向上が賃金上昇につながっていないと嘆く評論家は多いが、生産性向上は消費者物価を大幅に下げており、低所得者層はその恩恵にあずかっている。したがって、生産性向上は所得の不公平を緩和させてはいないかもしれないが、消費の不公平は緩和させている。

[在庫回転率]
売上原価 ÷ 在庫

　在庫回転率は、ある年に何回在庫をすべて売るかを測る。数字が高いほど、会社は製品を売りさばいて在庫を効率的に管理していることがわかる。在庫はお金のかかるリスクの高い資産だから、在庫回転率が高いのは財務的に重要なことだ。

　この回転率の数字を使って、もう1つの在庫管理の計数を求めることができる。それは在庫日数だ。

[在庫日数]
365 ÷ 在庫回転率

　年間日数（365）を在庫回転率で割れば、売られる前に在庫として、社内に平均何日間とどまっているのかがわかる。表1-1のC社を見てみよう。在庫が1年に30回以上回転している。ということは、在庫にあるのは10日間より少し多い程度だ。対照的にB社は年間わずか4回しか回転していない。すなわち、在庫が100日近くも会社内に転がっているのだ！

[債権回収期間]
365 ÷ 売上 / 売掛金

　会社は在庫を売った後、その代金を受け取らなくてはならない。この数字が小さいほど、会社は売上代金を早く手に入れている。見てのとおり、N社の数字はとても奇妙に見える。

20年以上経ってから、お金を顧客から回収している！　どうすればそんな状況になるのだろう？

　ほかの会社の数字で何か気づいたことはあるか？　残りの会社は、とても短期間（30日以内）に回収するグループと、もっとゆっくり回収するグループの2つに分かれる。その違いは、どういう種類の会社かを知る大きなヒントになる。

03　ゲームスタート！

　さて、すべての数字の理解が深まったところで、どの数字がどの会社のものか、頭をひねることとしよう。自分で答えを見つけようとすることで、単に読み進むよりも多くのことを学べるだろう。

　始めるにあたり、**表1-9**を見てみよう。これまでの議論で目立った数字がハイライトされている。一度に14社すべてを当てようとするよりも、サービス業界と小売業界の2つをまず見てみよう。この2つなら、はっきりと見分けることができる。それから残りを見ていこう。

サービス業界の会社

　財務比率を見ると、サービス業の会社は比較的簡単に指摘できる。形のある製品ではなくサービスを提供するのだから、在庫を持たない。そこで、E社、G社、M社、N社を選ぶことができる。さて、4つの会社のどれがE社、G社、M社、N社になるだろう。2社は社名に「サービス」の文字が入っている。小包配送サービスを行うのはUPSだ。ソーシャル・ネットワーキング・サービス、それはフェイスブックだ。ほかの2社はどうだろう。銀行はサービス提供業者だし、航空会社もそうだ。だから残りの2社は、サウスウエスト航空とシティグループだ。航空会社はちょっと微妙だ。飛行機や予備の部品は在庫だと思うかもしれない。だが、航空会社の主要事業は飛行機や予備の部品を売ることではなく、乗客を運ぶことで、それは明らかにサービスだ。だから在庫の概念はない。

　表1-10の中でどの列がどの会社に相当するか、簡単にできるものから始めていこう。

N社：異常値

　どんな会社だと売掛金の回収に長時間かかり、資金の大半を支払手形で調達するのだろう。顧客から売掛金を回収する

表1-9

業界当てクイズ

貸借対照表の項目の割合	A	B	C	D	E	F	G	H	I	J	K	L	M	N
資産														
現金および有価証券	35	4	27	25	20	54	64	9	5	16	4	2	16	7
売掛金	10	4	21	7	16	12	5	3	4	26	6	2	2	83
在庫	19	38	3	4	0	1	0	3	21	17	21	3	0	0
その他流動資産	1	9	8	5	4	4	6	6	2	4	1	2	5	0
固定資産（正味）	22	16	4	8	46	7	16	47	60	32	36	60	69	0
その他資産	13	29	37	52	14	22	10	32	7	5	32	31	9	10
資産合計*	100	100	100	100	100	100	100	100	100	100	100	100	100	100
負債・株主資本														
支払手形	0	0	8	3	5	2	0	0	11	0	4	4	1	50
買掛金	41	22	24	2	6	3	2	8	18	12	13	2	6	21
未払金	17	15	8	1	5	3	3	9	4	5	5	1	6	0
その他流動負債	0	9	9	9	6	18	2	7	11	10	4	2	12	3
長期有利子負債	9	2	11	17	29	9	10	33	25	39	12	32	16	13
その他負債	7	17	17	24	38	9	5	18	13	10	7	23	22	4
優先株	0	15	0	0	0	0	0	0	0	0	0	0	0	0
株主資本	25	19	23	44	12	55	78	25	17	24	54	36	38	10
負債・株主資本合計*	100	100	100	100	100	100	100	100	100	100	100	100	100	100
財務比率														
流動比率（流動資産／流動負債）	1.12	1.19	1.19	2.64	1.86	2.71	10.71	0.87	0.72	2.28	1.23	1.01	0.91	1.36
当座比率（現金、有価証券、売掛金／流動負債）	0.78	0.18	0.97	2.07	1.67	2.53	9.83	0.49	0.20	1.53	0.40	0.45	0.71	1.23
在庫回転率	7.6	3.7	32.4	1.6	NA	10.4	NA	31.5	14.9	5.5	7.3	2.3	NA	NA
売掛金回収期間	20	8	63	77	41	82	52	8	4	64	11	51	7	8,047
総資産負債比率（負債合計／総資産）	0.09	0.02	0.19	0.20	0.33	0.11	0.10	0.33	0.36	0.39	0.16	0.36	0.17	0.63
長期負債資本比率（長期有利子負債／総資本）	0.27	0.06	0.33	0.28	0.70	0.14	0.11	0.57	0.59	0.62	0.18	0.47	0.29	0.56
総資産回転率（売上／総資産）	1.877	1.832	1.198	0.317	1.393	0.547	0.337	1.513	3.925	1.502	2.141	0.172	0.919	0.038
売上高当期純利益率（当期純利益／売上）	−0.001	−0.023	0.042	0.247	0.015	0.281	0.010	0.117	0.015	0.061	0.030	0.090	0.025	0.107
総資産利益率（当期純利益／総資産）	−0.001	−0.042	0.050	0.078	0.021	0.153	0.004	0.177	0.061	0.091	0.064	0.016	0.023	0.004
株主資本資産比率（資産合計／株主資本）	3.97	2.90	4.44	2.27	8.21	1.80	1.28	4.00	5.85	4.23	1.83	2.77	2.66	9.76
株主資本利益率（当期純利益／株主資本）	−0.005	−0.122	0.222	0.178	0.171	0.277	0.005	0.709	0.355	0.384	0.117	0.043	0.060	0.039
インタレスト・カバレッジ・レシオ（EBIT／金利費用）	7.35	−6.21	11.16	12.26	3.42	63.06	10.55	13.57	5.98	8.05	35.71	2.52	4.24	NA
EBITDA（金利支払前、税引前、償却前）利益率（EBITDA／売上）	0.05	0.00	0.07	0.45	0.06	0.40	0.23	0.22	0.05	0.15	0.06	0.28	0.09	0.15

* 合計は100になるように四捨五入されている
* ミヒル・A・デサイ、ウイリアム・E・フルーハン、エリザベス・A・メイヤー。「業界当てクイズ事例、2013」、Case 214-028, ボストン、ハーバード・ビジネス・スクール、2013)

表1-10

サービス業の会社を当てる

貸借対照表の項目の割合	E	G	M	N
資産				
現金および有価証券	20	64	16	7
売掛金	16	5	2	83
在庫	0	0	0	0
その他流動資産	4	6	5	0
固定資産（正味）	46	16	69	0
その他資産	14	10	9	10
資産合計*	100	100	100	100
負債・株主資本				
支払手形	5	0	1	50
買掛金	6	2	6	21
未払金	5	3	6	0
その他流動負債	6	2	12	3
長期有利子負債	29	10	16	13
その他負債	38	5	22	4
優先株	0	0	0	0
株主資本	12	78	38	10
負債・株主資本合計*	100	100	100	100
財務比率				
流動比率（流動資産／流動負債）	1.86	10.71	0.91	1.36
当座比率（現金、有価証券、売掛金／流動負債）	1.67	9.83	0.71	1.23
在庫回転率	NA	NA	NA	NA
売掛金回収期間	41	52	7	8,047
総資産負債比率（負債合計／総資産）	0.33	0.10	0.17	0.63
長期負債資本比率（長期有利子負債／総資本）	0.70	0.11	0.29	0.56
総資産回転率（売上／総資産）	1.393	0.337	0.919	0.038
売上高当期純利益率（当期純利益／売上）	0.015	0.010	0.025	0.107
総資産利益率（当期純利益／総資産）	0.021	0.004	0.023	0.004
株主資本資産比率（資産合計／株主資本）	8.21	1.28	2.66	9.76
株主資本利益率（当期純利益／株主資本）	0.171	0.005	0.060	0.039
インタレスト・カバレッジ・レシオ（EBIT／金利費用）	3.42	10.55	4.24	NA
EBITDA（金利支払前、税引前、償却前）利益率（EBITDA／売上）	0.06	0.23	0.09	0.15

* 合計は100になるように四捨五入されている

のに平均20年以上もかかる会社なんて、いったいどこだろう。

　その答えは、銀行だ。銀行の貸借対照表は我々と真逆になるから、なかなかピンとこない。一般の人が負債だと思うローンは、銀行の資産だ。したがって、住宅ローンは銀行にとって資産になる。一般の人にとって銀行預金は資産だが、銀行にとっては債務となる。それが支払手形だ。シティグループは、このグループの中で最も高いレバレッジ金額を示している。これは銀行業界全般に言えることだ。

　銀行を経営するのはどういう感じなのだろう。銀行は「スプレッド」ビジネスをしている。住宅ローンに出す利率よりも、預金口座に付ける金利は低い。その業務を通じて私たちの短期資金（預金）を長期資金（ローン）にして、銀行は経済に役立っている。短期資本を長期資本に変えるから、私たちは銀行を大いに高く評価する。だが、銀行が倒産するのもそのせいだ。資産と債務のミスマッチ、そして高いレバレッジがあるために、銀行はエラーが許されない。ほとんどすべての金融危機は、資産の質に疑念を持たれるところから始まる。そうなると預金が流出する。銀行はローンを急いで売って資金をつける必要がある。それによってローンの価格が下がる。そしてコントロールのきかない悪循環に陥り、破綻の結末を迎えることになる。

資本集約型サービス提供者

残り3社はどのように見分けたらいいだろう？　E社とM社は、G社に比べて有形固定資産がはるかに多い。サウスウエスト航空とUPSは基本的に運輸会社だから、両社とも自前の飛行機や多くの機器を抱えている。この2社に、ほかに違うところがあるか数字を見てみよう（**表1-10**のE社とM社を参照のこと）。

この2社で最も大きな違いは、M社は平均7日間で資金を回収している点だ。ということは、M社は大半が個人相手の販売だということだろう。対照的にE社の回収期間はずっと長期にわたっているから、法人相手に販売していると考えられそうだ。サウスウエスト航空は私たちのような個人に販売するから、即座に支払いを受ける。対照的にUPSは物流業者として他企業と取引をする。そこでE社はUPSで、M社はサウスウエスト航空だと考えられる。この仮説を裏付ける、ほかのデータを探すことができるか？

E社はほかにも多くの債務を負っている。UPSが抱えている長期の債務は何だろうか？　それは、退職者に対する年金などの支払い義務だ。このことがわかるには、こういった会社に対する知識がいくらか必要だ。UPSは世界でも多額の確定給付年金を持つ。確定給付年金は格安航空会社なら避けようとするものだが、UPSは古い企業で、かつては社員によって所有されていた。だから従来の年金を維持している。

現金がふんだんにあり、株主資本に依存するサービス会社

消去法で考えていくと、G社はフェイスブックになる。だが、それは予想にぴったりとくるか？　G社は多額の株主資本と現金を持っている。それはフェイスブックの企業特性と一貫性があるだろうか？　フェイスブックはリストの中でいちばん若い会社だ。同社が上場したのは2013年と、ごく最近のことだ。貸借対照表上の価値は発行時あるいは買収時に記録される（保守主義の原則を覚えているかな？）から、株主資本の金額が多いのは若い会社であることと一致する。では、資金調達したお金はどうなったのだろう？　当時、同社は調達した資金を現金で保有していた。

フェイスブックが成長するにつれ、貸借対照表は変わっていった。フェイスブックはワッツアップやインスタグラムをはじめ、いくつもの大型買収を行ってきた。これらの買収は貸借対照表にどう表れているだろうか？　現金のレベルが低下し、先に論じた「その他資産」が増加している。フェイスブックは簿価をはるかに上回る金額で買収したので（会計が無視する無形資産をフェイスブックは評価した）、フェイスブッ

クののれんは増加したはずだ。2014年にワッツアップを190億ドルで買収したが、当時、同社の簿価は5100万ドルでしかなかった。その簿価を上回る購入価格の部分は、フェイスブックののれんとして表れてきている。

小売業者

売掛金回収期間を見て、短期間に回収する会社と、かなり長くかかる会社の2つに分かれることがわかった。どのような会社が顧客から短期間に回収できるのだろう。小売業者は直接消費者に販売する。消費者は現金かクレジットカードでその場で支払うから、売掛金回収期間は短期間になるはずだ。対照的に法人を相手に取引をする企業は、少なくとも30日間の信用を供与する。

したがって、A社、B社、H社、I社、そしてK社が小売業者だ。表の中のどの小売業者が直接消費者に販売するか？ アマゾン、バーンズ＆ノーブル、クローガー、ウォルグリーン、ヤム！ ブランズはすべて小売業者だ。ここではノードストロームを除外してよいだろう。自社ブランドのクレジットカードを持っているので、ほかの会社と違って、同社の顧客の場合は支払いが長期になる。ノードストロームは自社専用のクレジットカードを持つことにより、小売業者というよ

り銀行に近い行動をとる。

これら5社の小売業者を、どのように振り分けることができるだろうか？ 小売店で働いた経験があれば、在庫を動かすことがすべてだと知っているだろう。在庫回転の方法が、5社の間でものすごく異なっている。ごく短期間に在庫を回転させる会社（H社）があるし、長期にわたる会社（例えばB社）もある（**表1-11**参照）。

在庫回転にはっきり特徴のある会社

さて、このグループの中で、在庫をものすごく早く回転させているのはどの会社だろう？ H社は在庫を年間32回転させている。だから、商品が在庫にとどまるのはわずか11日間だ。これはヤム！ だと思うだろう。そう、そのとおり。食料品店チェーンも生鮮食品を扱うが、乾物や缶詰も扱うから、レストランチェーンよりもずっと回転が遅くなる。

逆の極端な例はB社で、在庫の回転がきわめて遅い。ほぼ90日間だ。長期間かけてもよい在庫を扱い、回転に時間をかけるのはどの会社だろう。書店に行けばわかるのではないか。B社が書店だと思わせるものは、ほかにあるだろうか？

B社で目に付くのは赤字になっている点だ。書店は世界中

表1-11

小売業者の名前を当てる

貸借対照表の項目の割合	A	B	H	I	K
資産					
現金および有価証券	35	4	9	5	4
売掛金	10	4	3	4	6
在庫	19	38	3	21	21
その他流動資産	1	9	6	2	1
固定資産（正味）	22	16	47	60	36
その他資産	13	29	32	7	32
資産合計*	100	100	100	100	100
負債・株主資本					
支払手形	0	0	0	11	4
買掛金	41	22	8	18	13
未払金	17	15	9	4	5
その他流動負債	0	9	7	11	4
長期有利子負債	9	2	33	25	12
その他負債	7	17	18	13	7
優先株	0	15	0	0	0
株主資本	25	19	25	17	54
負債・株主資本合計*	100	100	100	100	100

貸借対照表の項目の割合	A	B	H	I	K
財務比率					
流動比率（流動資産/流動負債）	1.12	1.19	0.87	0.72	1.23
当座比率（現金、有価証券、売掛金/流動負債）	0.78	0.18	0.49	0.20	0.40
在庫回転率	7.6	3.7	31.5	14.9	7.3
売掛金回収期間	20	8	8	4	11
総資産負債比率（負債合計/総資産）	0.09	0.02	0.33	0.36	0.16
長期負債資本比率（長期有利子負債/総資本）	0.27	0.06	0.57	0.59	0.18
総資産回転率（売上/総資産）	1.877	1.832	1.513	3.925	2.141
売上高当期純利益率（当期純利益/売上）	−0.001	−0.023	0.117	0.015	0.030
総資産利益率（当期純利益/総資産）	−0.001	−0.042	0.177	0.061	0.064
株主資本資産比率（資産合計/株主資本）	3.97	2.90	4.00	5.85	1.83
株主資本利益率（当期純利益/株主資本）	−0.005	−0.122	0.709	0.355	0.117
インタレスト・カバレッジ・レシオ（EBIT/金利費用）	7.35	−6.21	13.57	5.98	35.71
EBITDA（金利支払前、税引前、償却前）利益率（EBITDA/売上）	0.05	0.00	0.22	0.05	0.06

* 合計は100になるように四捨五入されている

で消えつつある。アマゾンの出現で、本を売ることがとても難しいビジネスになったからだ。それがマイナスの利益率に表れている。B社はまた、優先株を発行した唯一の会社だ。それも財務的に厳しい状況にあることを示す。

最後の3つの小売業者

　残りの3社、A社、I社、K社では、有形固定資産の金額がはっきりと異なる。A社はこの資産が最も小さい。また、このうち2社は、従来の実店舗で運営していることがわかっている。ウォルグリーンとクローガーだ。ネット通販のアマ

ゾンは有形固定資産が少ないから、Aに違いないとわかる。

だが、今日の経済におけるアマゾンのポジションを考えると、何か確認できる証拠が必要だ。A社がアマゾンだと思える特徴的な点は何だろう？　まず、A社は利益を上げていない。アマゾンのニュースを追っていたなら、同社が利益を上げないことで、悪名をとどろかせていることを知っているだろう。アマゾンに関しては第2章でさらに見ていこう。

第二の確証となるのは、A社が多額の買掛金を持っていることだ。それは問題を抱えているか、あるいはその規模の力で仕入先から容易に信用を得ているかのいずれかだ。A社の持つ現金の額を考えれば、A社が財務的に困っていないことがわかる。したがって、A社は市場で強いポジションを持ち、サプライヤーに対して力があると考えられ、アマゾンだと思われる。

残るは2社だ。小売ドラッグチェーンと食料品チェーン店がI社かK社になる。

I社が大きく違うのは、K社よりも相当多額の有形固定資産を持っていることだ。最近訪れた食料品店やドラッグストアを思い出してみよう。どちらのほうが設備機器を多く持っているだろうか？　生鮮食品ビジネスでは、低温物流システム（コールドチェーン）が相当高くつく。したがって設備機器が多いI社が、たぶん生鮮食品会社だろう。だが、ほかにもヒントがないか見てみよう。

I社はK社よりも売掛金回収が早い。生鮮食品店はすぐに支払いを受けるだろうから、I社が生鮮食品店であるとの確信がさらに強まる。ドラッグストアの収入の大きな割合は、医薬品をカバーする保険が占める。そうであれば、ドラッグストアはB2Bに近い会社になる。I社は在庫を早く回転させている。生鮮食品店ならそうだと想像がつく。そこで、K社はドラッグストアのウォルグリーンで、I社はクローガーだと結論付けていいだろう。

04 残された会社

小売業とサービス業の企業を除くと、種々雑多な一団が残る。マイクロソフト、ノードストローム、デューク・エネルギー、ファイザー、デルの5社だが、これらの会社のデータは表1-12に挙げられている。

C社、D社、F社の3社は、ほとんど有形固定資産を持たない。残りの2社は多額の有形固定資産を抱えている。1つ

表1-12

残された会社を当てる

貸借対照表の項目の割合	C	D	F	J	L
資産					
現金および有価証券	27	25	54	16	2
売掛金	21	7	12	26	2
在庫	3	4	1	17	3
その他流動資産	8	5	4	4	2
固定資産（正味）	4	8	7	32	60
その他資産	37	52	22	5	31
資産合計*	100	100	100	100	100
負債・株主資本					
支払手形	8	3	2	0	4
買掛金	24	2	3	12	2
未払金	8	1	3	5	1
その他流動負債	9	9	18	10	2
長期有利子負債	11	17	9	39	32
その他負債	17	24	9	10	23
優先株	0	0	0	0	0
株主資本	23	44	55	24	36
負債・株主資本合計*	100	100	100	100	100

* 合計は100になるように四捨五入されている

貸借対照表の項目の割合	C	D	F	J	L
財務比率					
流動比率（流動資産／流動負債）	1.19	2.64	2.71	2.28	1.01
当座比率（現金、有価証券、売掛金／流動負債）	0.97	2.07	2.53	1.53	0.45
在庫回転率	32.4	1.6	10.4	5.5	2.3
売掛金回収期間	63	77	82	64	51
総資産負債比率（負債合計／総資産）	0.19	0.20	0.11	0.39	0.36
長期負債資本比率（長期有利子負債／総資本）	0.33	0.28	0.14	0.62	0.47
総資産回転率（売上／総資産）	1.198	0.317	0.547	1.502	0.172
売上高当期純利益率（当期純利益／売上）	0.042	0.247	0.281	0.061	0.090
総資産利益率（当期純利益／総資産）	0.050	0.078	0.153	0.091	0.016
株主資本資本比率（資産合計／株主資本）	4.44	2.27	1.80	4.23	2.77
株主資本利益率（当期純利益／株主資本）	0.222	0.178	0.277	0.384	0.043
インタレスト・カバレッジ・レシオ（EBIT／金利費用）	11.16	12.26	63.06	8.05	2.52
EBITDA（金利支払前、税引前、償却前）利益率（EBITDA／売上）	0.07	0.45	0.40	0.15	0.28

は、発電所を持つデューク・エネルギーだろう。もう1社は実店舗を持つノードストロームだろう。だが、どちらがどちらか？

　ダブルチェックするために、残りの3社の有形固定資産がどうなっているかを見てみよう。デル、ファイザー、マイクロソフトは大掛かりな製造をしないから、有形固定資産が低いレベルにあるのは納得がいく。

　では、有形固定資産の大きな会社のうち、どちらがデューク・エネルギーでどちらがノードストロームか？　大きな違いは在庫だ。ノードストロームは大きな在庫を持っているだ

ろうが、デューク・エネルギーはほとんどない（電力は貯蔵
できない）。だからL社はデューク・エネルギー、J社は小売
業のノードストロームとなる。

また、L社が大きなEBITDA利益率を持つのは、多額の
有形資産償却と無形資産償却を生じさせていることを意味す
る。電力会社ならそうだろう。電力業界の人は、利益率より
もEBITDAを重視する。減価償却がいかに事実を歪ませる
かを知っているからだ。

最後の3社、デル、マイクロソフト、ファイザーのうち、
C社は利益率が実に低い。D社とF社は驚くほどの利益率
（20％を超す）とEBITDA利益率（40％）だ。残り3社のうち、
どれがコモディティ化した商品を売る業界のものだろう。過
去10年から15年の間に、ノートパソコンはコモディティと
なってしまった。それが落ち込んだ利益率に表れる。そのよ
うなコモディティ化は、ソフトウエアや医薬品では起こって
いない。

また、C社の在庫は10日間をわずかに超える程度だ。そ
れは、デルのジャスト・イン・タイムのビジネスモデルと合
致する。デルは注文を受けてから製造を始める。その結果、
在庫はものすごく抑えられる。

最後の２社を特定する

残り2社は酷似しているから、この最後のステップが最も
難しい。1つ重要な違いは、D社の場合、その他資産が大き
い点だ。ということは、たぶん統合の進む業界で、無形の資
本集約型業界だということだろう。

製薬業界の動きをフォローしている人なら、D社はファイ
ザーじゃないかなと思うだろう。業界全体が統合しつつある
なか、ファイザーはファルマシア、ワイス、ホスピーラなど
を次々と買収してきている。だからD社はファイザーで、F
社はマイクロソフトだ。これを決定的にする確証があれば助
かる。D社は、F社と比べてかなり債務が大きいことが見て
取れる。それもD社がファイザーであることと一貫性があ
る。ファイザーには昔からの年金制度があるが、マイクロソ
フトはもっと若い会社だから確定拠出年金制度だ。最後に、
マイクロソフトには大きな現金残高があることを知っている
だろう。これもF社に合致する。

やった〜！　とても難しいゲームだったが、これらの比率
とその背後にある論理を復習すれば、本書の残りの部分を理
解するための、しっかりとした基礎を身につけられるだろう。

05 いちばん重要な比率

　たくさんの数字を見てきたが、1つの数字がほかのどれかより重要だと考えることはできるだろうか？　多くの比率の中で、どの数字を管理職は最も注目すべきなのか？　この質問は議論を呼ぶところだが、**多くの財務アナリストは株主資本利益率（ROE）に注目する。その数字は、会社での究極のボスである株主に対する収益性を測るものだからだ。**

　ROE は広く使われているから、まずは ROE に影響を及ぼす構成要素を理解することが重要だ。デュポン分析は、企業の財務健全性を分析する方法で、20世紀初めにデュポン社で始められた。これは、ROE に大きな影響力を与えるものは何かを理解するのに役立つものだ（**図1-1**を参照）。デュポン分析では代数計算を使って、ROE を3つの要素に分ける。収益性、生産性、レバレッジの3つだ。

収益性：ROE の最初の重要な要素は、会社がどのくらい儲けているかだ。これは利益率の概念に戻る。売上1ドルにつき純利益をどのくらい稼いでいるかということだ。

図1-1

デュポンのフレームワーク

株主資本利益率（ROE）	＝	収益性	×	生産性	×	レバレッジ
		利益率		資産回転率		レバレッジ
		売上高当期純利益率（当期純利益／売上）		総資産回転率（売上／総資産）		株主資本資産比率（資産合計／株主資本）

生産性：収益性は重要だが、ROE は生産性によっても上げることができる。会社の生産性を測るには、資産回転率を使う。会社が売上を上げるのに、資産をどの程度効率良く使っているかを見るものだ。

レバレッジ：前に見たように、レバレッジを使えば売上を大きくできる。また、ROE に対して重要な貢献をする。この場合、会社の資産を株主資本で割ることによってレバレッジを測ることができる。

　この単純な計算方式で、高い ROE をもたらすものは何かを見つけることができる。ほかの評価基準と同様、ROE は

不完全なもので、2つの問題が目につく。第一に、レバレッジ効果を含むから、純粋な営業成績を測るわけではない。そこで、資本利益率を好む人もいる。それは、EBIT と会社の資本（負債＋株主資本）を比較するものだ。第二の問題は、後にも見るが、事業がキャッシュを生み出す力とは対応しない点だ。

デュポン分析を実際に使う

　さて、学んだばかりの財務知識のテストをしてみよう。大きく異なる10社の ROE を見て、それぞれの会社の ROE を決める要素がいかに違うかを明らかにしてみよう（**表1-13**を参照）。10社を見て2つの質問に答える。1つは、デュポン分析の4つ、ROE、収益性、生産性、レバレッジのうち、まったく異なるこれら10社の中で、どれが最も類似しているか、ということだ。次に、それぞれの分析でどの会社が最高、最低の数値を出しているだろうか？

　最初の質問に答えるには、これらの数字がなぜ違うのか、なぜ同じようになるのかを考える。2つ目の質問には、デュ

表1-13

デュポン分析

1998年、企業10社の ROE と業績を動かす要因

	株主資本利益率（ROE）%	=	利益率 %	×	資産回転率（回）	×	財務レバレッジ（倍）
バンク・オブ・アメリカ		=		×		×	
キャロライナ電力		=		×		×	
エクソン		=		×		×	
フード・ライオン		=		×		×	
ハーレーダビッドソン		=		×		×	
インテル		=		×		×	
ナイキ		=		×		×	
サウスウエスト航空		=		×		×	
ティファニー		=		×		×	
ティンバーランド		=		×		×	

ポン分析のそれぞれの部分が概念的に何を表すかをじっくり
考えてみる。

　最初の質問の答えは、ROE だ。**表1-14**にある ROE のレ
ンジは、ほかの3つの列の数値に比べていちばん小さい（最
高値と最低値をちょっと比べればわかる）。ではなぜ、ROE は
どの会社でも似たような数字になるのか？

　ここに挙げた会社は製品市場では競合しないが、資本市場
では競合する。したがって、株主へのリターンはあまり大き
く外れるわけにはいかない。さもなければ、資金は業績の低

い会社から、より良い業績を上げている会社に移ってしまう。
だから ROE は、だいたいが同じようになるのだ。

　ROE はすべて同じようになるべきか？　いや、リターン
とリスクの関係があるから、そんなことはない（このことに
ついては第4章で詳しく見る）。株主はより大きなリスクを辛
抱するぶん、より大きなリターンを要求する。だから資本市
場と企業間の競争は、株主へのリターンが同レベルに近づく
ように働き、リスクは異なるレベルになるように働く。

　それぞれの列で、高い数字と低い数字を見ていこう。まず

表1-14

デュポン分析

1998年、企業10社の ROE と業績を動かす要因

	株主資本利益率（ROE）%	=	利益率 %	×	資産回転率（回）	×	財務レバレッジ（倍）
バンク・オブ・アメリカ	11.2	=	10.8	×	0.1	×	13.5
キャロライナ電力	13.5	=	12.8	×	0.4	×	2.8
エクソン	14.6	=	6.3	×	1.1	×	2.1
フード・ライオン	17.0	=	2.7	×	2.8	×	2.3
ハーレーダビッドソン	20.7	=	9.9	×	1.1	×	1.9
インテル	26.0	=	23.1	×	0.8	×	1.3
ナイキ	12.3	=	4.2	×	1.8	×	1.7
サウスウエスト航空	18.1	=	10.4	×	0.9	×	2.0
ティファニー	17.4	=	7.7	×	1.1	×	2.0
ティンバーランド	22.2	=	6.9	×	1.8	×	1.8

は収益性だ。フード・ライオンの収益性は2.7%と非常に低い。インテルは著しく高い。なぜだろう？

この差を、競争の激しさの違いによるものとしたくなるかもしれないが、現実にはどの会社も厳しい競争の中で経営している。実のところ、収益性は会社の付加価値創出能力を測るもので、付加価値の大きさによってそれぞれ数字が決まってくる。食品を扱う小売店はあまり付加価値を生み出さない。だから最も優れた食料品店ですら、わずか4%の利益率しか得られない。対照的なのがインテルだ。砂をコンピュータに埋め込んでいる。これが本当の付加価値というものだ。収益性は、この付加価値を生み出す基本的なプロセスを反映する。

なぜ、フード・ライオンの資産回転率が最も高いのだろう？　食料品店の経営はどういうものなのだろうか。シリアル1箱を売るごとに大きな儲けが出るわけではない。肝心なのは、この在庫をできる限り早く回転させることだ。だから資産回転率が、食料品店のROEでは最も重要な要素となる。

最後に、前述したように、レバレッジがファイナンスでは非常に重要なツールになる。どの会社のレバレッジが高く、どの会社は低いか。銀行が最も高い。だが、それは業務の性質による例外的なことなので、ほかの会社を検討しよう。残りの会社ではどこが最もレバレッジが高く、どこが低いか。

最もレバレッジが高いのはキャロライナ電力で、インテルが最も低い。なぜか？　レバレッジのレベルの差は、ビジネスリスクの大きさの差と言える。ビジネスリスクに加えて財務リスクを積み上げるのは、賢いこととは言えない。キャロライナ電力には安定した需要がある。価格は規制されているだろうから、キャッシュフローは安定している。したがって、高いレバレッジを維持することができる。

それに引き換え、インテルのようにとてもリスクの高い事業では、多額のレバレッジを負うべきではない。インテルは何をしているか考えてみよう。2年に一度、半分のコストで半分のスペースに2倍の量を置く、新しい半導体チップを作り出す。次世代のチップを作るために、何十億ドルもの費用がかかる新規工場を世界中に建てる。もし新バージョンが1つでもうまくいかなければ、倒産しかねない。ビジネスリスクが高いぶん、財務リスクは低く抑えるべきだ。それが一般的なレバレッジの考え方だ。

今まで、財務比率は業界によっていかに異なるかを見てきた。だが財務分析の最も有効な使い方は、ある会社が業界他社と比べてどう推移してきたかを見ることだ。ティンバーランドを取り上げて、デュポン分析の数字からこの会社の姿を描き出してみよう。

06 ティンバーランドの深刻な変化

　耐久性に優れたアウトドア・ウエアを製造販売する小売業者のティンバーランドは、1990年代に深刻な財務的・構造的変化に見舞われた。1994年の状況を業界他社と比べてみよう（**表1-15**参照）。

　デュポン分析の要素、すなわちROE、収益性、生産性、レバレッジの指標は、表の中にイタリック体で書かれている。これらの数字を見て、できる限り多くの結論を導き出そう。ティンバーランドを業界平均と比較して、会社の状況を語ってみよう。

　まず、ティンバーランドの業績はどうか？　もし私がCEOなら、11.9%のROEは業界平均の12.3%にほぼ等しいことを強調して、会社はとてもうまくいっていると言うだろう。そう思わないか？　だが、デュポン分析を行うと、違った話になってくる。そのROEは、いったいどこから出てきているのか？　収益性？　いや、ティンバーランドの収益性は平均より低い。生産性？　いや、これも平均より低い。

　ティンバーランドのROEは、主にレバレッジによる。ROEがレバレッジによるということは、業績の低さを何と

表1-15

ティンバーランドのデュポン分析 [1994年]

財務比率分析　1994年のティンバーランドと業界中位数

貸借対照表の項目の割合	1994	業界中位数*
収益性の分析 (%)		
株主資本利益率（*ROE*）(%)	*11.9*	*12.3*
投下資本利益率（ROIC）(%)	7.1	9.7
利益率 (%)	*2.8*	*4.2*
売上総利益率 (%)	35.0	38.4
回転率の分析		
資産回転率	*1.3*	*1.8*
在庫回転率	*1.9*	*2.7*
回収期間（日）	73.5	39.1
支払期間（日）	32.6	36.3
レバレッジと流動性の分析		
株主資本資産比率	*3.2*	*1.7*
負債比率	68.5	39.6
インタレスト・カバレッジ・レシオ	2.9	9.1
流動比率	3.5	3.0

* 代表的な製靴会社5社（ブラウン・グループ、ケネス・コール、ナイキ、ストライド・ライト、ウルバリン・ワールドワイド）によるサンプル値

かするために、株主に大きなリスクを負担させているということだ。

　これがROEの大きな問題だ。価値がないわけではないが、レバレッジが最終的な計算に影響を与えてしまうところがある。そこで、総資産利益率や総資本利益率など、少し異なる指標を見る人もいる。これらの指標でレバレッジの交絡要因

を取り除いてみると、ティンバーランドの資本効率が同業他社よりも低いことがわかる。

総資本利益率（ROC）は投下資本利益率（ROIC）とも呼ばれる、きわめて重要な指標だ。資金の出し手と、彼らの総合リターンの両方を考慮するからだ。総合リターンとは何か？資金の出し手へのリターンは全営業収益（EBIT）から税金を差し引いたもので、EBIATとしても知られる。

総資本利益率 ＝ EBIAT ÷（負債＋株主資本）

ほかの数字からも、ティンバーランドの業績が振るわないことがうかがえる。インタレスト・カバレッジ・レシオ、すなわち「金利負担率」は、営業収益が金利支払金額の何倍になるかを示すものだが、同社は3に届かない。業界他社は10に近い。そのことは何を意味するのか。それは、他社が回避するような危ない財務の綱渡りを同社がしているということだ。

ティンバーランドの運営状況を見てみよう。在庫回転率は業界平均に比べてはるかに低い。さらに、売掛金回収期間が他社と比べてかなりひどい（73.5対39.1だ）。回収期間が長いことにはいくつか原因が考えられる。1つには、経営がうま

くいっておらず、会社が受け取るべき現金を積極的に回収していないと考えられる。あるいは、売上を伸ばそうと、無分別に気前よく信用供与をしているのかもしれない。もっと危険なケースとして、ティンバーランドは、200日以上支払いを滞っていて、支払いをしそうにもない顧客を抱えていることが考えられる。そうであれば、それは隠れた不良債権の印だ。サプライヤーに支払うのに何日かけるかを示す買掛金の支払期間は、業界他社と同程度だ。

1年後の数字

ティンバーランドの1995年の数字を見てみよう（表1-16参照）。

デュポン分析で見ると、ROEがマイナスになっている。収益性がマイナスなためだ。生産性は多少上昇し、レバレッジが少し下がった。

このレバレッジの数字が何を物語っているか、さらに深掘りしてみよう。インタレスト・カバレッジの数字は3から1を下回るところまで落ちている。つまり、ティンバーランドは金利を支払うだけの営業利益を上げていなかったということだ。同社は瀕死の状態にある。この切迫した状況で何をすべきか。ティンバーランドは、さらにキャッシュを増加させ

44

表1-16

ティンバーランドのデュポン分析 [1994-1995年]

財務比率分析　1994年-1995年のティンバーランドと業界中位数

貸借対照表の項目の割合	1994	1995	業界中位数*
収益性の分析（%）			
株主資本利益率（ROE）（%）	11.9	-8.2	12.3
投下資本利益率（ROIC）（%）	7.1	0.7	9.7
利益率（%）	2.8	-1.8	4.2
売上総利益率（%）	35.0	33.7	38.4
回転率の分析			
資産回転率	1.3	1.6	1.8
在庫回転率	1.9	2.4	2.7
回収期間（日）	73.5	53.4	39.1
支払期間（日）	32.6	21.2	36.3
レバレッジと流動性の分析			
株主資本資産比率	3.2	3.0	1.7
負債比率	68.5	66.2	39.6
インタレスト・カバレッジ・レシオ	2.9	0.2	9.1
流動比率	3.5	4.8	3.0

＊ 代表的な製靴会社5社（ブラウン・グループ、ケネス・コール、ナイキ、ストライド・ライト、ウルバリン・ワールドワイド）によるサンプル値

る必要があった。数字から見て、それがまさに同社のしたことだったとわかる。

　第一に、在庫回転率が目立って増加した。同時に、粗利は大きく低下した。このパターンから、投げ売りか何かをしたのではないかと思われる。金利支払いに充てるためにできるだけ早く現金を作ろうと、商品の在庫一掃をしている。同様

に、売掛金回収期間を見ると、20日間短縮している。たまたまそうなったということはありえない。現金を手に入れるもう1つの方法は、代金を支払っていない顧客にコンタクトして、例えば八掛けの金額でよいから払うように頼むことだ。つまり、会社はそれだけ現金を必要としていた。金利支払いの現金を作るために喜んでネゴに応じたのだ。

　在庫と売掛金に加えて、もう1つ運転資金でティンバーランドが行ったのは、買掛金の支払い早期化だ。これは前年も良い状態だった。今や、会社はサプライヤーにもっと短期間で支払っている。お金がなくてかき集めている会社にしては、奇妙な行動に思える。だが、買掛金の期間が短くなったのは、サプライヤーからの要請の可能性が高い。彼らはティンバーランドの財務状況を見て信用を与えようとせず、その代わりに、現金払いを要求したのだろう。運転資金が現金に与える影響は、第2章の主要トピックだ。

1994年から98年の間の数字

　さて、次の5年間の数字を見てみよう（**表1-17**参照）。状況は安定して、著しく好転したように見える。

　1996年に、ティンバーランドの収益性は、まだ業界平均をわずかに下回っている。だが、生産性は改善し、レバレッ

表1-17

ティンバーランドのデュポン分析 ［1994-1998年］

財務比率分析　1994年-1998年のティンバーランドと業界中位数

貸借対照表の項目の割合	1994	1995	1996	1997	1998	業界中位数*
収益性の分析 (%)						
株主資本利益率 (ROE) (%)	11.9	− 8.2	12.3	22.1	22.2	12.3
投下資本利益率 (ROIC) (%)	7.1	0.7	9.6	18.3	17.9	9.7
利益率 (%)	2.8	− 1.8	3.0	5.9	6.9	4.2
売上総利益率 (%)	35.0	33.7	39.4	41.7	41.9	38.4
回転率の分析						
資産回転率	1.3	1.6	1.5	1.9	1.8	1.8
在庫回転率	1.9	2.4	2.6	3.3	3.8	2.7
回収期間 (日)	73.5	53.4	53.2	34.7	33.4	39.1
支払期間 (日)	32.6	21.2	18.6	16.0	18.9	36.3
レバレッジと流動性の分析						
株主資本資産比率	3.2	3.0	2.7	2.0	1.8	1.7
負債比率	68.5	66.2	63.2	48.8	43.3	39.6
インタレスト・カバレッジ・レシオ	2.9	0.2	2.5	5.6	10.2	9.1
流動比率	3.5	4.8	3.7	3.5	4.0	3.0

＊ 代表的な製靴会社5社（ブラウン・グループ、ケネス・コール、ナイキ、ストライド・ライト、ウルバリン・ワールドワイド）によるサンプル値

ジが下がっている。ティンバーランドは値下げすることなく、在庫を以前より動かしている。それどころか、売上総利益率を見ると、商品が動くのと同時に価格決定力を得てきていることがわかる。

97年になると状況はさらに好転している。売上の数字は実に素晴らしい。ROEは業界平均の2倍に近い。しかもそれはすべて、正しい要因から生じている。在庫は94年のほぼ2倍で回転している。売上総利益率からわかるように、値上げもしている。

上昇傾向は98年も継続した。ティンバーランドは業界平均の2倍のROEを維持していたが、すべてが正しい要因によるものだ。レバレッジからでも、生産性からでもない。収益性によって達成している。何が起きたのだろう？　瀕死の状態は家族経営からの脱却を促し、プロフェッショナル経営へと変えた。この変化とともに、ティンバーランドがヒップホップのアーティストたちに選ばれるブランドとなり、同社は財務状況を目覚ましく好転させたのだった。

この演習から何を学んだだろう？　財務比率や数字を使うことで、どんな会社でも時を追ってストーリーを作り出すことができる。探偵のように考え、ストーリーを作って、数字が意味を持つようにできる。すべての上場企業の数字は入手可能で、しかも容易だ。あなたの好きな会社を選んで、今学んだ分析を使ってみてほしい。

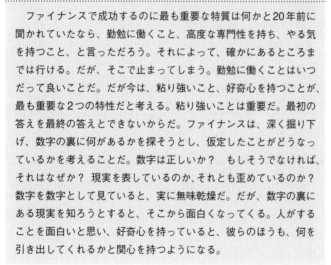

実務家はどう考えるか

ハイネケンの CFO、ローレンス・デブローは、ファイナンスを学ぶ学生にとっていちばん重要なことをこう語った。

　ファイナンスで成功するのに最も重要な特質は何かと20年前に聞かれていたなら、勤勉に働くこと、高度な専門性を持ち、やる気を持つこと、と言っただろう。それによって、確かにあるところまでは行ける。だが、そこで止まってしまう。勤勉に働くことはいつだって良いことだ。だが今は、粘り強いこと、好奇心を持つことが、最も重要な2つの特性だと考える。粘り強いことは重要だ。最初の答えを最終の答えとできないからだ。ファイナンスは、深く掘り下げ、数字の裏に何があるかを探そうとし、仮定したことがどうなっているかを考えることだ。数字は正しいか？　もしそうでなければ、それはなぜか？　現実を表しているのか、それとも歪めているのか？　数字を数字として見ていると、実に無味乾燥だ。だが、数字の裏にある現実を知ろうとすると、そこから面白くなってくる。人がすることを面白いと思い、好奇心を持っていると、彼らのほうも、何を引き出してくれるかと関心を持つようになる。

Quiz　練習問題

1. レバレッジを上げれば企業はもっと多くの資産をコントロールできるし、ROE を上げることができる。レバレッジの何が悪いんだ？
   A. 生産性を低下させ、それによって全体の ROE を引き下げる
   B. レバレッジによる利益は現金によるものではなく、ファイナンスでは無視される
   C. レバレッジは損失もまた何倍にも増加させる。会社のリスクを増すからだ
   D. レバレッジに悪いところはない。他人の金を使うのは、会社の価値を増加させる良い方法だ

2. どのようなタイプの会社はレバレッジが高くなるだろうか？
   A. 新しい産業で高成長が見込まれる企業
   B. 安定して、予想がしやすい業界で、確実なキャッシュフローがある企業
   C. テクノロジー企業
   D. 収益性の低い企業

3. 2009年に、ウォーレン・バフェットは優先株発行を通じてダウ・ケミカルに30億ドルを投資した。次の中で、優先株所有者に有利と言えないものはどれか？
   A. 倒産時に優先株所有者は普通株所有者より前に支払いを受ける
   B. 普通株所有者が配当を受けないときでも優先株所有者は配当を得る
   C. 優先株は債務と異なり、企業の所有権を得る
   D. 優先株の配当は2％、4％など偶数でなければならない

4. 以下の中で、貸借対照表に資産計上されることが最も少ないのはどれか？
   A. ギリアド・サイエンシズ・インクが社内開発した、収益性の高いC型肝炎治療薬の特許
   B. グーグルの本社
   C. ディーラーがフォード・モーター・カンパニーから購入した自動車の支払代金
   D. 2017年末のフェイスブックの銀行口座にある420億ドル

5. 次の会社の中で最も在庫回転率が高いのはどの会社か？
   A. ファストフード・レストラン・チェーンのサブウェイ
   B. 書店チェーンのブックス・ア・ミリオン
   C. 食料雑貨店のホールフーズ
   D. 航空会社のブリティッシュ・エアウェイズ

6. 次の中で小売業者に特徴的なものは何か？
   A. 高いROE
   B. 短い売掛金回収期間
   C. 高い在庫回転率
   D. 高い資産負債比率

7. BHPビリトンは世界最大の鉱業会社で、売掛金は総資産の21％を占める（2016年時点）。次の中で、BHPビリトンが売掛金を持つ可能性がいちばん高いのはどの会社か？
   A. 国際的な銀行のバンク・オブ・アメリカ
   B. 鉱業に特化した人材紹介会社のマイニング・リクルートメント・エージェント
   C. 食品流通業のシスコ
   D. 製鉄会社のUSスチール

8. 下記の中で会社の流動比率を最も気にかけるのは誰か？
   A. 株主
   B. サプライヤー
   C. 競合会社
   D. 顧客

9. ROEが高いことは常に良いことだ。正しいかどうか？
   A. 正しい
   B. 正しくない

10. 住宅リフォーム・建設資材サービスの小売店、ホーム・デポは、2016年後半に20億ドルの社債を発行した。社債と売掛金などのその他債務との主な違いは何か？

   A. 社債には明確な支払利率がある
   B. 社債は会社の所有権を持つ
   C. 社債は残余請求権である
   D. 社債はサプライヤーにのみ支払う

この章のまとめ

　ここまで見てきてわかっていただけたと思うが、財務分析は単なる数字の分析ではない。時間、企業、業界を越えて何が業績に影響を与えるのかを理解するためのツールなのだ。それぞれの数字は役に立つが、1つだけでは全体像が見えてこない。実際のところ、それぞれの数字には限界がある。これらを組み合わせて初めて数字がストーリーを語ってくれ、会社のことを真に理解できるようになる。もっと時間を使って見ていけば、財務分析はもっと容易に、そしてもっとやりがいのあるものとなる。誰かと業界当てクイズをやって、理解したかどうかをテストしてみるといいと思う。

　財務知識のしっかりとした基礎が身についたと思ってもらえるとよいのだが。その多くはとても直観的なものだ。そして、数字でストーリーを語る能力が基礎となる。次に、キャッシュについて深く考えて、なぜ将来は過去や現在よりも重要かを考えていこう。できれば、この章で学んだツールを使って、あなたの会社 —— いやどの会社でもいい —— の財務状況を見てほしい。

CHAPTER 2

The Finance Perspective
Why finance is obsessed with cash and the future

第2章

ファイナンスの思考法
なぜ、ファイナンスはキャッシュと将来にこだわるのか

ファイナンスと会計はどこが違うか

　会計計算書類は会社の業績を理解するのにきわめて重要だ。だが、欠点もある。その欠点を受けて、ファイナンスは意思決定、業績分析に特徴的なアプローチを持つようになった。

　このアプローチには2つの柱がある。第一に、ファイナンスの実務家は、経済的なリターンを計測するいちばん優れた方法は何かと問題意識を抱いた。会計では純利益を重視するが、いくつか重要な問題を無視するから、ファイナンスの専門家は純利益には欠陥があると考えた。この問題に答えを見つけようとしてファイナンスの専門家は、経済的リターンの計測にはキャッシュのほうが優れていると考えるようになった。キャッシュに取りつかれていると思われるほどだ。

　キャッシュにはいろいろあるので、キャッシュを3種類の形で定義してみよう。利払前・税引前・減価償却前利益（EBITDA）、営業キャッシュフロー、フリーキャッシュフローの3つだ。そして、なぜフリーキャッシュフローが投資判断や評価決定において重要なのか、なぜそれがファイナンスの天国となるのかを理解するようにしよう。

　第二に、ファイナンスの分野は将来のことばかり考え、基本的に前向きだ。そのために、貸借対照表から離れて次のような大きな疑問に答えようとする。資産にはどのくらいの価値があるのか？　価値はどこから生じるのか？　将来のキャッシュフローから生じる価値をどう計測するのか？　これらの疑問に答えるために、将来に焦点を合わせ、キャッシュの時間的価値、そして将来のキャッシュフローを現在の価値に引き直す方法を考えるようになった。これが投資決定や価値評価を考える基礎となっている。

01 「いつ」について話すときは、キャッシュのことを話している

第1章では、会社の業績を測るのに純利益を使った。純利益にはメリットがある。会社がうまく運営されているかどうかを株主が見るのに、力を発揮する評価尺度だ。だが、問題もある。第一に、現金と非現金費用を対称的に扱うことが挙げられる。第二に、純利益は金利支払額を差し引いてあるので、類似の運営をしていても、資金調達方法が異なると比較するのが難しい。

最後に、そしてこれが最も重要なのだが、多くの場合、経営の意思決定を行うときには、利益の計算がついてまわる。

Column

ファイナンス対会計 保守主義と発生主義会計

ファイナンスは、会計の基礎である保守主義と発生主義に対して異なる見方をする。

保守主義の原則

保守主義の原則は、会社は資産価値の推定には低いほうの数字を記録し、一方、債務は高いほうの数字を記録すべきとする。つまり、保守的に偏る過ちを犯す。したがって貸借対照表は通常、資産を現在価値や再取得価格で記録せず、取得原価で計上する。

また、多くの資産はそもそも貸借対照表に表れない。例えば、フォーブス誌は40年の歴史を持つアップル・ブランドを1541億ドルと評価しているというのに、アップルの2016年の貸借対照表はブランド価値をゼロに評価している。どちらが現実により近いと思う？

発生主義会計のルール

発生主義会計のルールは、経済の実態をよりよく反映しようとして、売上と費用の数字をスムーズに平準化しようとする。例えば、投資を資産として計上し、資産の耐用年数の期間中、毎年費用として償却することをよしとする。

例えば、ヨーロッパの航空機および軍需品メーカー、エアバス・グループが6000億ドルをかけて、アラバマ州モービルに工場を新設した。発生主義会計に則して、エアバスは2015年に損失を計上し、工場が稼働した後に利益を計上するのではなく、毎年穏やかな利益を計上する。だがこの利益の計上方法は、実際のキャッシュの支出からはかけ離れていて、資金の時間的価値を不明瞭にしてしまい、経営陣の自由裁量を許す可能性がある。しかし、キャッシュフローは違う。

会計は、経営陣が利益をなるべく平準化するような決定をすることを求める。会計の専門家はそれが現実により近いと考えるからだ。例えば、機器を一括払いで購入すると、資産として貸借対照表に計上し、何年かにわたって償却する。利益も何年かにわたって認識される。だが、この業績を平準化するプロセスは主観的で、経営陣が自分に都合のよいように利益操作することが可能だ。それに対し、キャッシュはキャッシュだから、利益のようには経営者が自由裁量を図ることはないと言ってほぼ間違いない。

実務家はどう考えるか

ハイネケンのCFO、ローレンス・デブローは、キャッシュの重要性について次のようにコメントしている。

私は常に、このことを念頭に置いている。売上は無価値、結果は健全、キャッシュは王様。売上の伸びだけを重視するのはばかげているし、危険だ。利益の伸びだけを測るのも危険だ。キャッシュが最も重要だ。事業からキャッシュを生み出せば、営業活動の資金に使えるし、債務を返済できるし、株主に還元することができる。それが肝要だ。

経済的利益を評価する別の基本的な方法を確立するには、利益ではなくキャッシュフローを見る必要がある。だが、「キャッシュ」というのは何を意味するのだろう。いらいらさせられるが、その答えは「そのとき次第」なのだ。

第1章で見たEBITとEBITDAから始めよう。そして営業キャッシュフローの理解を深め、最後にファイナンスの天国、フリーキャッシュフローを見よう。

［EBIT方程式］
純利益 ＋ 金利 ＋ 税金 ＝ EBIT

今まで見てきたように、EBIT（すなわち営業利益）は、会社がいかに効率的に運営されているか、売上が上がっているかの明確な姿を見せてくれる。純利益と違い、業績に関係しない金利と税金の支払分を差し引かないからだ。とはいえ、減価償却費などの非現金費用を差し引いた後の数字なので、EBITがキャッシュそのものというわけではない。より完全な姿を見るために、財務の専門家は、EBITDAを見る。利払前・税引前・減価償却前利益だ。

［EBITDA の方程式］

純利益 ＋ 金利 ＋ 税金 ＋ 有形資産償却費 ＋ 無形資産償却費
　＝ EBITDA

アマゾンの純利益、EBIT、EBITDA

　アマゾンはこの3つの指標の違いを、説得力を持って理解させてくれる好例だ（**表2-1**参照）。

　2014年に、アマゾンの純利益はマイナス2億4100万ドルだった。しかし、アマゾンの EBIT は1億7800万ドル。差額の4億1900万ドルは税金、金利支払い、それと為替調整分である。EBITDA はどうだろう？　減価償却費が47億4600万ドルという途方もない数字のため、EBITDA は49億2400万ドルになる。純損失とはえらい違いだ。アマゾンは EBITDA で測ると多額のキャッシュを生み出しているが、収益性で測ると損失で終わっている。

EBITDA から営業キャッシュフローへ

　キャッシュにこだわることを考えれば、キャッシュフロー計算書という、それ専用の財務諸表があることは驚くに値しない。キャッシュフロー計算書が企業の財務諸表の中で最も重要と考える、ファイナンスの専門家は多い。非現金支出と

表2-1

アマゾンの損益計算書 ［2014年］（百万ドル）

売上高	88,988
売上原価（4,746百万ドルの減価償却を含む）	−62,752
売上総利益	**26,236**
営業経費	−26,058
営業利益（EBIT）	**178**
支払利息	−289
税費用	−167
営業外費用	37
純利益（損失）	**−241**

経営陣の自由裁量の余地の問題を抱えた損益計算書、あるいは取得原価会計と保守主義の問題を抱える貸借対照表を見る代わりに、ファイナンスの人は主にキャッシュフロー計算書を見る。純粋にキャッシュだけを見るからだ。

　通常、キャッシュフロー計算書は3つの部分に分かれる。営業活動によるキャッシュフロー、投資活動によるキャッシュフロー、そして財務活動によるキャッシュフローだ。最初の営業活動によるキャッシュフローは、キャッシュの新たな評価基準になると同時に、今まで議論してきた多くの要素をまとめて見せてくれる。第1章でティンバーランドが、在庫、売掛金と買掛金を使ってキャッシュを生み出してきたことを

思い出してほしい。一般的に、売掛金、在庫、買掛金などの運転資金は、キャッシュフローに重要な影響を与える。

　営業キャッシュフローはいくつかの点で、EBITDAとは明確に異なる特徴を持っている。まず、最も重要なことだが、

減価償却費 + plus

　EBITDAは業界によって重要度が異なる。ビデオゲーム開発会社のエレクトロニック・アーツ（EA）、手工芸品の小売チェーンのマイケルズ、インターネット、電話、ケーブルテレビのコムキャスト。この3社を見てみよう。減価償却費が最も大きいのはどの会社だろう。そしてそれはなぜか？

　減価償却がもたらす違いを評価する1つの方法は、当期純利益と比較することだ。2015年に減価償却と当期純利益の比率は、EA、マイケルズ、コムキャストでそれぞれ17％、34％、106％だった。これは論理的だ。ソフトウエアのEAと違い、コムキャストは全米をカバーするケーブルとインターネットのネットワークを構築するのに多額の投資をしている。この投資がかさんでいるため、当期純利益を業績評価の指標として使うと歪んだ形になり、欠陥のある比較となってしまう。マイケルズは実店舗を抱えているので、EAとコムキャストの中間に位置している。

運転資金のコストを考慮する。第二に、当期純利益から始め、税金と金利支払額を含む。そして株式報酬など、減価償却以外の非現金費用を最終計算に含む。

[営業キャッシュフローの方程式]
純利益 ＋ 減価償却費 － 売掛金増加分 －在庫増加分 ＋ 前受収益増加分 ＋ 買掛金増加分
　＝ 営業キャッシュフロー

　そのほかのキャッシュフロー計算書はどうか？　かいつまんで言えば、投資活動によるキャッシュフローは、損益計算書を通さず直接貸借対照表に載ってしまう、現在進行中の投資に焦点を当てる。例えば設備投資費用や買収費用などだ。財務活動によるキャッシュフローは、会社が社債を発行したか、債務を返済したか、あるいは株式を発行したか、自社株を買い戻したかなどを仔細に見て、それがキャッシュにどのような影響を与えたかを見る。図2-1は、一般的なキャッシュフロー計算書と、スターバックスの2017年のデータを挙げたものだ。数字からわかるように、営業業績、投資、財務の決定によって、1年間にキャッシュ・ポジションがどのように変化したかを描き出す。

運転資金

　日常業務に資する資金として使われる運転資金は、営業キャッシュフローを理解するのに不可欠なものだ。ファイナンスは債務と株主資本に関連することだけだと思うかもしれないが、ファイナンスは日常業務に深く根差している。

$$運転資金 ＝ 流動資産 － 流動負債$$

　運転資金は、流動資産と流動負債の差を指す一般的な用語だが、通常、売掛金、在庫そして買掛金の3つに特に重点を置く。これらの会計のカテゴリーを簡単におさらいしよう。

図2-1

キャッシュフロー計算書の例とスターバックス・キャッシュフロー計算書 ［2017年］

(a) キャッシュフロー計算書

営業活動
純利益
　＋ 有形および無形固定資産の減価償却費
　（±）営業資産と負債の増減により生み出されたキャッシュ
営業活動によるキャッシュフロー

投資活動
　－ 固定資産の増加
　（±）買収／売却
投資活動によるキャッシュフロー

財務活動
　－ 現金配当
　－ 普通株買戻し
　＋ 社債・株式の発行
財務活動によるキャッシュフロー

現金および現金同等物の純増（減）

(b) スターバックスのキャッシュフロー計算書　2017年年次報告書から

営業活動	
純利益	$2,885
有形および無形固定資産の減価償却費	1,067
資産と負債の増減によるキャッシュフロー	90
その他	133

投資活動	
設備投資	−$1,519
その他	670

財務活動	
現金配当	−$1,450
自社株買戻し	−1,892
社債の発行	350
その他	1

営業活動による
キャッシュフロー　$4,175

投資活動による
キャッシュフロー　−$849

投資活動による
キャッシュフロー　−$2,991

2016年会計年度
キャッシュバランス
$2,129

2017年会計年度
キャッシュバランス
$2,464

売掛金　売掛金は顧客（通常はほかの法人）が会社に支払うべき金額だ。金額の代わりに、売掛金回収期間を見ることもできる。顧客が会社に支払うまでに、平均何日を要するかを示すものだ。

在庫　販売する前に会社が手元に置く商品、およびその関連商品は、すべて在庫となる。在庫から、会社が保有する商品と関連商品の平均在庫日数を算出できる。

買掛金　会社がサプライヤーに支払うべき金額が買掛金だ。それをもとに、買掛金支払日数を算出できる。これで、会社がサプライヤーに支払うまでに、平均何日を要するかがわかる。

もう少し運転資金を狭義に定義すると、

運転資金 ＝ 売掛金 ＋ 在庫 － 買掛金

となる。

運転資金の影響を考えるシンプルな方法は、ほかの資産と同様、会社の日常業務遂行に必要な資金調達額はいくらかを考えることだ。もし、運転資金の額が下がれば、会社の資金調達必要額が下がる。だから、運転資金の管理はファイナンスに深い影響を与える。

現金循環化日数（キャッシュ・コンバージョン・サイクル：CCC）

運転資金のファイナンスへの影響を見る効果的な方法は、運転資金をお金としてではなく、時間的に考えることだ。この考え方は、現金循環化日数と呼ばれる。

現金循環化日数が実際にどうなのかを見るために、カナヅチを卸売業者から仕入れて、住宅改修工事業者に売る工具店を経営していると仮定しよう。カナヅチを1つ売るのにいくつかの取引が存在するが、どれも同時には起こらない。カナヅチを仕入れ、その支払いをし、それを売り、その販売で生じたキャッシュを回収する。カナヅチを仕入れてから70日後に売れるとし、そして販売日から40日後に代金が支払われるとしよう。在庫日数は70日、売掛金回収期間は40日ということだ。ビジネスの観点からすれば、カナヅチを買ってキャッシュを手にするまでに110日が経過することを意味する。加えて、カナヅチの代金を購入後30日間は卸売業者に支払わないとしよう。

キャッシュの観点から考えると、キャッシュを受け取る80日前に、カナヅチの代金支払いのためにキャッシュを用意しておく必要がある。もし、支払いを受ける前に支払うのであれば、現金循環化日数の間に生じる不足金額を手当てしなくてはならない。これはいずれも当期純利益やEIBTDA

現金循環化日数 + plus

あなたは、アトランタにあるホーム・デポのお店の運転資金を管理する任務を与えられた。現在、在庫日数は 50 日、売掛金回収日数は 20 日である。買掛金の期間は 25 日。ということは 45 日間の資金調達ギャップが生じる。どうすれば店舗の資金調達ギャップを減らせるか？　現金循環化日数の知識をどう使ったらいいだろう？

あなたにできることとして、
・在庫日数を減らす
・売掛金回収期間を短縮する
・買掛金支払期間を長くする
　といった手が考えられる。

店舗の在庫日数を短縮すると代わりに失うものがあるか？　なぜそうしたいと思うのか？　なぜそうしようとしないのか？

在庫日数を減らすいちばん簡単な方法は、在庫の量を減らすことだ。商品は今までよりも早く売れるだろうし、資金調達の必要額が減ると思っていい。だが、あるブランドのペンキが見つからないと

か、ある工具がないとなったら、顧客は競合店舗に行って、二度と戻ってこないリスクがある。

売掛金回収期間を短縮することで失うものは何があるだろう？

売掛金回収期間は、顧客に供与する信用を減らせば短くなる。だが、その顧客はサプライヤーからの信用を必要としているかもしれない。あるいは信用供与の条件に慣れていて、それがないのなら、ホーム・デポの競争相手から購入するようになるかもしれない。

買掛金の期間を長くすることで失うものがあるか？

サプライヤーへの支払いが遅くなれば、関係が悪化するかもしれない。相手が商品供給を渋るようになる、あるいは信用供与に前向きでなくなるかもしれない。もし、ハリケーンがアトランタを直撃しそうになって、誰もがもっと商品を仕入れなければと考えるときに、あなたの取引業者はライバル会社と取引をしようと思うかもしれない。

図2-2

現金循環化日数 CCC

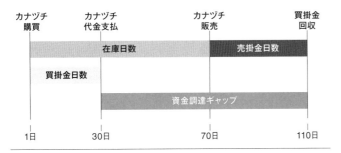

には表れない。単にカナヅチを買って売るだけでも、資金手当ての必要が生じるのだ（**図2-2**参照）。

　現金循環化日数のギャップでいくつかの疑問が湧く。このギャップを埋めるための資金調達コストはどのくらいか。その費用を減少させるために、会社はどう行動を変えればいいのか。変えることで、費用減少分よりも高くつくことはないだろうか？

　運転資金サイクルの基本的な動きをより深く理解するために、不況期には何が起こるか想像してみよう。企業は今までより長い期間、在庫を持つようになる。たとえカナヅチが売れても、買い手の建築請負業者は顧客から締め付けられてい

るから、支払いを遅らせるだろう。現金循環化日数は全体として長くなる。それが2008年の金融危機により起きたことだ。不況は在庫日数と回収期間を引き延ばす。銀行は後ろ向きになっているから、この大きなギャップに資金を付けるメカニズムはない。そのために、2008年には世界の貿易が50％激減したのだった。

　工具店の話に戻ろう。サプライヤーは、10日以内に支払えば2％ディスカウントすると提案してきた。よくある手だ。これは良い話だろうか？

　反射的にこの提案に飛びつきたくなるかもしれないが、十分な情報がない。これは資金調達の決断だから、ほかの資金調達の方法を考慮する必要がある。サプライヤーに30日後ではなく10日のうちに支払うわけだから、20日間のギャップを埋める資金を調達する必要がある。この20日間に安い資金を提供してくれるのはどこだろう。銀行か？　サプライヤーか？　銀行の金利を年率12％と想定しよう。これなら20日間1％以下で融資を受けることになる。サプライヤーの提案を受け、銀行に融資をしてもらえば、20日間の資金を1％以下で調達することになる。

　サプライヤーの提案は、その20日間の資金調達コストと言い換えることができる。この提案を断れば2％のディスカ

現金循環化日数 + plus

　セールスフォース・ドットコムは SaaS（ソフトウエア・アズ・ア・サービス、サーズ）業者で、雑誌購読のように定額制をとっている。法人顧客は前払いをして、期間中のソフトウエアの利用権を得る。これはセールスフォースの現金循環化日数にどう働くだろうか？

　サービス提供前に支払いを受けるから、セールスフォース・ドットコムの現金循環化日数はマイナスとなる。在庫がないから、在庫日数はない。サプライヤーにすぐさま支払う必要はなく、買掛期間がある。料金を先払いしてもらい、それからサービスを提供することで、セールスフォースはサプライヤーに加え、顧客からも業務に必要な資金の融資を受けているようなものだ。

　デルのように多くの企業がジャスト・イン・タイムの製造方式をとり、必要なときにだけ販売用製品を製造する。これはデルの現金

循環化日数にどういう影響を与えるのだろうか？

　デルはまず客から注文を取り、それからその製品の製造を開始する。したがって在庫日数を下げて現金循環化日数を下げ、その結果、運転資金調達コストを下げている。

　高級電気自動車メーカーのテスラは、今後発売するモデルについて、顧客から保証金を受けることにした。これは同社の現金循環化日数をどう変えるだろうか？

　保証金は車の代金全額ではないが、それでも顧客がテスラの営業費用を融資することになる。納入前にテスラに保証金を支払うことで、顧客はテスラが資金の出し手に依存しなければならない金額を減らしている。

ウントはあきらめることになるが、20日間分の資金の手当てが不要になる。実は、サプライヤーは20日間のローンに2%の金利を見込んでいるのだ。あなたなら20日間のローンに2%の金利を支払うか、あるいは20日間の銀行融資に1%より少ない金利を払うか。もちろん、答えは1%以下をとるべきだ。銀行の資金のほうが安い。サプライヤーの提案を受

け、銀行から20日間借りるべきだ。

アマゾンはいかに成長し、さらに成長するのか
　企業の財務モデルに占める運転資金のパワーを見るために、アマゾンの例に戻ろう。アマゾンは在庫、売掛金、買掛金を管理しているが、そのやり方の巧みさから、いわゆるマイナ

運転資金 + plus

　あなたの会社の業者に対する支払条件は40日で、市場金利が20％としよう。サプライヤーが、10日間のうちに支払ってくれれば1％ディスカウントをすると言ってきた。その申し入れを受けるか？　それはなぜ？

　サプライヤーは1％の金利で30日間の資金供給をすると言っているようなものだ。片や銀行の金利は30日間で優に1％を超える（12カ月で20％）。サプライヤーの資金のほうが安い。したがって、資金調達をするのなら、銀行ではなくサプライヤーを選ぶだろう。言い換えれば、この申し入れを受けてはいけない。

ス運転資金サイクル、あるいはマイナス現金循環化日数になっている。

　工具店の例では、運営上で資金調達の必要があった。カナヅチを買ったり売ったりすることでキャッシュが出ていくのではなく、キャッシュが生み出される世界を想像してほしい。それがまさにアマゾンのケースだ。

　2014年、アマゾンの在庫日数は平均46日、顧客からの回収期間は平均21日だった（小売業者としてはやや長めなのは、クラウド・コンピューティング事業があるからだ）。おまけにアマゾンは市場で絶対的な力を持っているから、そのパワーをふるってサプライヤーへの支払いを待たせることができる。だからサプライヤーへの支払期間は平均91日間となっている。したがって現金循環化日数は、マイナス24日間になる。

　要するにアマゾンでは、ビジネスがキャッシュを生み出す源になっている。その点ではアップルも同じだ。彼らは運転資金サイクルのおかげで、外部の資金調達に依存することなく急速に成長を遂げている。運転資金から生じるキャッシュは、彼らのビジネスモデルの一部にパワフルに組み込まれているのである。

　実質的には、サプライヤーがアマゾンとアップルの成長のために資金を供給している。両社とも運転資金サイクルによる安上がりの資金調達を、外部の資金調達代わりに利用している。そしてその運転資金の結果、とてつもない経済的利益を生み出している。これはEBITDAにもEBITにも、当期純利益にも表れてこない。

　営業キャッシュフローは、純利益から始めて非現金費用（とりわけ減価償却費、株式報酬）を調整し、最後に運転資金の効果を調整することで、キャッシュの天国、フリーキャッシュフローへの旅へと進んでいく。

実務家はどう考えるか

ハイネケンのCFO、ローレンス・デブローは、運転資金の重要性についてこう語る。

　運転資金について考えることは、健全性を保つうえで良いことだ。いつでも改善の余地がある。とはいえ、それにはまってしまわないように。目も当てられない行動に導かれる可能性もあるからだ。それは販売や購買でも同じこと。十分に注意してやらなくてはならない。

　ハイネケンは80カ国で事業を展開しているが、現地調達を心がけている。だからサプライヤーとは、長く継続可能な関係を構築していかなくてはならない。運転資金を改善しようとして、サプライヤーから最後の1滴までしぼり取ろうとすれば、サプライヤーを殺してしまうことになる。それは望ましいエコシステムではない。運転資金は重要だし、よく見る必要がある。だが同時に、運転資金を厳しく管理しようとするときには、それがどんな結果を引き起こすか、きちんと理解しておかなくてはならない。

最後に、フリーキャッシュフロー

　キャッシュの評価基準の最後は、フリーキャッシュフローだ。これはファイナンスで経済的な業績を測るうえで最も重要なものだ。この数字は、企業の価値評価、企業の業績評価を論じるときには、何度も何度も見る数字だ。

　フリーキャッシュフローの計算によって、事業運営で圧迫されることのないキャッシュの金額を測ることができる。これはキャッシュの最も純粋な評価基準で、会社評価の基盤となる。減価償却費などの非現金項目による（EBITDAのような）歪みを取り除き、（営業キャッシュフローのように）運転資金の変化を捕捉し、最後に、今まで触れてこなかったが、設備投資が成長に必要であることを認識する。要するにフリーキャッシュフローは、会社がいいと思えば自由に配分されたり使われたりするキャッシュを切り分けるものだ。

　フリーキャッシュフローを計算するには、会社の営業業績がどうかを知るために、EBITを見るところから始める。「フリー」キャッシュフローでなくてはならないから、税金を除く必要がある。これがEBIAT、すなわち利払前・税引後利益となる。そして、減価償却費などの非現金支出を足し戻す。第二に、運転資金のニーズが強く、常に運転資金サイクルに資金を投じなくてはならないのであれば、会社に「ペナルティ」を課してその資金分を引く。これは営業キャッシュフローで見たとおりだ。第三に、計画された、あるいは継続的に必要とされる設備投資の金額を差し引く必要がある。それはまだ考慮されてはいないが、現金支出となるからだ。

アマゾン + plus

アマゾンは株式報酬を営業キャッシュフローに加えている。なぜだろう？

株式報酬は損益計算書の中で費用として計上され、純利益を下げる。だが、減価償却と同様、現金支出ではない。したがって、営業キャッシュフローに足し戻される。過去20年間に株式報酬は、アメリカ企業で主要な非現金費用として伸びてきた。

もし、アマゾン・ドットコムが、例えばアマゾン・ウエブ・サービシズのサーバ・センター構築など、成長のための投資に向けて株を発行して資金調達したなら、それはキャッシュフロー計算書のどこに出てくるだろう？

株式発行は資金調達の1つであるから、キャッシュフロー計算書の財務キャッシュフローに記載される。

2014年のアマゾンの運転資金を見ると、キャッシュが流出しているように見える。だが、アマゾンの運転資金は同社のキャッシュを生み出すものだと説明したよね？

何が起きたかというと、2013年から14年にかけて、アマゾンの現金循環化日数は、マイナス27日からマイナス23日に減少した。そのためにアマゾンの運転資金は、その時期にキャッシュを伴う投資を必要としたのだ。マイナスの運転資金サイクルのマイナス度が減ることは、プラスの運転資金サイクルが長くなるのと何ら変わりはない。

アマゾン・ドットコムは小売業からウエブ・サービスへと事業を拡大してきている。クラウド・コンピューティング・サービスは、主として法人に向けて販売されている。それはアマゾンのフリーキャッシュフローにどう影響を与えたと思うか？

第一に、クラウド・コンピューティングはアマゾンの小売事業とは利益率が異なるから、EBITに影響を与える。クラウド・コンピューティング利用者は前払いをするから、小売事業と比較して運転資金サイクルが変わる。最後に、アマゾンはサーバ・センターを構築するために設備投資を増加させる必要があるから、その後の減価償却の額に影響を与えるだろう。

図2-3

フリーキャッシュフロー方程式

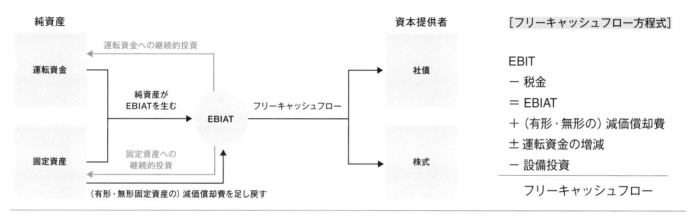

図2-3は、フリーキャッシュフローを理解するための図と方程式だ。簡素化した貸借対照表を考えると、頭に入りやすいだろう。貸借対照表の純資産側は、運転資金（在庫、売掛金から買掛金を引いたもの）と固定資産（建物および構築物と機械および工具・器具・備品）に分かれる。貸借対照表の資金側は、負債と資本に分かれる。この修正した貸借対照表は、営業（左側）と資金の出し手（右側）とを区別する。営業活動から生じて最終的には資金の出し手のものとなるのがフリーキャッシュフローで、それは次のように計算される。営業活動によってEBITは生じるが、政府が取り分を税金として取るからEBIATになる。そこから成長に応じて、運転資金と固定資産への継続的投資を考慮しなければならない。最後に、減価償却費のような非現金費用は費用にならないから足し戻す。残ったものがフリーキャッシュフローだ。

ファイナンスは過去15年間、徐々にフリーキャッシュフローを使って収益性評価を考えるようになってきた。なぜ

図2-4

売上からフリーキャッシュフローへ ［1960-2020年代］

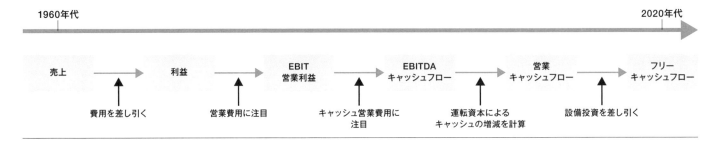

か？　事業のキャッシュに表れる結果をすべて捕捉し、基本的なフローが資金の出し手に左右されないからだ。**図2-4**は1960年代から、注目する項目が売上から利益、EBITDA、営業キャッシュフロー、そしてフリーキャッシュフローへと推移してきたことを示し、それぞれの特徴も表している。

アマゾン vs. ネットフリックス

　ファイナンスを考えるうえで次に大きな要素となること、すなわち将来を見ることに移る前に、なぜキャッシュの視点が非常に示唆に富むのかを見よう。アマゾンとネットフリックスという大手企業2社の売上の数字を比較してみよう（**図2-5**と**2-6**を参照）。

　縦軸の目盛りは違う（アマゾンはネットフリックスよりはるかに大きい）。2001年から17年の間に、両社とも目覚ましい成長を遂げている。だがそれは売上だけのことだ。もう少し財務指標を見てみよう（**図2-7**と**2-8**を参照）。

　アマゾンは利益を上げていないように見える。少なくとも直近まではそうだ。利益指標では、ネットフリックスはアマゾンよりも利益を上げているように見える。ほぼ5％の利益率だが、アマゾンの利益率は2％に満たない。

　さて、営業キャッシュフローを見てみよう。ここで話が変わってくる。そしてほかの指標を見るメリットがよくわかる。何が起きているのか？　アマゾンの場合、キャッシュフローは非現金費用と運転資金を管理することで生み出されている。

図2-5

アマゾンの全売上 ［2001-2017年］（百万ドル）

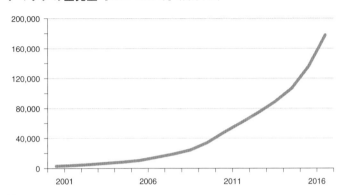

図2-6

ネットフリックスの全売上 ［2001-2017年］（百万ドル）

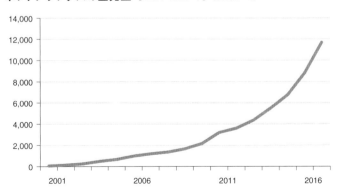

図2-7

アマゾンの利益とキャッシュフロー ［2003-2017年］（百万ドル）

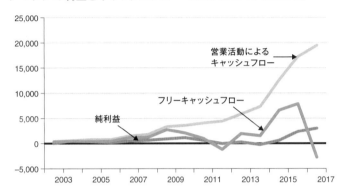

図2-8

ネットフリックスの利益とキャッシュフロー ［2003-2017年］（百万ドル）

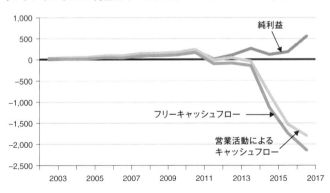

66

実務家はどう考えるか

モルガン・スタンレー、プライベート・エクイティのグローバル・ヘッド、アラン・ジョーンズはこうコメントしている。

　会社を買収するときには、その会社で経営を変更できる可能性のある点をたくさん見つけたいと思う。私たちは、損益計算書、キャッシュフロー計算書、そして貸借対照表を系統立てて見ていく。まず、損益計算書のいちばん上に書かれている数字から始める。損益計算書のトップラインに書かれた売上を伸ばすことができるのはどこか。売上総利益率はどう改善できるか、営業費用を下げ、税務的なポジションを管理して、売上総利益がもっと多くボトムラインの当期純利益に流れるようにする。

　それからキャッシュフロー計算書を見る。設備投資はどうか。高い期待収益を目標に厳しくやっているか。2、3年後、どんな状況になるか考えながらきちんと監視しているか。運転資金は我々にとって、とても大きなチャンスだ。運転資金にほとんど注意を払わない会社には、いつもびっくりさせられる。そういった会社では、運転資金の売上比率はまったく信じられないほど管理されていない。キャッシュフロー計算書を見て、売掛金と買掛金、在庫の管理は厳しく見る。それから貸借対照表に注意を向ける。そして主力事業ではない事業に使っている資産がないか探し、所有している資産の集約度をもっとうまく管理できるところはないかを見る。

　一方、ネットフリックスはどうか？　利益を上げていると思っていたのに、営業活動キャッシュフローはマイナスだ。コンテンツに大きく投資をしているからだ。つまり、コンテンツを次々と購入し、短期間で償却しているから、キャッシュが流出している。営業キャッシュフローが語る姿は、利益が語る姿とはまったく異なる。

　最後に、両社のフリーキャッシュフローを見てみよう。設備投資を考慮すると、見方がもう少し変わってくる。ネットフリックスは大きな設備投資をしないから、フリーキャッシュフローは営業キャッシュフローからそれほど悪化しない。アマゾンはもっと多額の設備投資をしている（ホールフーズ買収によるところも大きい）。そのために、直近ではフリーキャッシュフローがマイナスになっている。

　これらの指標はどれも、2つの会社で何が起きているのかを語ってくれる。売上や純利益ばかり見ていたら、見逃していただろう。フリーキャッシュフローを中心にこれらのさまざまな指標を見ていくと、資本集約度が両社にとっての重大な課題であることが明確になる。もし、ネットフリックスのコンテンツ買い取り費用が上昇を続けるのなら、この先もプラスのキャッシュフローを生み出すことはないだろう。アマゾンのホールフーズ買収は、実店舗による小売ビジネスを拡

大するための投資だったが、同社のフリーキャッシュフローの状況を大きく変えてしまったようだ。

02 将来に徹底的にこだわる

会計と財務分析は、過去と現在の特徴を描き出すことに集中している。対照的にファイナンスの専門家は、意思決定が会社の価値にどのような意味を持つのかを重要なポイントとして、将来に目を向ける。つまり、今日価値を生み出しているものはすべて、キャッシュフローを見れば明らかなように、将来の業績の要因となる。そしてファイナンスに問題を投げ掛ける。将来のキャッシュフローはすべて同じではないからだ。今日1ドルもらっても、10年後に1ドルもらっても、どちらでもいいと思うか？　もちろん違うだろう。そこでファイナンスでは、資産から将来生じるフリーキャッシュフローは、今どれだけの価値があるだろうという考え方をする。

これは、将来のキャッシュフローを全部足し合わせるというよりも、もう少し複雑な考え方だ。それはファイナンスの基本的な考え方で、お金の時間価値として知られる。このフ

ァイナンスの中心を成す考え方は、とてもシンプルだ。今日の1ドルは、今から1年先の1ドル以上の価値がある、ということだ。

なぜか？　そうだな、今日1ドル持っているとしよう。それを使って利益を得ることができる。ということは、今から1年後には1ドル以上を手にしているわけだ。このシンプルな考え方はまた、今から1年後に受け取る1ドルは、今日の1ドルよりも価値が低いということを意味する。でも、どのくらい少なくなるのだろう？

その差は、そのお金の機会費用による。利益を上げられるどのようなチャンスをあきらめるのか？　待たなくて済むのなら、そのお金で何をしただろう？　待つことのコストがわかれば、その機会費用のペナルティを計算して、将来のキャッシュフローに「ペナルティを課す」。それはディスカウント・レートと呼ばれる。キャッシュフローにペナルティを課すという考え方は奇妙に思えるかもしれないが、ディスカウントするというのはまさにそういうことだ。待たされなければそのお金を使って何かをしたいと思っているのだから、待たされるのはいやだ。だから、お金を受け取るのを待たせる人にペナルティを与えるのだ。

後にこの仕組みを使って企業の評価をするつもりだが、今

は、ディスカウントの基本的な考え方と、ベーシックな計算式のいくつかを考えよう。

割引

　お金の時間価値、そして機会費用の考え方をどのように実務に使うことができるだろうか。1つのシンプルな方法は、金利の概念を使うことだ。今日銀行にお金を預けたら、金利10％を稼げるとしよう。1年後には1ドルが1.1ドルになっている。基本的には今日1ドル受け取っても、今から1年後に1.1ドル受け取っても、どちらでもいいということだ。これで今日の1ドルが、1年後には1ドル以上の価値になることがわかるだろう。

　そこで、お金を受け取るのを待たされるぶん、将来のキャッシュフローにペナルティを課すやり方がわかる。1年待つつど、将来のキャッシュフローは1に金利を足し合わせた値で刈り取られる、つまり「ヘアーカット」される。1年待たなかったらそれだけ稼げたはずの金額分だ。

［割引計算式］
キャッシュフロー ÷（1＋r）
rはディスカウント・レート

　ここでrは、ほかの適切な投資をしたときに受け取るであろう金利だ。それが待たされるときの機会費用である。例えば、1年後に受け取る1000ドルは、今日どれだけの価値があるかを考えてみよう。銀行の金利は5％で、現在そのお金を持っていたなら銀行に預金するのが適切な代替投資だと想定しよう。先に書いた方程式を使い、5％の金利で計算すれば、1年後に受け取る1000ドルの現在価値は952.38ドルだと計算できる。今日952.38ドルを銀行に預ければ、1年後には1000ドル受け取れる。

　金利が突然10％に上昇したとしよう。1年後の1000ドルは952.38ドルのままか？　あるいはもっと価値が上がるか、下がるか？　逆に金利が下落したらどうか？

　金利が10％に上昇したら、1年後に1000ドル受け取るためには、952.38ドルではなく、909.09ドルを預金すればいい。もし金利が2％に下落したなら、1年後に1000ドル受け取るには、980.39ドルを預金することになる。これは何を意味するか。10％の金利であれば（つまり1年後の1000ドルは今日909.09ドルの価値である）機会費用がもっと高くなるから、将来のキャッシュフローにもっとペナルティを課すことになる。2％なら（1年後の1000ドルは今日の980.39ドル）将来のキャッシュフローを罰するのは、ずっと少なくなる。

複数年にわたる割引

　もし、将来にわたり何年もの間キャッシュフローが生じるとしたら、どうなるだろう？　前述の、ペナルティを課すロジックで考えてみよう。1年待ちたくないのなら、5年も待ちたくないだろう。それをどう計算するのか？　1年以上待たなくてはならないのなら、キャッシュフローを複数年にわたって割り引く必要がある。複数年にわたって割り引くのは、1年で割り引くのと同様だ。同じプロセスを何度も繰り返さなくてはならないだけだ。当初の計算式を、複数年に対応するよう修正するだけでいい。

［複数年にわたる割引計算式］

$$\frac{\text{キャッシュフロー}_1}{(1+r)} + \frac{\text{キャッシュフロー}_2}{(1+r)^2}$$

$$+ \frac{\text{キャッシュフロー}_3}{(1+r)^3} \cdots$$

　ここでも r は年率のディスカウント・レート、すなわち金利だ。各年を区別するために添え字を付けた。キャッシュフローの隣に書かれた添え字は、キャッシュフローを受け取る年を表す。待たなければならない年数が加えられるごとに、キャッシュフローをもっと割り引かなくてはならない。待つ年ごとに、もっと多く請求することになるからだ。

　銀行が今後3年間に毎年1000ドルを支払い、金利は5%のままだとしよう。それはどのくらいの価値があるか？　まず、それぞれの支払いが、現在どのくらいの価値を持つかを知る必要がある。複数年キャッシュフローを受け取り、加えたいのであれば、まずそのすべてを今日の価値に計算式で変換しなければならない。そうしなければ、リンゴとオレンジを比較するような、無意味なことになる。すべてのキャッシュフローをリンゴにしたならば、足し合わすことができる。

　3つの価値を足し合わせれば、銀行の提案が今日どのくらいの価値を持つかがわかる。

$$\frac{1000}{(1+0.05)} + \frac{1000}{(1+0.05)^2} + \frac{1000}{(1+0.05)^3}$$

つまり、

952.38ドル + 907.03ドル + 863.84ドル = 2,723.25ドル

割引率の影響

　現金給付の現在価値に割引率がどのような影響を与えるかを見てみよう。今後10年間、毎年1000ドルのキャッシュを受け取ると想定しよう。割引率が変化すると、この価値がどう変わるだろう。**図2-9**を見ると、大きな影響となる。

図2-9

割引率の効果（2%と10%の比較）

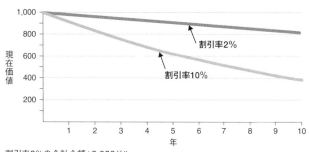

割引率2%の合計金額：9,982ドル
割引率10%の合計金額：7,144ドル

サンクコスト（埋没コスト）と正味現在価値

　ファイナンスが会計と大きく違うのは、割引のプロセスも
そうだが、サンクコスト（埋没コスト）が意味を持たないこ
とだ。サンクコストはすでに発生してしまったもので、回復
できない。会計ではそれを貸借対照表と損益計算書で注意深
く扱うが、ファイナンスのプロは、資産に使った金額はもう
なくなったものと見る。

　例えば、会社が新商品の市場調査に10万ドル使ったとし
よう。このお金はもう使われてしまった。商品の将来がどう

なろうとも、もう関係ない。したがって、商品を発売すべき
かどうかなど商品の将来を決定するときには、市場調査でわ
かったことは取り入れるべきだが、支払った10万ドルは無
関係になる。これは、市場調査の費用に限ったことではない。
商品企画や発売に費やした時間も同じことだ。どんなに願っ
ても、もう戻ってこない。

　つまり、価値を評価するには、（1）将来を見据え、（2）今
後どのくらい新たなキャッシュフローを生み出せるかを考え、
（3）資本の機会費用のコンセプトを使ってそれを現在価値に
引き直すことが必要だ。

　プロジェクトの現在価値を出すには、プラスもマイナスも
ひっくるめて、今日の価値に割り引いたすべての考えうるキ
ャッシュフローを足し合わせればいい（受け取るキャッシュ、
すなわちインフロー［流入］はプラスの数字で、使うキャッシュ、
すなわちアウトフロー［流出］はマイナスだ）。正味現在価値
（NPV）を求めるには同じ計算をすればいいが、プロジェク
トの当初費用を含めなくてはならない。

　例えば、ナイキが靴の製造工場を7500万ドルで新規に建
設すると仮定しよう。工場で製造し販売する靴は今後5年間、
毎年2500万ドルのキャッシュを生み出す。このプロジェク
トに割引率10%を使ってみよう。

─ 割引 + plus ─

友達がお金を借りたいと言ってきた。1年で返済してもらいたい？ それとも2年間で？

たいていの人は1年で返済してもらいたいと思う。そのお金が手元にあれば、ほかのことに使えるからだ。これが機会費用の概念である。待つことのコストは、そのお金が手元にあったなら何ができるかによる。ファイナンスで重要なのは、適切な機会費用を考えることだ。待つように頼まれたらいくら請求するかが、それで決まるからだ。適切な機会費用は投資全般と同じではない。単なる代替ではなく、適切な代替でなくてはならないからだ。

もしその友人が2年間で返済したいと強く思ったら、もっと長く待つ気にさせるために、彼は何ができるだろう？

余計に待つぶん、お金を追加で払ってもらうのは、とてもまっとうな要望に思われる。このように、長く待たざるを得ないときには、追加のリターンを求めるものだ。

もう1年待たなくてはならないとき、友人に頼む追加リターンの金額に影響を与えるものは何だろう？

その友人の信頼度を考える人は多いだろう（過去に何度返済をしたか。安定的な職業に就いているか。どの程度の収入を得ているかなど）。もう1年待つのにいくら追加で請求すべきかは、その友人のリスクが高いと思うかどうかに影響される。リスクに応じて請求するコンセプトについては、第4章でもう一度触れよう。

ナイキ工場の現在価値その1

$$\frac{25}{(1.10)^1} + \frac{25}{(1.10)^2} + \frac{25}{(1.10)^3} + \frac{25}{(1.10)^4} + \frac{25}{(1.10)^5} = 94.8 \text{ 百万ドル}$$

プロジェクトの現在価値は9480万ドルになる。9480万ド

ルの価値のプロジェクトに7500万ドル支払うことで、ナイキは1980万ドルの新たな価値を生み出すことができる。それがプロジェクトの正味現在価値（NPV）だ。価値を1980万ドル増加させるから、ナイキは工場建設を推進するべきだということになる。これがファイナンスにおける意思決定ルールの要だ。会社は、NPVがプラスとなるプロジェクトのみ着手すべきだ。

その翌年、ナイキは生産状況を見直す。残念なことに売上がぱっとしない。初年度には2500万ドルではなく、1000万ドルの売上しか得られなかった。この傾向は今後4年間継続するものと思われる。

ナイキ工場の現在価値その2

$$\frac{10}{(1.10)^1} + \frac{10}{(1.10)^2} + \frac{10}{(1.10)^3} + \frac{10}{(1.10)^4}$$

$$= 31.7 \text{ 百万ドル}$$

ナイキ工場の将来のキャッシュフローの現在価値は、今や3170万ドルになってしまった。初年度の残念な結果が出た後に、競合会社がナイキに工場を4000万ドルで買うと言ってきたなら、ナイキはその話に乗るべきか？　ナイキは工場建設に7500万ドルかけたことを思い出してほしい。

ナイキは逡巡することなくその話に乗るべきだ。工場の将来のキャッシュフローはわずか3170万ドルの価値と評価されている。したがって、4000万ドルで買ってもらえるのは良い話だ。ナイキはそうすることで、将来のキャッシュフローの合計金額をあきらめることになる。ナイキがライバル会

割引率 + plus

2008年の金融危機以降、中央銀行が金利を低く抑えてきたから、株式市場が急速に上昇したと論じる人が多い。なぜそう考えるのか？

金利下落のおかげで、配当にせよ株の売却益にせよ、将来得られるキャッシュフローの割引度合いが下がった。それが株価の価値を上昇させたというのが、最近の強気市場の1つの解釈だ。

リスクの高い国では、そのリスクを補うために投資家は高い運用利回りを求める。高い割引率を使わざるを得ない環境で、企業はどのような投資ができるだろう？

リスクも金利も高い国なら、投資家は短期間でリターンを得られる投資機会を探そうとする。将来のキャッシュフローがきわめて低い価値しか持たないからだ。短期間に設立できる貿易会社に比べ、建設するのに何年もかかり、大規模でコストのかかるアルミ精錬所への投資を正当化するのは難しい。

社の提案に乗ることで生み出すNPVは、830万ドルとなる。この時点で、工場建設に支払った7500万ドルはサンクコストで、この意思決定には無関係だ。ナイキのライバル会社は、ナイキが期待する以上の何か良い計画があるのだろう。さもなければ、工場に4000万ドル支払う提案をするべきではない。

サンクコスト + plus

NBA（ナショナル・バスケットボール・アソシエーション）のあるチームの部長になったと想定しよう。2018年のドラフトが終わり、1巡目に指名した選手と10巡目に指名した選手が、同じレベルの選手だと気づいた。どちらを多く試合に出してプレーさせるか？

両方とも同じくらい良い選手なら、どちらを使おうと違いはないから、同じプレー時間を与えるべきだ。だが1995年に出版されたアドミニストレイティブ・サイエンス・クオータリーによると、NBAバスケットボールチームは、早くドラフト指名してコストのかかった選手ほど長くプレーさせ、成績、怪我、ポジションを考慮したうえでも長く手元にとどめることが多いという。[注1]バスケットボールでも、サンクコストを無視するのは難しいということだ。

このナイキの例は、ファイナンスで非常に重要な2つの方程式を、一般論として教えてくれる。第一に、投資の現在価値は、適切な割引率で現在に引き直された将来のキャッシュフローの合計である。

［現在価値の方程式］

$$\text{現在価値}_0 = \frac{\text{キャッシュフロー}_1}{(1+r)} + \frac{\text{キャッシュフロー}_2}{(1+r)^2}$$

$$+ \frac{\text{キャッシュフロー}_3}{(1+r)^3} + \frac{\text{キャッシュフロー}_4}{(1+r)^4} \cdots$$

投資の正味現在価値は、現在および将来のキャッシュフローを現在に引き直して合計したものである。

［正味現在価値（NPV）の方程式］

$$NPV_0 = \text{キャッシュフロー}_0 + \frac{\text{キャッシュフロー}_1}{(1+r)}$$

$$+ \frac{\text{キャッシュフロー}_2}{(1+r)^2} + \frac{\text{キャッシュフロー}_3}{(1+r)^3}$$

$$+ \frac{\text{キャッシュフロー}_4}{(1+r)^4} \cdots$$

もし、**経営陣が価値創出を重視するのなら、NPVがプラスのプロジェクトだけを行うべきだ**。これがファイナンスで最も重要な意思決定ルールだ。

03　コーニング・グラスの株式分析

　株式アナリストや投資家は、企業への投資をどのように決めるのだろう？　株式リサーチ・アナリスト、アルベルト・モエルが行ったコーニング・グラス社の分析を見てみよう。この例は評価の方法をよく説明し、それを適切に適用することのパワーを見せてくれる。

　コーニングはスマートフォン、テレビ、ノートPCのディスプレイ用ガラスを製造している。ガラスのディスプレイを製造するプロセスはきわめて難しく、うまくできる会社はごく少ない。そのために、同社は市場をほぼ独占している。

　コーニングは薄型テレビとスマホの需要が急増した2000年代に急成長を遂げた。やがて需要は鈍化した。テレビやスマホ向け市場での成長が止まり、コーニングの市場での伸びは次第に衰えていった。結局、高い技術、規模、市場で主導権を握っていたにもかかわらず、（コーニングの顧客である）ガラス製ディスプレイ事業の利益率が縮小するにつれ、コー

ニング株は株式市場で平均を下回るようになった。

　2008年から12年のコーニングの市場での動きを、市場の基準となるS&P500、そしてコーニングの顧客であるLGディスプレイと比べてみよう（図2-10を参照）。

　図を見ると、2010年の始め、LGディスプレイなどの企業のディスプレイの利益率が縮小傾向を見せ始め、パネル価格が15〜20％下落すると、株式市場はこの利益率低下を、コーニングをはじめとするサプライヤーの株価に反映させ始めたことがわかる。

図2-10

コーニング・グラスの株価推移 [2008-2012年]

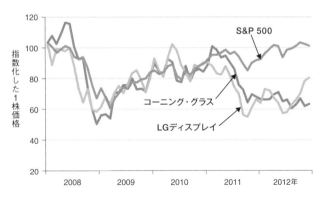

　こういった要素を考慮した後、モエルの立場にあったら、コーニング株を買うか？　売るか？

　コーニングの顧客は厳しい状況にあるように見える。LGの利益率、そしてすべてのディスプレイ・メーカーの利益率は、締め付けられている。それがキャッシュフローを制限している。だが、それはコーニングにとってどういう意味を持つのだろう？

　実際のところ、コーニングの利益率に影響を与えるガラスの価格は、ディスプレイ価格ほどは下落していない。競争上の優位性のおかげで、コーニングに価格決定力があるからだ。ディスプレイ・メーカーはコーニングの恩恵を受けているから、同社はディスプレイ価格が下落していても高価格を保つことができている。そこでモエルは、市場は末端市場での需要下落がコーニングに与える影響を過大に捉え、コーニングの価格決定力を無視していることに気づいた。

　第1章で見たインテルとフード・ライオンの利益率の議論と、コーニングの動きをもとに、コーニングの利益率は高いと思うか、低いと思うか。

　コーニングの EBITDA 利益率は 2012 年に 27％ もあった。コーニングは、基本的には砂をガラスに変えているのだから、大きな付加価値を生み出している。だから高い利益率を稼いで当然だ。

　コーニングの成長を念頭に置いたうえで、EBIT/ 売上利益率と EBITDA/ 売上利益率の間には大きな違いがあると思うか、それとも違いは小さいか？

　コーニングは製造施設に多額の投資をして、2000 年代に急成長を遂げた。したがって、多額の減価償却費を抱えていて、それが EBIT の数字を減少させている。そのために、EBIT/ 売上と EBITDA/ 売上の比率の間に大きな違いがあるはずだ。そして EBITDA/ 売上利益率のほうが、業績評価においてはより信頼できる。2012 年にコーニングの EBIT/ 売上利益率は 14％ で、EBITDA/ 売上利益率は 27％ だった。

予測キャッシュフロー

　コーニングの評価を始めるのに、まずモエルが行うのは、キャッシュフローを予測することだ。次に、その予測値を見

てコーニングのフリーキャッシュフロー推測値を計算する（**表2-2**参照）。2014年のフリーキャッシュフローを計算できるだろうか？　（ヒント：2012年と13年のフリーキャッシュフローを見て、どうすればよいか考えてみよう。）

フリーキャッシュフローの計算方程式（**図2-3**参照）から、2195 + 1108 − 1491 − 50 = 1762という数字を得る。

次に、ディスカウント・ファクターでフリーキャッシュフローを割り引き、現在価値を計算しよう。ディスカウント・ファクターは、何年後かの１ドルが今日どれだけの価値を持つかという割引方式で求められる。それを出したら、（株式アナリスト、モエルはディスカウント・レート＝ｒに6%を使った）、フリーキャッシュフローにディスカウント・ファクターを掛ける。2015年の数字でそれをやってみよう。14年の数字を参考に見ながらやればいいだろう（**表2-3**参照）。

フリーキャッシュフローにディスカウント・ファクターを

表2-2

コーニング・グラスの評価額（百万ドル）

	2012	2013	2014	2015	2016	2017年
EBIAT	2,046	2,136	2,195	2,144	2,154	2,126
＋減価償却	983	1,056	1,108	1,169	1,238	1,315
−設備投資	1,775	1,300	1,491	1,615	1,745	1,864
−運転資金の増加	112	32	50	53	46	47
フリーキャッシュフロー	1,142	1,860	?			
ディスカウント・ファクター						
フリーキャッシュフローの現在価値						
フリーキャッシュフローの累積現在価値						
−負債	3,450					
＋現金	6,351					
株主価値						
発行済株式数	14億株					
予想株価（ドル）						

掛けると、13億8100万ドルになる。それが2015年の期待キャッシュフローの現在価値だ。

　コーニングを評価するには、将来のキャッシュフローすべての割引価値を足す。それにより182億5100万ドルを得る（表2-2と表2-3はすべての関連キャッシュフローを含んでいない。その理由は第5章で明らかにしよう）。これが企業の総合価値を表すが、私たちが知りたいのは、この株が投資に見合うかどうかだ。それを知るために、貸借対照表にある現預金を

足し合わせる必要がある（将来のキャッシュフローに加えて、それは会社のものだ）。そして負債の価値を差し引く。株主は負債が返済されて初めて支払いを受けるからだ。というわけで、コーニングの株式の価値は211億5200万ドルとなる。発行済株式数は14億株だから、1株当たり15.11ドルだ。モエルのレポートが出た当時の株価はわずか11ドルだった。投資家は、コーニングの顧客が受けた影響を重く受け止めすぎていることがわかる。

表2-3

コーニング・グラスの評価額（百万ドル）

	2012	2013	2014	2015	2016	2017年
EBIAT	2,046	2,136	2,195	2,144	2,154	2,126
＋ 減価償却	983	1,056	1,108	1,169	1,238	1,315
－ 設備投資	1,775	1,300	1,491	1,615	1,745	1,864
－ 運転資金の増加	112	32	50	53	46	47
フリーキャッシュフロー	1,142	1,860	1,762	1,645	1,601	1,530
ディスカウント・ファクター		0.9434	0.8900	0.8396	0.7921	0.7473
フリーキャッシュフローの現在価値		1,755	1,568	?		
フリーキャッシュフローの累積現在価値						
－ 負債	3,450					
＋ 現金	6,351					
株主価値						
発行済株式数	14億株					
予想株価（ドル）						

モエルは2012年12月のレポートで「買い」推奨した。その後2年間のコーニングの業績をS&P500やLGディスプレイと比較してみよう（図2-11参照）。

コーニングの利益率を理解することで、モエルは、市場がさらに厳しい状況になっても、同社のキャッシュフローはディスプレイ市場よりも良い状態を維持できるに違いないと読んだ。彼は、EBITDAはEBITや純利益よりも信頼の置ける指標だと知っていた。割引率とお金の時間価値を使って、

図2-11

コーニング・グラスの株価推移 ［2013-2014年］

彼はコーニング株の当時の現在価値を計算して、素晴らしい推奨を行った。それこそが株式アナリストがすることであり、投資をするということだ。

04 鴻海シャープの株式分析

日本のシャープ株式会社を見てみよう。同社はテレビなどの電子製品を企画製造する。鴻海精密工業（フォックスコン・テクノロジー・グループとしても知られる）は、世界最大の電子機器受託製造会社だ。コーニングのケースと同様、これからの2、3章で同社を見ていく。

ここでのケースの土台となるのは、シャープの堺液晶ディスプレイ工場だ。シャープは平面パネル・ディスプレイを最初に商用生産した会社で、さらに大型のディスプレイ（65インチテレビを考えていた）を今後製造するかどうかの決定を迫られていた。液晶ディスプレイは、かつてはごく小さく、大画面ディスプレイを作れば規模の経済によって競争力を得られるのではないかとシャープは考えた。だが、これは製造プロセスに大きな課題を抱えることになる。大画面ディスプ

レイは膨大なガラス薄板を必要とするため、大型の工場が必要となるからだ。

　2011年にシャープは、日本の大阪市に近い堺に世界最大のガラス・ディスプレイ工場を建設するには、3年間で48億ドルの投資が必要になると推計した。14年に工場が稼働を始めれば、キャッシュが生み出される。割引率を8%と想定して、シャープが工場を建設すべきかどうかを見るために、正味現在価値（NPV）を計算してみよう。**表2-4**にキャッシュフローの集計表がある。割り引いたフリーキャッシュフロー全部を足し合わせれば、このプロジェクトのNPVが計算できる。

　堺工場のNPVは、マイナス29億8811万ドルになる。シャープは工場を建設すべきだったか？　今までに見てきた情報すべてから、そうすべきではなかったと言える。

　マイナスのNPVにもかかわらず、シャープは工場建設を決定した。技術的なチャレンジに夢中になり、競争上の優位性を保ちたいという願望のとりこになってしまったのだ。どこの経営陣もそうだろうが、シャープの経営陣は望みどおりの答えが得られず、NPV分析に不信感を抱いた。それが大きな問題となってしまった。シャープが時をおかずして問題にぶち当たったのは、意外なことではなかった。予測にもか

表2-4

シャープの予想フリーキャッシュフロー ［2007-2029年］（百万ドル）

年	フリー キャッシュフロー	ディスカウント・ ファクター*	割引フリー キャッシュフロー
2007	−1,378.00	0.93	−1,275.93
2008	−3,225.00	0.86	−2,764.92
2009	−282.00	0.79	−223.86
2010	−430.35	0.74	−316.32
2011	−177.30	0.68	−120.67
2012	−83.33	0.63	−52.51
2013	6.83	0.58	3.99
2014	89.91	0.54	48.57
2015	166.32	0.50	83.20
2016	236.49	0.46	109.54
2017	300.80	0.43	129.01
2018	359.61	0.40	142.81
2019	413.26	0.37	151.95
2020	462.08	0.34	157.32
2021	457.46	0.32	144.21
2022	452.88	0.29	132.19
2023	448.36	0.27	121.18
2024	443.87	0.25	111.08
2025	439.43	0.23	101.82
2026	435.04	0.21	93.34
2027	430.69	0.20	85.56
2028	426.38	0.18	78.43
2029	422.12	0.17	71.89
NPV			−2,988.11

＊ディスカウント・ファクターは小数点2位以下で四捨五入されている

かわらず、同社は消費者の超大画面テレビへの需要は強い伸びを示すだろうと願っていた。テレビが1台数千ドルで売れるだろうと期待していた。そうであれば十分な利益率、EBITDA、キャッシュフローが取れ、投資価値があると言えただろう。だが、消費者は価格が高すぎると受け止めた。

　シャープには値下げ以外の選択肢がなかった。それにより利益の流れは減少した。唯一の希望は、その差を取り戻すほど大量のテレビを売ることだった。だが、より多くの消費者を引き付けるためには、さらに価格を下げざるを得なかった。それは経済的に不可能だった。不幸なことに、市場のダイナミクスに翻弄され、工場は身動きできない状態となっていた。会社は投資に対するリターンを受けられず、利益率は低下し、損失を出していた。株主は株価が下落するのを見て、気が気でなくなった。会社は会計上の問題から、資産を処分しようと躍起になった。

　2011年にシャープが工場を売却するとしたら、最低価格はいくらだっただろう？　答えのヒントとして、下記を考慮するように。

- シャープは工場建設に48億ドル使った。

- プロジェクトの当初のNPVはマイナス29億ドルだった。
- シャープは2011年に、この工場から生じるキャッシュフローの現在価値は32億ドルと計算していた。

　結局、シャープは絶望的となり、堺工場の46％を鴻海精密工業の会長、テリー・ゴウに7億8000万ドルで売却することを決めた。この取引から計算すると、工場はわずか17億ドルの価値だったことになる。シャープは工場の処分ができて喜んだが、当時の真の価値32億ドルよりはるかに低い価格で売却したことになる。実際のところ、シャープは2つのまずい決断をしている。NPVがマイナスだったからには、工場を建設すべきではなかった。また、シャープは大きな価値をテリー・ゴウに移転させてしまった。もっと高い値段で売却するために精一杯の努力をすべきだった。

実務家はどう考えるか

株式アナリスト、アルベルト・モエルは、キャッシュフローが評価にいかに重要かをこのようにコメントした。

　キャッシュは王様という言葉は、基本的に正しいと思う。すべての投資家が求めているのはキャッシュのリターンだ。いくらかのお金を投資して、そのお金を取り戻したいと思う。投資を回収する唯一の方法は、投資をなんとかキャッシュにすることだ。株主なら、株が上昇したら株を売却して投資を取り戻すことができる。配当狙いの投資家なら、いくらかのお金を配当として受け取ることを期待する。社債に投資をしたのなら、入ってくるお金から所得を得ることを期待する。したがって、株主あるいは債権者にお金を還元することが、会社にとって重要だ。

　会社が成長しているかどうかは、あらゆる評価指標で見ることができる。キャッシュを生み出しているか？　もしそうなら、いいことだ。もしそうでなければ、問題だ。

　キャッシュはとても、とても重要だ。キャッシュの指標を見ることが重要だ。最終的には、すべてが評価につながっていく。究極の評価は、割引キャッシュフロー（DCF）だ。割り引きされた利益のフローではない。キャッシュフローだ。投資をした以上、リターンとともにお金を取り戻したい。だから、DCFがすべてなのだ。

Quiz　練習問題

1つの質問に複数の答えがある場合もある。

1. 電子機器や家電の小売店、ベスト・バイの購買担当者だと想定しよう。現金循環化日数から見て、資金調達ニーズが出てくるのではと気にかかっている。下記で資金ギャップを減少させないのはどれか？
   A. 買掛金支払期間を長くする
   B. 売上を伸ばす
   C. 売掛金回収期間を短縮する
   D. 在庫日数を減らす

2. 下記の中でファイナンスと会計で違うのはどれか？（該当するものをすべて選択すること）
   A. 経済的リターンを構成するものは何か（純利益あるいはフリーキャッシュフロー）
   B. 資産をどう評価するか（取得原価か将来のキャッシュフローか）
   C. 在庫をどこに記録するか（損益計算書か貸借対照表か）
   D. 株式価値をどのように評価するか（簿価か市場価格か）

3. 2016年にファイザーは中国の新工場建設に3億5000万ドル投資した。工場のキャッシュフローの現在価値がいくらであれば、その決定は合理的か？
   - **A.** 3億ドル
   - **B.** 4億ドル
   - **C.** 5億ドル
   - **D.** 上記のすべて

4. ファイブ・ガイズ・バーガーズ・アンド・フライズのフランチャイズを始めようかと考えており、そのコストを25万ドルと見積もっている。今後5年間に多額のフリーキャッシュフローを生み出し、その後フランチャイズを20万ドルで売却しようと考えている。そのキャッシュフローの割引価値はそれぞれ9万ドル、8万ドル、7万ドル、6万ドル、18万ドル（5年目のキャッシュフローと売却金額の合計）。次のどれがこの投資の正味現在価値（NPV）になるだろう？
   - **A.** 18万ドル
   - **B.** 23万ドル
   - **C.** 48万ドル
   - **D.** 60万ドル

5. 経済的利益の数値を出すのに、なぜファイナンスでは減価償却費を足し戻すのか？

   - **A.** 減価償却は不確実だから計算すべきではない
   - **B.** 企業は資産にお金を使いすぎ、減価償却費が高くなりすぎることがよくあるから
   - **C.** 減価償却費は現金費用ではないから
   - **D.** 減価償却費は損益計算書ではなく、貸借対照表に計上されるから

6. フェイスブックの株が150ドルで取引されている。そうであれば、株式市場は下記のうち、何を正しいと考えているのだろう？
   - **A.** フェイスブックの事業で発生する将来のフリーキャッシュフローすべての現在価値に、現預金と負債を相殺した金額から見て、フェイスブックの株価は150ドルで妥当だと示している
   - **B.** フェイスブックの株をいつでも、少なくとも150ドルで売れる
   - **C.** フェイスブックの株1単位を買うNPVは150ドルである
   - **D.** フェイスブックの株を評価するのに使われる将来のキャッシュフローの割引率は15%である

7. USスチールの売掛金回収期間は33日、在庫日数68日、買掛金支払期間49日である。資金ギャップ日数は何日だろうか？

A. マイナス 14 日

B. 52 日

C. 84 日

D. 150 日

A. 株に出資する人にのみ該当し、税調整後の数字である

B. 資金の出し手すべてに該当し、税調整後の数字である

C. 株に出資する人にのみに該当し、税の調整はない

D. 資金の出し手すべてに該当し、税の調整はない

8. サプライヤーが通常より 20 日間早く支払えば 2% 割り引くと言ってきた。サプライヤーは 20 日間の融資にいくらの金利を要求しているのと同じだろうか？

A. 0%

B. 1%

C. 2%

D. これは割引で融資ではない。したがって金利の概念はない

9. 会社は 1 億ドル投資して新工場を建設する。その将来のキャッシュフローの期待現在価値は 1 億 5000 万ドルである。2 年後、新製品は期待したほど売れないことがはっきりと見えてきた。その時点での将来のキャッシュフローの現在価値は 5000 万ドルである。会社は工場を閉鎖すべきか？

A. はい。NPV は今やマイナスになっている

B. いいえ。現在価値はまだ 5000 万ドルある

10. 下記のどれがフリーキャッシュフローについて正しく述べているか？

この章のまとめ

　この章では、2つの主要なファイナンスの原則を見てきた。第一に、キャッシュは利益よりも経済的リターンを測るのに優れた指標である。「キャッシュ」というのは、ややあいまいな用語だが、EBITDA、営業キャッシュフロー、フリーキャッシュフロー（これがファイナンスの世界では天国だ）などを考えれば明確になる。キャッシュを強調することで、利益は出していてもキャッシュを生み出していない企業はなぜ維持困難なのか、そして利益を出していないのに多額のキャッシュを生み出している企業に価値があるのはなぜかを説明できる。第二に、資本の機会費用があるために、今日稼いだキャッシュは明日稼ぐキャッシュよりも価値がある。この機会費用を無視すると、価値破壊、価値の移転となる可能性がある。すべての価値は将来のキャッシュフローから生じる。そして、正味現在価値がプラスかどうかで投資決定をすれば、資本の正しい管財人、優れた経営陣として、太鼓判を押すことができる。この章に続く章はすべて、このコアとなる考えを土台にしている。

CHAPTER 3

The Financial Ecosystem
Understanding the who, why, and how of capital markets

第3章

ファイナンスを使うプレイヤーたち
資本市場の「誰が、なぜ、どのように」を理解する

ファイナンスが果たす役割とは？

　2018年夏、オンライン・ビデオ・ストリーミング・サービス提供者のネットフリックスは、米国内で67万人、世界では450万人の新規顧客を獲得したと発表した（すでに1億2500万人が顧客登録している）。同社の株は、時間外取引で14%下落した。なぜだろう？　加入者合計が大きく増加したことが、なぜ、株価14%下落につながったのだろう？

　2014年にアクティビスト投資家のネルソン・ペルツは、ペプシコの株を大量に取得し、スナック・フード部門（フリトレー）をソフトドリンク部門から切り離すべきだとの要求を始めた。ペプシコは「ご意見・ご提案を真摯に受け止め、検討いたしましたことはご理解いただけたと存じます。その結果、当社は部門切り離しのご提案を、断固退けることといたしました[注1]」。するとペルツはほかの株主に働きかけ、長期間株主の反乱を起こした。それはペルツが同社の株を売却するまで、2年間続いた。なぜアクティビスト株主は同社の上層経営陣と戦ったのだろうか？

　退職年金勘定で、私たちはアクティブ運用にするかパッシブにするかなど、異なる種類のファンドから選択しなければならない。それはどういうことを意味するか。投資信託はど

ういうもので、あの悪意に満ちたヘッジファンドとどこが違うのだろう？

　この章では、資本市場で誰が、なぜ、どのように行動しているのかを理解することとしよう。この市場は経済の成長に不可欠なもので、ますます為政者や経営者を誘導するようになってきた。そしてこの市場のせいで、彼らの価値観・見識に対する強い疑念が生じるようになってきた。この市場をどう見ようと、キャリアアップを続けるマネジャー、貯蓄をする人、市民として、ますます関わっていくことになるだろう。

　さて、資本市場を見ていき、その神秘性を暴くことにしよう。広く社会で、ファイナンスはどのような役割を担うのか、その役割をどのように再構築するのかを考えていこう。その過程で、金融市場の価値に対して広まってきた猜疑心と真正面から向かい合い、ファイナンスは単にお金のことを扱う以上のものだということを理解しよう。

01 どうしてファイナンスはシンプルじゃないんだ？

どうしてファイナンスの世界はシンプルじゃないんだ？ 資本市場のシンプル版を考えてみよう。個人と家計には貯蓄があり、投資をしたいと思う。大学進学の学資や定年後の生活に備えたいと思い、そのお金でリターンを生むようにしたいと思う、ごく普通の人たちだ。その反対側には、新規プロジェクトを立ち上げ、成長するために資本を必要とする企業がいる。シンプルな金融の世界には、貯蓄する人と企業しかいない。そしてその中間のゴタゴタしたものはない（**図3-1**参照）。

じゃあなぜ、ファイナンスの世界はこういうふうにシンプ

図3-1

単純化された金融の世界

ルにならないんだ？ 個人が直接企業にお金を渡し、それでおしまいというわけになぜいかないんだ？ 実際には、ファイナンスの世界はもっともっと複雑だ（**図3-2**参照）。

なぜ資本市場はかくも複雑なのか？ なぜ、かくも多くの投資銀行、ファンド、アナリストなどの仲介業者が、貯蓄する人と企業の間に存在するのだ？ 資本市場のゴタゴタを見た人はみな、それは人を食い物にする輩がウヨウヨいる不正に仕組まれたシステムで、まともな人から価値を吸い上げてしまうものだと結論付けてしまう。実際、金融危機の直後には、この見方はどんどん広まっていった。この世界を見ていって、なぜ金融の世界はかくも複雑なのか、その必要があるのかを考えよう。

02 資本市場のプレイヤーたち

この複雑な世界を分析するにあたり、まずはその中心にいる人（株式リサーチ・アナリスト）をガイドにして見ていこう。アナリストの仕事は、予想を立てて企業の価値を評価し、投資家に推奨することだ。第2章でコーニング・グラスを分析

図3-2

資本市場の現実

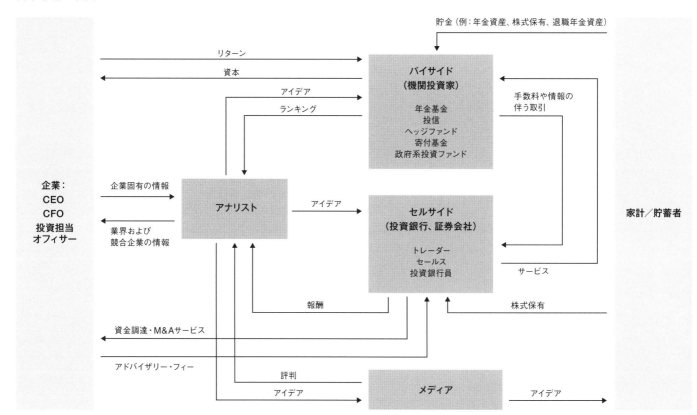

した株式アナリスト、アルベルト・モエルは、まさにそれをしたわけだ。アナリストは1日の大半を、いや時には夜遅くまで、人と話すことに費やす。モエルの会話をたどっていけば、この世界を理解するのに役立つだろう。

企業

　何よりもまず、モエルは評価をする企業（コーニングのように）と話そうとする。その企業の中で許可を得た人なら、誰とでも彼は話す。最低でも、彼は（ハイネケンのローレンス・デブローやバイオジェンのポール・クランシーのような）CEO や CFO と話し、発売予定の新製品、戦略、予測について尋ねる。基本的にモエルは、生の数字だけでなく、会社の業績を物語ってくれるような情報を探す。どう推奨するかを導く予測を立てるのに、それは不可欠だ。

　ファイナンスは常に双方向に働く。デブローやクランシーのような CFO は、自らも疑問を抱いていて、モエルの頭脳を借りようとする。そうすることはモエルにとっても、業界を知る貴重な情報源になりうるし、競合状況をより正しく理解するための情報を得ることができる。この情報交換が、資本市場を理解する最初のカギとなる。取引につながることもあるが、それは資本に限られたものではない。多くは情報や知識の交換となる。

機関投資家：バイサイド（買い手側）

　モエルは、担当企業の分析結果を広範な投資家に提供する。どんな投資家にもというわけではなく、スコーピア・キャピタルのジェレミー・ミンディッチのような機関投資家と呼ばれる人たちに提供する。ファイナンスでは、機関投資家をマネー・マネジャー、アセット・マネジャーなどいろいろな名称で呼ぶが、広くはバイサイドと呼ぶ。だが、名称は異なっても、機関投資家は多額の資金を投資し、彼らの顧客のために最善と思う方法で資金を配分する。ファンドには、投資信託、年金基金、財団基金、寄付基金、政府系投資ファンド、そしてヘッジファンドなど、いくつか異なるタイプのものがある。

　機関投資家の台頭は近代資本主義の中で最も重要な動きだから、特定のタイプの機関投資家をもう少しじっくり見てみよう。そうすれば、出会ったときにそれほど動揺することはなくなるだろう。モエルが行っているこれらの投資家とのやりとりを見て、ファイナンスで重要なアイデアをいくつか理解することとしよう。

投資信託（投信）

　投資信託は個人のためにお金を管理して、資金を株や債券の分散したポートフォリオに投資する。どのくらい巨大か、その感じをつかむために言うと、フィデリティとブラックロックは両社合わせて、10兆ドル近い資金をさまざまな投信を通じて運用している。退職勘定が投信に投資をしている可能性も十分ある。投信は資産規模も知識レベルもさまざまな個人のために投資運用を行うから、厳しい規制を受けている。

　株のようなリスク資産を持っているから、そのリスクを管理する必要がある。リスク管理の方法は、ファイナンスの基本の良い例となる。1社のリスクに大きくさらされることのないように、ファンドはいくつかの株に投資するのではなく、広い範囲の株を選択し、保有する。この分散投資によってリスクにさらされる度合いが下がる。さらに重要なことだが、すべての株が同じ動きをするわけではないから、互いに動きを相殺して、リターンを損なうことなく全体のポートフォリオのリスクを低減させることができる。だから、分散投資はリターンをさほどあきらめることなく、リスクから守る長所がある。それゆえに分散投資は強く推奨されるのだ。第4章で、リスクがどのように価格に反映されるかという観点から、分散投資に再び触れる。

　投信はアクティブかパッシブかで分類される。アクティブは、運用担当者が個人的に、どの株をポートフォリオに入れるかを決定するやり方だ。パッシブ（インデックスファンドや株価指数連動型投信：ETF）の投信の伸びは、資本市場のきわめて重要な進歩だ。2011年から18年の間に、パッシブ投信はプロの投資家に運用されている資金の5分の1から3分の1に増加し、2017年だけでも6920億ドルの資金がパッシブ投信に流入している。

　パッシブ投信は市場のタイミングを計ったり、出遅れ株を選んだりしようと、誰かが意図的に運用するものではない。その代わりにパッシブファンドでは、世界の重要な企業500社の株価を追うS&P500のような、広範に市場をカバーするインデックスに入っている株すべてに投資する。機械的なやり方をするから、パッシブファンドは比較的安上がりに投資できる。だが、ただ安いだけではない。パッシブファンドは、ノーベル賞を受賞した「効率的市場仮説」を具現化させたものだ。この理論は、投資家が情報を広く入手できるのであれば、価格はすでに入手可能な情報を織り込んでいるから、市場を上回るリターンを上げることはできないとする。したがって、長期間市場を打ち負かそうとか、市場のタイミングを計ろうとするのは無益な努力だとする。この観点からすると、

アクティブ運用者が不可能なことをしようとするのに対して、なぜ多くのお金を払う必要があるのだ？ ということになる。

効率的市場仮説に関しては、かなりの議論が交わされている。だが、コンスタントに市場を打ち負かすのは困難だという論理と、分散投資により利益を増加させることができるということが事実だと証明されるに至り、アクティブ投信から乗り換える動きが続き、コストの低いパッシブ投信が台頭してきた。

年金ファンド

会社、労働組合、政府機関の社員・職員の退職金から成る多額の資金を運用する。例えば、カリフォルニア州公務員年金基金（カルパース）は、カリフォルニアの公務員の年金資産3200億ドル超を運用する。

通常、年金は2つの制度のいずれかをとる。確定給付（DB）制度では、社員は退職後、雇用主から支払いを受ける。その資金はこれらの企業や（カルパースのような）組織が運営する年金基金から出る。対照的に確定拠出（DC）制度を持つ会社は、個人の年金口座にただ資金を入れるだけで、その口座は社員が管理する。多くの公務員はDBをとるが、年金はDBからDCへと過去50年の間に劇的に変わった。この動き

によって、投信が巨大な伸びを示すことになった。

財団および寄付基金

非営利財団や組織は、より安定的な運営ができるように、長期間にわたってファンドと契約して投資する。これら財団や基金は、この何十年の間に成長し、今や資本市場で大規模かつ革新的なプレイヤーとなっている。例えばハーバード大

分散投資 + plus

次のポートフォリオの中で、どれがいちばん良く分散されていると思うか？
・グーグル、ヤフー、マイクロソフト
・メルク、ファイザー、バイオジェン
・グーグル、キャタピラ、メルク

この3つの中では、グーグル、キャタピラ、メルクのポートフォリオがいちばん良く分散されている。分散の目的は、互いに同じ動きをせず、同じリスクを負わない株を1つにまとめることだ。例えば、グーグルの業績がぱっとしないとき、キャタピラは良い業績を上げるかもしれない。1つの業界に集中したポートフォリオには、同じ動きをする傾向がリスクとしてある。異なる業界の会社から成るポートフォリオなら、そうはならない。

学は、2017年時点で371億ドルの寄付金をコントロールしている。

政府系投資ファンド

天然資源からの収入によることが多いが、余剰貯蓄のある国家はその資金を政府系投資ファンドを通じて投資する。このタイプのファンドは過去数十年の間に劇的に伸び、よりいっそう実験的な投資戦略をとるようになってきた。一例を挙げれば、ノルウェーの政府系投資ファンドは2017年に、1兆ドルを超すファンドを運用している。

ヘッジファンド

機関投資家の最後に挙げるのは、最も議論の的となることが多いヘッジファンドだ。2000年には資産2600億ドルだったのが、17年には3兆ドルにまで伸びている。投信と類似しているが、規制のレベルが低く、レバレッジを使い、リスク管理に異なるアプローチをとる。

ヘッジファンドの顧客には多くの年金、寄付基金、政府系投資ファンドがいる。いわゆる投資に関する知識や経験のある投資家（つまり「お金持ち」だ）だけが購入できるので、規制のレベルが低い。したがって、運用担当者はリスクの取り方に制約を受けることが少ない。例えば、ヘッジファンドは借入金で購買力を強化して株を買うことがある。顧客のお金1万ドルを投資する代わりに、ブローカーから2万ドルを借りて投資する。第1章で見たように、レバレッジはリターンを増幅させる。また投信とは異なり、ヘッジファンドはポジションを集中させて投資できる。それにより、「アクティビスト」の株主となって、自分のファンドに投資をしている人に有利な方針や戦略を推すことができる。

ヘッジファンドは、レバレッジをかけて個別の企業に大きく投資するリスクを取ることをいとわない。意外ではないだろうが、ヘッジファンドはヘッジをすることでリスクを管理しようとする。ヘッジファンドはリスキーだとして悪者扱いされているが、彼らはこのリスク管理のおかげでリスキー度合いが低いのだと言う。投信は株を分散投資することでリスクを管理するが、それでも株式市場全体の動きには脆弱なままだ。ヘッジファンドはリスクをもっと上手に管理しようとする。

グローバルな製薬会社、メルクに投資をするヘッジファンドは、どのようにその投資リスクを管理するのか？　投信はほかにも多くの株を買うことで、メルクの投資リスクを管理しようとする。だがヘッジファンドは、本当に気に入った会

社に集中する。ヘッジ（日常生活で「両面作戦をとってヘッジ
する」ように）して、メルクと反対の方向に動く株に投資を
して、メルクの株が下落したときにもリターンを稼げるよう
にする。その目的で、別の製薬会社のファイザーを考えてみ
よう。ヘッジファンドはメルクでロング（買い持ちポジショ
ン）を取っているから、ファイザーはショート（売り持ちポ
ジション）を取る。

　これは何を意味するのか？　「ロングを取る」のは比較的
シンプルだ。株を買うことを意味するだけだ。「ショートを
取る」のはもう少し複雑だ。ある会社の株のショートを取る
には、投信などほかの投資家から株を借りなくてはならない。
株を貸すのだから、彼らは手数料を取る。株を借りたら売る。
そして、将来のある時点で株を買い戻す（願わくは低い価格
で）。その株を、借りた投資家に返却する。

　ショートでファイザー株を40ドルで売った後に、その株
が20ドルに下落したとしよう。何をしたのか、振り返って
見てみよう。ファイザーの株を借りて売り、40ドルを手に
入れた。その後20ドルで買い戻し、株を返し、1株当たり20
ドルの利益を上げた。つまり、ファイザー株が下落すれば利
益を上げられるということだ。もしファイザーが80ドルや
120ドルに上昇していたら、かなりの金額の損失を出したと

図3-3

ファイザー株を空売りする

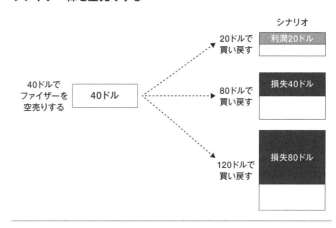

ころだ。実際、最初に投資した金額以上のお金を失うことも
ありうる（図3-3参照）。

　これがヘッジとどうかかわってくるのか？　メルクもファ
イザーも100ドルで売られているとしよう。メルクを買って
ロングポジションを作ることに決めた。だが、どのようにそ
のリスクを管理するか？　投信がするように、ほかの製薬会
社の株や、ほかの業種の株を買おうとは思わない。その代わ
りに、メルクのロングポジションと同じ金額だけ、ファイザ

ーを売ってショートポジションを作る。この投資戦略の成績はどうなるか？

2012年から14年の実際のデータを見てみよう（図3-4を参照）。12年には、メルクもファイザーもほぼ同じ動きを示した。12月には両方とも20％上昇した。メルク株を売り、ファイザー株を年末に買ってポジションを閉じたなら、買い始めたときと同じになる。ロングポジションで得たお金（プラス20％。メルクの上昇分）は、ショートポジションでの損失（マイナス20％。ファイザーの上昇分だ）と相殺される。

さて、2013年を見てみよう。13年の終わり頃には、ファイザーはメルクより値上がりした。12月にファイザーは50％上昇し、メルクは40％しか上がらなかった。買ったメルク株よりもファイザー株のほうが上昇した（ショートポジションがロングよりも値上がりした）のだから、損失を被った。最後に2014年を見てみよう。その年、メルクはファイザーよりも値上がりした。12月には、ファイザーは合計60％上昇したが、メルクは合計70％上昇した。ロングのほうがショートよりも値上がりしたから、利益を上げることができた。

このようにヘッジは、業界全体あるいは市場全体の動きから投資家を切り離し、ある一定の会社の相対的な成績を切り分けて取り出す。その意味では、ある企業の株が相対的に市場よりも値上がり（あるいは値下がり）するかどうかのリスクに限定されるので、リスクを管理できていると言える。

ヘッジファンドはまた、ファンドのリターンの一部を享受できる報酬モデルとなっていて、運用者は成功報酬を受けられる。レバレッジと成功報酬があるから、ファンドマネジャーは桁外れのリターンに惹かれて、投資機会を見つけようと苦労をいとわずに頑張る。例えば、JCペニーがクリスマスシーズンに良い売上を得られるかどうかを当てようとするファンドマネジャーを考えてみよう。モエルのようなアナリス

図3-4

メルクとファイザーの株価比較 ［2011年12月-2014年12月］

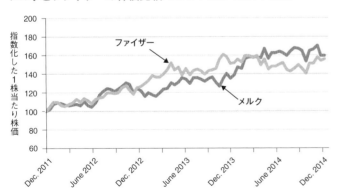

トと話すより、また第2章で見たようなモデルを作るより、ヘッジファンドはもっとすごいことをする。感謝祭翌日のブラック・フライデーに JC ペニーの駐車場がどんな状況になっているか衛星写真を撮って、ペニーの四半期の結果がどうなりそうか情報を取ろうとしたり、元諜報機関のオフィサーを雇って、ペニーの経営陣の言うことが正しいかどうかを検証しようとする。ヘッジファンドが株をショートしているのなら、公に会社を攻撃することもある。このような攻撃的な策略は、ヘッジファンドの活動を評価する人を引き付け、会社を攻撃することを何とも思わずに中傷する人を生み出す。

モエルのような株式リサーチ・アナリストは、さまざまな機関投資家に自分の考えを売り込む。だが、その見返りは何か？　機関投資家がアナリストに直接お金を払うことはない。その代わりに、機関投資家はアナリストの推奨のレベルに基

実務家はどう考えるか

ニューヨークのヘッジファンド、スコーピア・キャピタルの創業者、ジェレミー・ミンディックは、ヘッジファンドのビジネスモデルについてこう語る。

スコーピアの基本的な投資哲学は、いつどんなときにでも素晴らしい買いと売りの銘柄を見つけて、ロングポジションとショートポジションのリターンの差から収益の流れを得るということです。短期的な取引をしようとは思いません。四半期の売上を見て企業に投資をすることはしません。

どんな市場環境であろうと、ものすごく過大評価あるいは過小評価されていて割高あるいは割安になっている会社を見つけて、ロングかショートのポートフォリオを構築できると思っています。私たちは、うちのファンドは市場中立ファンドだと言っています。株式市場ではとんどエクスポージャー（価格変動リスクにさらされる資産）を持ちませんからね。一般に市場中立ファンドは、数量ベースでやろうとします。数量的なアルゴリズムを使って、200から300の（何を尺度にするかは別にして）過小評価された株をロングにし、何らかの理由で過大評価されている200から300の株をショートにする。そのポートフォリオにレバレッジをかけ、ごくわずかなリターンの差を絞り出せば、面白いリターンの流れを作り出せるという考え方です。

スコーピアではもっと集中して、20から25のロング、そしておおよそ30から40のショートでポートフォリオを組みます。ロングに選ぶ銘柄は、深く掘り下げて研究した、はなはだしく過小評価され割安となっている会社です。ショートもまた、深く研究したひどく過大評価された会社です。これらの会社のビジネスが将来どうなるかのビジョンを持ち、そこから投資機会を作り上げているのです。

づいてランク付けする。このランクによる格付けが、アナリストの報酬を決める重要な要因となる。実際のところ、ナンバーワンにランクされた株式リサーチ・アナリストは、10位にランクされたアナリストの数倍もの報酬を得られる。

　これらの機関投資家は、まとめて、「バイサイド」と呼ばれる。個人から集めた資金を使って金融市場で資産を買う組織の総称である。バイサイドは誰から買うのか？　投信のファンドマネジャーは通常、企業に接触して直接株を買うことはない。「セルサイド」の誰かにコンタクトする。

セルサイド（売り手側）

　株式アナリストは多額の報酬を得る。だが、誰が誰にお金を払っているのかは、まだ明らかに説明していない。さて、お金はどう動くのか？　モエルのようなアナリストは通常、セルサイドの一員である投資銀行で働く。株式アナリストには、投資銀行内部に3種類の顧客がいる。トレーダー、セールス、そして投資銀行部員だ。アナリストは、彼らが担当する企業に関する情報を提供する。

トレーダー

　トレーダーは、マーケット・メーカーとかブローカー・ディーラーとも呼ばれる。各種金融商品に、買い手と売り手を見つけるように努力する。彼らは主に、ビッド−アスク・スプレッドと呼ばれる価格のギャップから収益を得る。ビッドは、投資家が株を購入するのに払ういちばん高い価格だ。アスクは、売り手が株を売ろうと考えるいちばん低い価格だ。バイサイドはアナリストのレポートに直接代金を払うことはしない。その代わりに、好みのアナリストが所属するブローカー・ディーラーと取引をする。この取引で彼らは売買手数料を得る。これは、バイサイドが株式アナリストの仕事に感謝を示す1つの方法だ。だが、手数料はこのところ大きく縮小してきているから、それは説明のごく一部でしかない。

　手数料が下がってきたとはいえ、ブローカー・ディーラーにとって、取引をすることはとても重要だ。トレーディング・フロアに足を踏み入れたことがあるなら、トレーダーが短時間のうちに取引を行うのを知っていることと思う。そこで、大手機関投資家がどう決断するかが重要になる。大手の投資家の取引を知るのはとても価値あることだ。情報を得られるからだ。大手のファンドは買っているのか？　手じまいしているのか？　これはトレーダーにとって貴重な情報だ。だから有能な株式アナリストは、トレーダーが取引の流れのおこぼれにあずかれるようにと努力する。

空売りは悪か？

　空売りは物議をかもし、多くの疑問を投げ掛ける。会社の業績が悪いときに利益を得るのは、まっとうなことか？　不道徳なことか？　空売りは禁止すべきか？

　これらの懸念にかかわらず、空売りをする人は市場で有益な役割を演じてくれる。うまくいっていない会社で何が起こっているのかを、明らかにしてくれるからだ。例えば、空売りを仕掛けた人は、エンロンやワールドコムの不正を暴き出した。この両社は、史上まれに見る大規模なガバナンス違反の不祥事に手を染めていた。空売りをするには、会社の欠陥、弱点、矛盾などを見つけようとして、ほかの人が見過ごしていることを見る。その点を考えれば、空売りする投資家は社会の利益のために貢献しており、悪い存在ではないと論じることもできる。

セールス

　言うまでもないが、セールス部員は金融商品をバイサイドの投資家に売る。アナリストが大手機関投資家と直接話すこともあるが、セールスはアナリストの考えをもっと広め、バイサイドに直接的に営業をかける。これによって手数料を稼ぎ、取引のフローが見えるようになる。だが、あまり大きく儲けることはない。

投資銀行部員

　住宅ローンや預金で日頃付き合う商業銀行とは異なり、投資銀行は資本を調達したいとか、営業用資産を売買したいという法人を対象にする。新規公開（IPO）、株式発行、社債発行など、投資銀行が行うファイナンスで、企業は新たな資金を得ることができる。投資銀行の企業買収（M&A）部門は、事業の一部売却や新規事業入手の手伝いをする。いわば投資銀行は、ビジネスを売買するブローカーだ。IPO も M&A も大いに儲かる仕事だ。IPO による資金調達の手数料は、調達額の7% にもなる。同様に、M&A のアドバイザリーフィーは1% 近くになるから、100億ドルの取引だと1億ドルの手数料となる。こういった手数料の下では、トレーディングの稼ぎは小さく見えてしまう。

メディア

　アナリストのモエルは彼のアイデアをさらに多くの人に広めることができる。彼のような株式リサーチ・アナリストは、メディア（例えばウォールストリート・ジャーナル、CNBC の

スクワークボックス、ブルームバーグ・テレビ）を使って、直接投資する個人も含め、自分の考えを投資家に伝える。アナリストは最新の出来事にコメントをし、その機会を利用して企業に対するもっと全般的な見方を伝える。

03 株式アナリストのインセンティブ

モエルのような株式リサーチ・アナリストが話すことは、図3-2に描かれているように、資本市場全般にわたる。資金を必要とする企業、家計の資金を集めているバイサイド、市場で株や企業の取引仲介を行うセルサイド、そして金融情報メディアに話す。

実際のところ、株式リサーチ・アナリストは資本市場の中心にいる。資本市場は資本主義にとって重要な存在だ。だから、この市場の真ん中にいる個人がどのようなインセンティブを持っているかを考えることには価値がある。そして彼らのインセンティブを理解することは、この資本市場の高給取りが何をして報酬を得ているのか、そしてそれだけの価値が本当にあるのかを考えるのに、とても重要なことだ。

先に見たように、アナリストの報酬を決める重要な要素はランキング・システムで、バイサイドがどのアナリストがいちばん良いアドバイスを出すと考えているかを示すものだ。このランキングは労働市場のトーナメントのようなものだ。最高のアナリストはとても多く稼ぎ、低いランクのアナリストはあまりもらえない。ランキングの下のほうに行くにつれ、報酬は急激に低下する。どうすればアナリストは高いランキングを得ることができるのか？　もし、ランキングがすべてなら、アナリストはものすごく働き、クリエイティビティを発揮して、バイサイドにできる限り最高の分析を届けようとするだろう。つまり、アナリストは自分の仕事をうまくこなすように専念すべきだ。そのとおりに動いているのなら、資本市場は見事に機能していると思っていい。

だが実際には、アナリストは見方が偏っているという証拠がある。たいていはプラスの方向に強く傾いている。つまり「売り」推奨を出すことはめったになく、不釣り合いなほど多くの「買い」推奨を出す。なぜか？

アナリストが、ある株は過大評価されているという否定的なレポートを出したら、何が起こるかを考えてみよう。投資家は真実を語ってくれたことに感謝して、アナリストを高く評価するだろう。だが、それと同時に何が起こるか？

第一に、その会社のCEOとCFOは会社への信任が低いことを快く思わず、そのアナリストと関わり合いを持たないようにしたり、電話でのアナリスト・ミーティングでそのアナリストの質問を受け付けないようにしたりして、締め出しを図る可能性がある。もしCEOとCFOが本当に腹を立てたなら、アナリストの会社の投資銀行部門の担当者を呼び出し、今後はM&Aや資金調達の仕事を出さないとほのめかすかもしれない。この収入の相対的な大きさからすると、それは悲惨な事態になる。その結果、アナリストが「売り」と言うのは非常に難しく、その代わりに「市場に沿った動き」とか「中立」という言い方をする。これは実際には「売り」を意味すると思っていい。

ランキング・システム自体も問題だ。あまり名の知られていない、投資銀行に入って間もない若いリサーチ・アナリストは、どうするだろう。失うものがないから、彼らは常軌を逸した極端なことを言うことがある。もし当たれば、勇敢だとしてランキングが急上昇する。もし間違ったとしても、いずれにしろ誰も注目しない。

高いランクを得ているアナリストは、別の病巣を抱えている。1位のアナリストなら、2位や3位のアナリストに乗っ取られないようにするために何をするか？　彼らと群れを成し

ていればいい。2位と3位のアナリストの収益予想の真ん中に予想していれば、これらのアナリストから追い出されることはないだろう。もちろん、群れを成し、ほかの人がしていることをコピーすることは、アナリストとしてすべきことではない。

このように資本市場の中心にいる人たちのインセンティブは、思っている以上に複雑だ。アナリストの唯一のインセンティブが、よく働き、自分の仕事をきちんとすることであれば素晴らしいのだが、残念ながらそうはいかない。彼らは高い評価を得ようとする方向に偏っていて、ほかのアナリストをコピーして「群れる」人もいれば、極端なことを言う人もいる。

図3-2に示した概観図を見て、資本市場の複雑さがよく理解できるようであればいいのだが。この複雑さを理解しても、まだ答えの出ていない重要な疑問がある。中間に位置する人たちがなぜ、こんなにお金を稼いでいるのだろう？　何か価値あることをしているのか？　資本を持つ人たち（家計にいる我々のような普通の個人だ）が資本を必要とする人たち（企業だ）と一緒になって、中間に入ってくる人すべてを取り除けないものだろうか？　ファイナンスの世界がもっとシンプルになれないのはなぜなのか？

04 資本市場の中心にある問題

　図3-2のごちゃごちゃした図を見直すと、資本市場の価値への猜疑心を強めるかもしれない。それを見ると、金融は「実体」経済を作る企業と貯蓄する人から価値を奪うだけのように思われる。さて、資本市場は実際のところ、根深く難しい問題を解決しているのか、そしてその問題は何なのかを見てみよう。貯蓄する人と企業を結び付けることが、なぜそれほど複雑なのだろう？

　資本市場、そしてファイナンスの大部分が解決しようとしている、根深い問題とは何なのか？　もっと簡単な質問で始めよう。私たち投資家が知りたいと思う企業の将来に関する情報を持っているのは誰か？　それは明らかに、企業の経営陣だ。だが、彼らがその情報を話しても、私は信じることができるだろうか？　問題なのは、経営陣の話を私たちは必ずしも信じられないことだ。彼らは私たちから何か（資金だ）を得ようと思っている。だから資金を得るために、真実ではないことを話すかもしれない。信頼できるかたちで情報を得られないことを、情報の非対称性と呼ぶ。それが、図3-2の真ん中にいる人たちすべてが解決しようとしている、根深く、

厳しい問題だ。ポール・クランシーやローレンス・デブローなどのCFOは善良な人たちだが、自分に有利になるように隠す人も必ずいるだろう。

　情報が完全にオープンになって伝達する世界では、資本市場も比較的シンプルになる。資金を集め、リスクを価格に反映させればいい（第4章でこのことは見る）。だが、情報の非対称性が存在する世界で、誰を信じたらいいかわからないときには、資本市場はどのように資本を配分するかを考え出さなくてはならない。図3-5の雲はその問題を表す。

　資本市場の問題は、さらに広く、本人と依頼人の問題（プリンシパル－エージェント問題）として考えられる。歴史的に、貿易や農業の自営業者の大半は、自分で事業を所有し、経営してきた。近代の資本主義では、事業の規模が拡大し、所有者は経営者ではなくなった。今や所有者（プリンシパル）は、不正を行わないように経営者（エージェント）を監視しなければならない。所有と経営の分離は、企業統治（コーポレート・ガバナンス）の問題を生み出した。株主はどうすれば、経営陣が株主の利益を追求するようにできるのか？　この監視の問題を解決しようとすることが、ファイナンスのすべてと言える。

　例えば、ある企業のCEOが大型買収を考えているとしよ

図 3-5

非対称な情報の問題

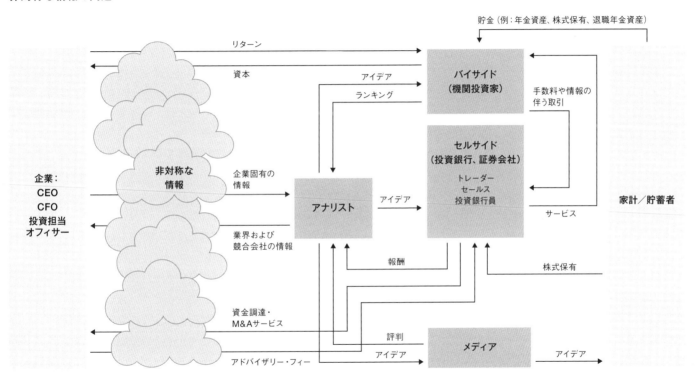

う。彼女は被買収企業と予測を共有し、株主に、買収は素晴らしいアイデアだと奨める。だが、もし彼女がより大きな規模の企業を経営したいと思っていて、買収後の移行期の会社をうまく統率する能力があると示せば、CEOとして一段高い評価を得られると考えていたなら？　彼女はさらに報酬の高い、より良い職に就けるだろう。となると、買収は会社にとって良いことなのか、CEOに良いことなのか？

　新たな本社を作る計画はどうか。CEOが言うように、新しい場所に本社を構えると、良い人材を引き付けることができるのだろうか？　あるいは、経営陣は最高級のスポーツジム、フォー・シーズンズ・ホテルよりもすごい朝食バイキングを社内でとれるようにして、報酬を水増ししようとしているのか？

　この問題は、金融市場と関わり合いのある会社すべてに広く蔓延している。ある会社が予想より1セント低い売上結果を出し、CEOは悪天候を口実にする。それは本当なのか、あるいは会社の終わりの始まりを示唆するものなのか？　会社に投資家が疑念を持つようになると、わずかな収益予想未達が1四半期のことだけではないかもしれないと思い、さらに株価の下げを誘う。それが信頼性の問題、情報の非対称性だ。CEOが通常のポートフォリオの見直しの一環で、彼女が個人的に保有する自社株を売却すると公表した。それは真実かもしれない。だが、現実には、会社の将来についてはるかに知識のある人物が株を売るのだ。それは警報ととれるのではないか？

　経営者と会社の所有者が複雑なコミュニケーションのゲームをすることになり、経営者が出すどんなシグナルも、猜疑心を持って見直される。会社にとって非対称的情報の問題は、プロジェクトの資金調達を株、債務、内部留保のいずれで行うべきかを判断するのに影響を与える可能性もある。それぞれの資金調達はそれぞれ異なるシグナルを投資家に送る。

　例えば、新株を発行して資金調達しようとすれば、投資家が噛みついてくるかもしれない。プロジェクトがそんなに素晴らしいものなら、なぜ新株を発行するのだ？　将来性にそれほど自信があるのなら、なぜ新たな株主とアップサイドを共有しなくちゃならないんだ？　社債を発行して、彼らだけでアップサイドを手にしようとしないのはなぜだ？　という疑問が出てくる。こうした理由から、新株発行は通常、株価下落を伴う。株の希薄化や会計上の問題ではない。株式発行が否定的なシグナルを送るのだ。プロジェクトを内部資金で賄おうとしないのは、プロジェクトが見かけほど優れていないからじゃないか、と思う投資家もいる。株は最も割高な資

金調達の方法になっている。

　債務は多少ましだ。外部の資金の出し手に依存することに変わりはないが、少なくとも所有権をあきらめることはない。だが、企業が外部に資金を求めようとすれば、投資家は常になぜかと尋ねる。最高の資金調達は内部留保によるものだ。それなら情報に関連するコストがかからない。だが、金額が限られてしまう。

　最後に考慮すべきなのは、自社株買いだ。これはますます重要度を増してきた現象だが、第6章で詳しく見よう。CEO

実務家はどう考えるか

バイオジェンの CFO、ポール・クランシーは、資本市場についてこう語る。

・・

　セルサイドだ、バイサイドだと言ってもその違いがあいまいになることは多い。私たちはお金を得ようと競い合っている。退職後のための貯蓄、次世代に残すための貯蓄、あるいは投資をして子供を学校に行かせるための貯蓄。私たちはそのお手伝いをしているのだ。どこにでもいるようなごく普通の市民であるジョンやエリーの退職金口座、ジョンとエリーの教育費口座をめぐって私たちは競い合っている。なにしろ、彼らは代替のきく商品を選べるのだから。

が自社株買いを発表するとき、CEO は株が過小評価されていると思っていることを暗に伝えている。だから株の買い戻しは、良いニュースとして受け止められる。これも、発行済株式数が少なくなるからではない。投資家よりもはるかに会社のことを知る経営陣が、自信を持っていると強いシグナルを送るからなのだ。

05 「プリンシパル‐エージェント問題」は 根強い

　ファイナンスがプリンシパル‐エージェントの問題を改善するものであるのなら、それはうまくいっているのだろうか？　コーポレート・ガバナンスが繰り返し危機にさらされているのだから、金融市場はやるべきことをきちんとやっておらず、約束は果たされていない、と結論付けるのは簡単だ。だが、コーポレート・ガバナンスを改善するために私たちは何ができるかを、まず考えなくてはならない。

　この分野の担当者だとしたら、どのようにこの問題を解決しようと思うか？

　いくつか可能性がある。第一に、経営陣が虚偽の申告をし

たら、もっと厳しく罰することができないか？　これはその気にさせられるが、彼らはいよいよ口を閉ざすようになり、情報の非対称性が広がるだろう。

　第二に、経営陣の報酬をもっと株で支払ってはどうか？　そうすれば、会社の所有者と同じように行動させることができる。たしかに、株式報酬はこの数十年の間に一般的になってきたが、これにも問題はある。経営陣は短期的な業績向上に注力するようになり、株価がピークに来たら株を売却するかもしれない。

　経営陣の上に取締役会を置き、彼らを監視し、株主の代理をさせたらどうか？　さて、誰がその取締役を選ぶのか？　よくあるのは経営陣自体が選ぶケースだ。さらに複雑なのは、社外の取締役に就いている CEO の会社に、取締役として彼らが就くこともあることだ。どの解決案も副次的な結果をもたらし、それが問題を改善するどころか、大きくするおそれがある。

　最後に、プライベート・エクイティが多数に分散している株主を1つの大きな株主にまとめて置き換え、注意深く監視し、レバレッジを使って経営陣をけん制することも役立つ。だが、プライベート・エクイティにも問題がある。このタイプの投資家は資本市場で株を発行して利益を上げるので、株式公開前に実際よりもよく見せようとするインセンティブが働く。

　この説明で、資本市場で起きているほかのことにも、なるほどと合点がいっただろうか。ヘッジファンドはアクティビストの立場をとり、経営陣に大幅な変更を求める。彼らは厄介なトラブルメーカーとして、厳しく非難されることが多い。だが、経営者にあまりに強大な権力を与えてしまった市場の偏りを、いくらか修正しようとしているとも考えられる。空売りをする投資家もまた評判が悪いが、それも実際は、経営陣やアナリストが作り出した過度な楽観主義の流れと戦う英雄と言えるかもしれない。

　最後に、資本市場はこの問題に対する完全な解決案ではないかもしれないが、この問題の解決は一筋縄でいくようなものではないことを示してくれる。近代企業の規模が大きくなり、所有とコントロールの分離が求められるようになったからには、プリンシパル－エージェントの問題が消えることはないだろう。だからこそ、ファイナンスは面白いのだ。

　CEO あるいは CFO がこれらの資本市場の問題をわきまえているとして、それは会社経営や資本市場との対話方法にどのような影響を与えているだろうか。CEO や CFO は、資本市場でうまく信頼性を保たなくてはならない。投資家の信頼

を失えば、とりわけ問題となる。したがって、過大な約束をするのは危険だ。とはいえ、過小な約束をしておいて期待以上の結果を出すと、とうてい達成できないような業績を、投資家に期待させることになってしまう。

次に説明する3つの投資アイデアを詳しく見ていけば、今まで見てきた資本市場のコンセプトをうまく説明できると思う。シャープの堺工場投資の余波、ワイヤー・メーカーの短期投資、モルガン・スタンレーのプライベート・エクイティ

Column

中古車市場

情報の非対称性やシグナリング現象は、資本市場だけの問題ではない。このことは日々の生活で見かける。

中古車市場を考えてみよう。フォルクスワーゲンのディーラーに行き、新車を5万ドルで買ったとしよう。数日後、その車はいらないと思うようになった。市場に出したら、いくらくらいで売れるだろう？　答えは、減価償却後の価値、4万9999ドルには程遠い数字

になるだろう。4万5000ドルか4万ドルといったところか。なぜか？　買おうとする人は、明らかにされていない何か不都合な点がその車にはあるのではないかと、懐疑的になるからだ。なんといっても、情報のすべてを持ち合わせている人（あなた）が売ろうとしているのだ。彼らの猜疑心を克服するには、買い手がリスクを取ってもよいと思うようなところまで価格を下げる必要がある。

もっと悪い場合もありうる。アメリカ国内で転居することになり、良い車なのに売る必要性が出てきた人がいる。別の人は、車を買

ったら欠陥車だったので、その車について何も疑いを持たない人に売ろうとしている、という場合を想像してほしい。買い手が価格を4万5000ドルか4万ドルに下げたならどうなるか？

良い車を持っていた人は、「このマーケットにはもう出したくない」と言って、市場から車を引き揚げる。中古車の平均的な品質は下がる。買い手はさらに価格を下げようとする。良い車はますます市場から出ていき、市場は解体してしまう。だから、情報の非対称性は破壊的なのだ。

によるLBOの3つを見ていこう。

06 鴻海シャープと堺工場

第2章のケーススタディで、テレビ用の大型ガラス・ディスプレイ製造用に建てられたシャープの堺工場を紹介した。シャープの新工場への大型投資は賢明とは言えず、維持困難であることが明らかになった。すると、鴻海の会長、テリー・ゴウが個人的に買収した。この出来事にはもっと面白い話がある。それはプリンシパル−エージェント問題の好例となる。

ゴウの堺工場への投資は、2012年に発表された2つの動きのうちの1つだった。もう1つのほうは、アップルやマイクロソフトなどのガラス・ディスプレイを組み立てるゴウの会社、鴻海がシャープから株式を8億ドル購入するという話で、それにより同社はシャープの最大の株主となった。

株式アナリスト、アルベルト・モエルは、このニュースを顧客から聞いて不思議に思った。彼はこの仕事についてから、ずっと鴻海の動きを追ってきた。同社は不透明という評判が

あり、この二重の取引は十分に不可思議だった。会長が個人資産で堺工場の所有権を46%購入するというのに、なぜ鴻海はシャープに大きく投資をするのか。

2つの取引が終了すれば、鴻海はシャープを所有し、同時にシャープは資産を鴻海の会長、ゴウに売却することになる。第2章で見たように、ゴウへの売却は激安特価で行われたように見え、ゴウは大きな価値を手にした。だが、その価値はどこから来たのか？ 実際のところ、ゴウはシャープの株主からその価値を奪ったようなものだが、彼の経営する鴻海はその株主の一人だ！ 市場の評論家たちは、鴻海のシャープに対する投資の約束は、ゴウに底値で堺工場を売らせるためのものだったのではないかと推測した。

この取引が発表されると、シャープの株は下落した。そしてゴウから受け取った堺工場の対価があまりに低かったため、下落を続けた。鴻海はさらに低い価格を交渉しようと試みたが、それがうまくいかないと、買収提案を引っ込めた。だが、会長は自分の取引のほうはそのままにして、堺工場の大きな割合を購入した。

テリー・ゴウの行動をどう思うか？ その答えは、堺工場の価値をどう見るかによる。工場は大きな価値を持つという意見に賛成なら、会長は鴻海の株主から価値を奪おうとした

に等しい。シャープの大株主として、鴻海は会長に、シャープの32億ドルの資産をわずか17億ドルという割安価格で与えた。信じられない取引だ。言い換えれば、鴻海の株主に、なぜ堺工場のすこぶる有利な取引に参加させようとしなかったのか。一方、工場はリスクがとても高いと思うのなら、会長は自腹を切って、余分なリスクから会社を守ろうとしたとも言える。

07 ベカルト株の空売り

2010年、ジェレミー・ミンディックのヘッジファンド、スコーピア・キャピタルは、ワイヤー・メーカー、ベカルトの株を空売り（ショート）することに決めた。鋼線の事業に深い知見を得た後、スコーピアは、ベカルトが過去の利益率から見て稼ぎ過ぎだと考えた。ベカルトは工業用機械に使われるラジアルタイヤ用の鋼線を製造していた。当時、他社は住宅用の電線に集中しており、産業用市場に目を向けていたのはベカルトなど数社だけだった。その結果、桁外れの売上を得ており、それが持続可能とは思えなかった。競合企業が産業用市場に目を向け始めたら、ベカルトの売上は平均的なレベルに戻るだろうとミンディックは考えた。

スコーピアは数字をさらに精査し、2006年から08年の間、売上は着実に増加したが、世界的な金融危機のせいで下落したのを確認した。問題は、再び成長軌道に戻るかどうかだった。アナリストの一致した意見はイエスだった。次のステップとして、彼は競合会社を見つけ、その状況を見た。スコーピアは中国企業の何社かが、ベカルトのきわめて利潤の高い顧客セグメントに参入しようとしていることを知った。

ベカルトが高利潤を維持できるかどうかを見るために、中国の競合会社の何を知ればよいのか？
スコーピアのチームメンバー2人が中国の電線メーカーを訪問し、次の質問に答えを求めた。

• 新たなワイヤー工場にどのような期待をしているのか？
• どの程度の利益率を期待しているのか？

会社の代表と話した後、スコーピアのアナリストは、彼らが期待する将来の利益は、市場の予想よりもはるかに低いと結論付けた。

この情報をもとにスコーピアは、いつとはわからないが、ベカルトの株主は嫌な結果を見て驚かされることになるだろうと推測した。業界は、業界の成長が継続するか止まるかを議論していたが、スコーピアはそれよりはるかに悪い結果となり、利益が半分になると見ていた。「ベカルトの場合、業界は『通常の利益率』に戻ると見ていた」とミンディックは当時を思い出す。「桁外れの収益を享受してきた業界が、ごく普通の環境に戻りつつあった」。そこでスコーピアはショートすることを決めた。

ベカルトの株をショートするとしたら、それに伴ってどんなリスクがあるだろう？

図3-6は2006年から13年までのベカルト株の推移だ。10年後半から、持続可能とは思えない楽観論を反映して価格は上昇している。ミンディックはそれをうまく利用したいと考えた。スコーピアの予測は正しかったのだが、株をショートするのが少し早すぎた。ベカルトの株は30%上昇し、1年分の損失を被ることになった。ミンディックはこう言う。「そんなことを目標にしていたわけではない。うまくいく前に大きな苦痛を味わう原因となるようなアイデアを求めていたわけではない。だが、ものすごく研究して、そのビジネスが根

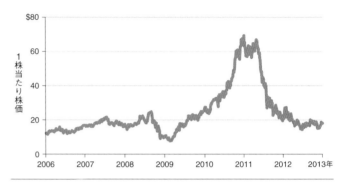

図3-6

ベカルト株価 ［2006-2013年］

本的にどうなるかについて確信を持っていたから、嵐が過ぎるのを待つことができた。長続きするとは思っていなかったんだ」

最初の年、投資戦略がうまくいかず、ベカルト株が上昇し高止まりしているのを見るのは、スコーピアにとってさぞかし辛いことだったに違いない。株価は上昇し続ける可能性があるから、ショートすると無限大の損失になるおそれもある。株価が上昇し続ける中「ショートスクイーズ（踏み上げ）」にあって、株を買い戻さざるを得ない状況に陥るかもしれない。ミンディックの分析と決意のおかげで、スコーピアは投

資命題を最後まで見届けることができた。

08 トップス・フレンドリー・マーケットの レバレッジド・バイアウト

2007年、モルガン・スタンレー・プライベート・エクイティは、ニューヨーク州北部にあるスーパーマーケットチェーン、トップス・フレンドリー・マーケットをレバレッジド・バイアウト（LBO）で買収した。プライベート・エクイティの会社は、社債を発行して企業を買収し、運営を改善し、それから会社を公開市場で売却する。あるいは、戦略的に買おうとする買い手に売る。レバレッジをかけると、運用益が飛躍的に増加する可能性がある。

モルガン・スタンレーがトップス買収のチャンスに飛びついた理由はいくつかある。第一に、トップスを所有していたオランダの食料品小売業者のロイヤル・アホールドが、経営不振に陥っていたために売却を考えていた。同社は2007年末までに米国資産を貸借対照表から外したいという、確固とした目的を持っていた。つまり、価値に見合った価格で売ろうというより、タイミングのほうを重視していた。こういう

状況下では、資産を手早く売却したいと思うから、経営陣はいくらか理性的ではなくなる。

ロイヤル・アホールドは急いでいたから、トップスの現経営陣は親会社に戻る可能性が高かった。となれば、モルガン・スタンレーは独自にCEOを雇うことができる。チームは、ロイヤル・アホールドが買収する前に5年間トップスを経営した、フランク・カーチを雇った。カーチの知識と経験は、同社の運営を以前の状態に戻すのに貴重な手助けになるだろうとチームは考えた。

モルガン・スタンレーのアラン・ジョーンズは、トップスのいちばん魅力的な点は、同社が「典型的な企業孤児」だったことだと言う。ロイヤル・アホールドの本社は地理的にトップスの店舗と離れていたから、事業を管理するのが困難だった。よくある問題だ。したがって、営業利益率と総資本利益率はスーパーマーケット業界の中では他社よりもはるかに低かったが、モルガン・スタンレーは良い経営をすれば、事業は再び繁栄できると考えた。次のステップは、財務内容をチェックし、改善できる部分を明らかにすることだった。チームは価格戦略の変更、テクノロジーの改善、そして顧客を再び呼び戻すという3方面からアプローチをとった。

当時、トップスはまったく異なる競合2社と戦おうとして

いた。1社は、低価格路線の大型小売チェーン、ウォルマート。もう1社は、地域の高級食料品チェーンのウエグマンだ。ウォルマートと価格で戦うのは不可能だ。そこでチームは早々と、トップスを両社の間にポジショニングすることに決めた。つまり、パンのような日常品は安い値段に設定し、ほかの商品は高い値段に設定する、伝統的なハイ・ロー・モデルをとることにしたのだ。チームはこの価格モデルがトップスの成功のカギになると考えた。

　カーチはすぐさま、トップスが顧客とのつながりを失っていることに気づいた。例えば、ニューヨーク州の西、バッファロー地域にトップスの店舗は多い。バッファロー・ウイングス（鶏手羽肉を揚げたもの）発祥の地だ。カーチは店舗に手羽肉が著しく少ないことに気づいた。彼は、この問題はより大きな小売業の基本ルール、顧客が望むものを与えること、を無視していると考えた。

　また、もっと優れた情報システムが必要であるという認識を強めた。古いシステムを使っていたから、以前の経営陣は顧客のニーズに対応して在庫を変更することができなかった。新たな店舗販売時点情報管理（POS）システムのおかげで、トップスは予算の限られた地元消費者のニーズに応えられるようになった。グルメ・フードをすべて、もっと日常的に消費するものに置き換えた。

　モルガン・スタンレーが広範な設備投資計画を打ち出した後、これを念頭に置きながら、カーチは個々の店舗のマネジャーに商品選択の判断を委ねた。そうすれば店舗のマネジャーたちが素早く地元のニーズの変化に応えられる。これは、トップスをウォルマートとウエグマンの間にポジショニングするために不可欠なステップだった。

　トップス売却計画を遂行するために、チームは債務を増やしてレバレッジを上げる必要があると計算した。トップスの債務を資産の96%にまで上げる計算だ。これほどのレバレッジは異常であり、モルガン・スタンレーにとって危険を伴う。だが、分析を重ね、経営陣と緊密に働き、そのような債務レベルでうまくやっていけるのかを評価するためにコンサルタントを雇い、その結果、モルガン・スタンレーは実行に移すことを決めた。決断を容易にしたのは、在庫回転率が高いため、スーパーマーケットはキャッシュフローを生み出す力が強いことだった。

　レバレッジを高めた後の株式数は3000万株あった。モルガン・スタンレーは、会社再建に大いに貢献した経営陣に株を買う機会を与えた。結局、モルガン・スタンレーは当初の投資額の3.1倍を手に入れることができ、トップスの経営チ

ームは独立して店を経営できるようになり、トップスはこの
買収により繁栄することができた。

Quiz 練習問題

問題によっては、答えが1つ以上あることに注意。

1. あなたはヘッジファンドの運用担当者で、ゼネラルモーターズ（GM）の業績は来年大幅に改善すると信じているとしよう。具体的には、ライバルのフォードモーターよりも良い業績を上げると信じて、取引を始めようと思っている。あなたの考えが正しかったら、利益を上げられるのはどの投資戦略か？
   A. GM をロングし、フォードをショートする
   B. GM をロングし、フォードをロングする
   C. GM をショートし、フォードをロングする
   D. GM をショートし、フォードをショートする

2. 分散の主なメリットは何か？
   A. 利益に比して、ポートフォリオのリスク度を増加させる
   B. 利益に比して、ポートフォリオのリスク度を減少させる
   C. ポートフォリオのリスク度と利益を増加させる
   D. ポートフォリオにある株数を減少させる

3. 予想されていた売上よりもわずか数セント低い数字を会社

が発表しただけで、なぜ株価は大幅に下落するのか？

A. 1株当たりわずか数セントでも、株数が何百万になると大きな違いとなる

B. 会計上の利益は正確ではない

C. 予想業績を達成できないことは、将来の希薄化の可能性を示唆する

D. 会社が予想値を達成できなかったのは、たまたまなのか、運が悪かったのか、あるいは経営陣がもっと根深い問題を隠しているシグナルなのかが投資家には判断できないから

4. 多国籍化学会社、ダウ・ケミカルの大きな投資機会に興奮しているとする。同社株は同業他社に比べて過小評価されている。ダウ株の値上がりをもっと享受するには、次のどの会社の株をショートすればよいか？

A. 多国籍化学会社かつ製薬会社であるバイエル

B. 航空会社の英国航空

C. ニューヨーク市に電力を供給するコンソリデイテッド・エジソン

D. どれか1社というわけではないが、有利な立場を取るには分散すべき

5. 次のインセンティブで好ましくないのはどの例か？

A. 投資家は利益を上げたいので業績の良い会社に投資する

B. 「売り」推奨をすると、その会社は将来うちの会社と取引をしなくなるのではないかと怖じ気づいて、アナリストは「売り」推奨をためらう

C. CEOの個人資産が会社のストックオプションに大きく依存しているので、彼らが会社に持つリスクは大きくなる

D. 年金基金は退職者を守りたいと思うので、質の高い会社に投資する

6. 株式リサーチ・アナリストは通常、下記のどれによって雇用され（給与を受け取っ）ているか？

A. 個人の家計

B. 事業会社

C. セルサイドの会社

D. メディア

7. 株式アナリストの通常の報酬体系と業界構造の結果として考えられるものは、次のどれか？（該当するものはすべて選ぶこと）

A. アナリストは正確に企業を評価しようとして熱心に働く

B. ランキング上位のアナリストは、ランキングで自分のポジションを守るために、ほかのアナリストと類似の評価をして「群れる」ことがある

C. アナリストはショートポジションから利益を得るために、

いつも「売り」推奨をする

D. たまたま運よく当たってランキングのトップに上昇する
ことを期待して、ランキングの低いアナリストは突飛な、
逆張りの予想をすることがある

8. 2012年にフェイスブックは新規公開（IPO）をして4億
2100万株を公開市場に売り出した。資本市場のどのプレ
イヤーがこの株の販売を手伝ったか？

A. アナリスト

B. バイサイド

C. セルサイド

D. メディア

9. 1989年にプライベート・エクイティの KKR は、310億ド
ル規模となった有名な RJR ナビスコの案件に関わった。プ
ライベート・エクイティの会社は何をするのか？

A. 企業の代わりに私的年金基金に投資する

B. 企業を買い、経営を改善して、ほかの民間企業に売る。
あるいは公開市場で売却する

C. 何千人もの投資家が保有する非上場株をまとめて、その
資産を広範に分散された資産ポートフォリオに投資する

D. 企業に対して、彼らの社債購入に関心のある個人投資家
のアドバイスをする

10. 『超ヤバイ経済学』の中で、著者のスティーブン・レビッ
トとスティーブン・ダブナーは、不動産業者は客のために
家を売るときに比べ、彼らの自宅を売るときには、平均し
て10%高い価格で売ると書いている。これは資本市場のど
んな問題を表しているだろう？

A. バイサイド

B. 取締役の看過

C. 群れ

D. プリンシパル-エージェントの問題

この章のまとめ

　このあわただしい資本市場のツアーで、機関投資家、アナリスト、投資銀行員の複雑な世界を覆う神秘性が取り除かれたことを願いたい。ファイナンスの世界は、貯蓄する人と企業の間に入り込んで、実体経済から価値を奪い取る吸血鬼だと見ている人が多い。だが資本市場は、資本主義の根深い問題を完全ではないにしても解決しようと努力している。会社所有者が経営者でなくなると発生するプリンシパル ー エージェント問題、そして情報の非対称性がそれだ。このせいで監視し、コミュニケーションをとるのが難しくなっている。その結果、ファイナンスは、実はお金やキャッシュのことではないということが明らかになってきた。結局は、情報とインセンティブの問題なのだ。

　情報の非対称性とプリンシパル ー エージェント問題を考えれば、利用者が少し減っただけでネットフリックスの株価が急落したことに納得がいくだろう。期待値から予想外の乖離があると、とても高いものにつく。その乖離によって投資家は、経営者に対する不安を大きくかき立てられるからだ。そして、ネルソン・ペルツがペプシコの経営陣と戦ったのは、アクティビストの株主として、経営陣が株主に最も有利に行動するように仕向けるためだとわかるだろう。だが、ペルツにも彼なりの思惑があり、それはほかの株主と完全に一致しないかもしれない。ここでまた、別のインセンティブの問題が生じてくる。

　さて、資本市場の中核にある情報の問題を検討したから、ここでさらに大きな問題に目を向けるとしよう。会社の価値はいくらなのか？　会社はどのように価値を創り出し、評価されるのか。そして、資本コストに鑑み、どのように投資判断をすべきかをこれから見ていこう。

CHAPTER 4

Sources of Value Creation
Risk, costly capital, and the origins of value

第4章

価値創出の本質
リスク、コストの高い資本、価値の源泉

企業価値の謎

　第1章で、株主にいかに価値を創出するかは、経営陣にとって重要な目標だと論じた。だが、価値を「創出する」というのは、どういう意味だろう？　また、どのようにするのか？　どのように価値が創出されるか、あるいは破壊されるかをよりよく理解するために、2つの極端な例を見てみよう。価値の創出に関しては、過去30年間のアップルの株価を見てみよう（図4-1参照）。

　この図からわかるように、アップルは上場企業となって以来、大半は、株主に価値をあまり生み出していない。会社は存在していたが、どうでもいい存在だった。IBMとマイクロソフト相手に戦おうと多大な努力をしていたが、価値創出という観点からは鳴かず飛ばずの状態だったと言っていいだろう。

　2000年代の初め、状況は劇的に変わった。アップルは価値を創出し始めた。しかも大量に。アップルの株は、2018年半ばには1兆ドルを超える価値を持つようになっていた。何が変わったのか？　その運命を変えたのは、何をどう今までと違うようにしたからなのか？　簡単に言えば、iPod, iPhone, iPad と、新世代の商品を作り出したことだ。だが、

マッキントッシュ・コンピュータを作っていたときには価値が生まれなかったのに、なぜ iPhone でアップルは価値を創出できるようになったのだろう？　このほうがもっと良い疑問だ。

　その逆の価値破壊はどうか？　それについては化粧品会社、エイボン・プロダクツの2009年1月から18年10月までの株価チャートを見てみよう（図4-2参照）。

　9年間に、エイボンは90%の価値を失った。なぜか？イノベーションで維持可能なビジネスモデルを作ることができなかったのは明らかだ。だが、どうすればそんな短期間に、会社は価値を失えるものなのだろうか？

　この2つの極端な価値創出と価値破壊の例は、2つの教訓を教えてくれる。第一に、価値創出は単純でも、簡単でもない。第二に、ファイナンスは難しく、最高のアナリストや投資家でも間違うことがある。これが厳しい現実だ。エイボンは何年もの間、はなはだしく過大評価されていた。投資家がその間違いに気づくと、価格は下落し、より正確な価値を反映するようになった。

　この章では、企業がどのようにすれば価値を創出し、最大

図 4-1

アップルの株価 ［1988-2018年］

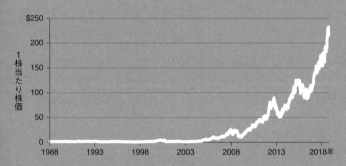

（縦軸）1株当たり株価

$250

200

150

100

50

0

1988　1993　1998　2003　2008　2013　2018年

図 4-2

エイボンの株価 ［2009年1月 -2018年10月］

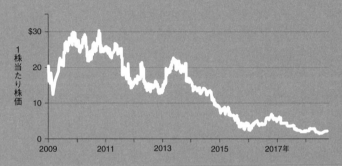

（縦軸）1株当たり株価

$30

20

10

0

2009　　2011　　2013　　2015　　2017年

化できるのか、詳しく見ていこう。とりわけ、価値創出の処方箋は、資本コストの高さで大いに左右される。株や社債の所有者から委託された資本のスチュワード、管理人として、経営陣は資本コストを考慮しなければならない。そのコストが明確でないとしても同じことだ。実際には、資金の出し手が求めるリターンが、経営陣にとっては資本のコストになる。最後に、リスクは何かを明確にし、その度合いを測る方法を決める必要がある。資金の出し手が要求するリターンは、彼

らがどの程度リスクに耐え得るかに依存するからだ。

　この章を読み終えるまでには、評価のプロセスを始めるにあたり、第2章で扱ったフリーキャッシュフローと、この章で扱う資本コスト、期待収益、リスクを組み合わせて考えられるようになるだろう。ある意味、この章は本書の中でいちばん難しい章だ。しかし、数字が示す中核的な考え方を身につければ、こっちのものだ。

01 どのように価値は創出されるのか？

最初に、価値創出のレベルを測る指標として、会社の簿価と市場価値を比較する株価資産倍率から始めよう。簿価は、株主が会社に投資をした会計上の資本金額だ。市場価値は、金融市場が会社をいくらと評価しているかを示すものだ。第2章で見たように、市場価値は将来を見据えた会社の価値を評価するものだ。

簿価は貸借対照表に記載された会計上の数値で、会社にいくらのお金が投資されたかを見るだけだから、完全な形では価値を表さない。例えば、**表4-1**にあるフェイスブックの2017年末貸借対照表に記載された、簿価と市場価値を見てほしい。

フェイスブックの時価総額は5128億ドルだが、簿価ははるかに低い743億ドルでしかない。これを計算すると、株価資産倍率は6.9になる。市場価値は将来のキャッシュフローを重視するから（第2章参照）、市場はフェイスブックの将来の見込みと価値創出能力を高く評価していることがわかる。

第1章で財務分析を行ったように、価値創出の源泉がどこにあるのか、パズル形式の演習をしていこう。第1章のとき

のように、難しいかもしれないが、やるだけの価値は大いにある。

株による資金調達のみを行う会社を考えよう。

- その会社は100ドルで会社を設立したばかりなので、簿価は100ドルだ。
- ROE は20%と予想されている。
- 会社は利益の50% を再投資するものと予想されている。この再投資は、成長の機会を示し、現在と同様の ROE を

表4-1

フェイスブックの貸借対照表 ［2017年］（10億ドル）

会計に基づく貸借対照表

資産		負債・株主資本合計	
現金	41.7	営業負債	10.2
営業資産	42.8	株主資本	74.3
合計	84.5	合計	84.5

時価評価に基づく貸借対照表

資産		負債・株主資本合計	
現金	41.7		
企業価値	471.1	株主資本	512.8
合計	512.8	合計	512.8

上げるものと予想されている。

- 会社は10年後に事業をやめ、その時点で会社に残っているものは株主に配分される。資産はすべて売却し、1回限りのキャッシュフローを生み出す（資産はそのときの簿価で売却できるものと想定する）。
- 将来のキャッシュフローは15％のレートで割り引かれる。株主が15％のリターンを期待しているためだ。

さて、この会社の株価資産倍率はどうあるべきか。つまり、会社は価値を創出しているのか？　もっとシンプルに、具体的にするために聞こう。株価資産倍率は1より大きいと思うか？　同じか？　それとも小さいと思うか？

株価資産倍率を決めるには、簿価と時価を知らなくてはならない。簿価は先に決めたとおり100ドルだ。だが時価は、第2章で見たように将来のキャッシュフローを予測し、割り引かなくてはならない。もっと単純な方法があるが、まずは遠回りな方法を試そう。

当初の簿価100ドルにROE20％を適用し、半分を株主に還元し、残り半分を会社に再投資したとしよう。それからこの配当を15％の割引率で割り引く。これを初年度から10年度まで行う。10年目は、すべてを清算し、会社に残ったも

のはすべて株主に還元する（**表4-2**参照）。

この場合、将来何が起きるかの予想に基づく今日の時価は、100よりも大きい。ということは、株価資産倍率は1.3よりも大きいとわかる。

すべてを表計算してこの結論を導き出すよりも、簡単な方法はないだろうか？　これを考えるために、会社のROEが20％から15％に下がったと仮定しよう。ほかの条件は何も変わらない。株価資産倍率はどうなるだろう？　ROEが低下するのは株主にとって良くないことだから、倍率は下がると本能的に思うだろう。だが、どのくらい下がるのだろう？

先ほどの例のように表計算をすれば、時価は100に下落することがわかる。それは簿価と同じ数字だ。はっきりさせておこう。ちょうど100に下落する。それは偶然ではない。ROE15％も稼ぐなんて、けっこういい数字じゃないかと思うかもしれない。だが実際には、会社は期待どおりにやっただけだ。これはファイナンスの厳しい論理だ。もしROEが資本コストと同じなら、ほかのことは何も関係ない。会社は価値を創出していない。何もしないでベッドに寝転がっていてもよかった。

この比較から、**価値創出の必須条件は、資本コストを上回ることだ**とわかる。最初の例で、株は20％の収益を上げて

表4-2

価値創出の源泉

| 設立時の簿価 | $100.00 | 割引率 | 15% |
| ROE 株主資本利益率 | 20% | 収益留保率 | 50% |

年	株主投資の簿価	達成された ROE（株主資本利益率）	税引後利益	収益留保率	収益留保額	株主に還元された現金	現在価値の係数	現在価値
1	$100.00	20%	$20.00	50%	$10.00	$10.00	0.87	$8.70
2	110.00	20	22.00	50	11.00	11.00	0.76	8.30
3	121.00	20	24.20	50	12.10	12.10	0.66	8.00
4	133.00	20	26.60	50	13.30	13.30	0.57	7.60
5	146.40	20	29.30	50	14.60	14.60	0.50	7.30
6	161.10	20	32.20	50	16.10	16.10	0.43	7.00
7	177.20	20	35.40	50	17.70	17.70	0.38	6.70
8	194.90	20	39.00	50	19.50	19.50	0.33	6.40
9	214.40	20	42.90	50	21.40	21.40	0.28	6.10
10	235.80	20	47.20	50	23.60	23.60	0.25	5.80
						259.40	0.25	64.10

現在価値 / 市場価値	$135.89
株価資産倍率	1.36

おり、株主は将来のキャッシュフローを15％で割り引くだけだった。投資に対する期待収益対資本コストという単純な比較だけで、会社が価値を創出しているかどうかがわかる。

　もしROEが15％からさらに低下して10％になったら、時価は100を割り、総資本利益率は1より小さくなる。これはさらに悪いシナリオだ。会社は資金の出し手が期待する収益を上げておらず、その結果、価値を破壊している。ROE10％はまあまあいいと思うかもしれないが、資金の出し手が取ったリスクに見合う収益を会社は上げていない。これでは、ベッドで寝転がっていてもよかったどころではない。ベッドで寝ているべきだった。

Column

価値創出か価値破壊か？

エイボンとアップルはそれぞれ価値破壊と価値創出の、かなりわかりやすい例だ。だが、その区別がそれほどはっきりしていなかったら？　会社が価値を創出しているか破壊しているか、はっきりさせるためにはデータをどう理解すればいいのだろう？

それほどはっきりしていない例を見てみよう。グラフは、2000年以降のブリティッシュ・ペトロリアム（BP）の株価と資本利益率を示している。

BPは価値を創出しているか？　株価は20ドルから46ドルに上昇した。それはいいことだ、ね？　価値を創出しているに違いない。もう少し詳しく見ると、株価の上昇は2003年から08年の間だけで、その後は伸びが止まっていることがわかる。というわけで、この2つの時期に分けて考えよう。

BPは03年から08年に価値を創出したか？　答えは明快。総資本利益率に表れている。BPの総資本利益率は優に10%を超え、資本コストをはるかに上回り、価値を創出していた。それが株価の上昇に表れている。

08年以降、BPの総資本利益率は大きく下がり、資本コストをはるかに下回っている。価値破壊があったことは、株価の低迷に明ら

かだ。これはBPの株主にとって良くも悪くもない状態だったと思うかもしれない（BPが4%の配当を払ってきたことを考えれば、良いと言えるかもしれない）。だが、それは正しい考え方ではない。BPの株主が株を買ったときには、ほかにも投資チャンスがあったのだから、もっと高い運用益を期待していたはずだ。BPが期待されていた利益を上げなかったから、株主はこの期間、期待していたよりはるかに低い運用益しか得られず、我慢を強いられた。資本コストを上回ることができず、株主が期待していた利益を上げることができなかったのだから、BPは価値破壊の例となる。

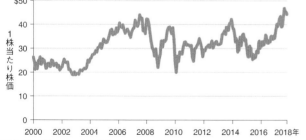

BPの株価［2000-2018年］

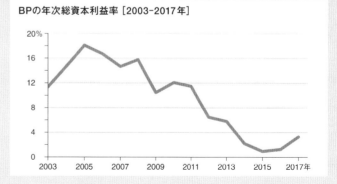

BPの年次総資本利益率［2003-2017年］

ほかには価値創出で何が重要か？

　投下資本利益率と資本コストの関係だけが、価値創出の大きさに影響を与える要因ではない。ほかの要因も検討しよう。（前でしたように）ROE を変え、プロジェクトの存続期間を変え、事業に再投資される利益の額を変えてみる。だが、割引率は15％ で固定したままで変えない。ほかの要因が一定なら、ROE、存続期間、再投資率は、株価資産倍率をどう変えるだろうか？

　ROE が高ければ株価資産倍率は上昇すると、すぐさま推測できる。だが、ここで想定した企業が、10年間ではなく30年間存続するとしたらどうなるか？　利益がもっともっと再投資されたら？　期間と再投資が株価資産倍率に与える影響は、ROE の要素なのだろうか？

　表4-3は、ROE、存続期間、再投資率で作った表だ。この先を見る前に、最初の部分の再投資率30％に注意を向け、2つの質問に答えよう。株価資産倍率の最高値と最低値は？倍率がちょうど1になる状況はあるだろうか？

　表4-4はその答えを教えてくれる。最も高い株価資産倍率は、いちばん下の右にある。会社は最高の ROE を稼ぎ、高い市場価値に導き、それを長期間継続する。高い ROE を長期に保つ。それが株価資産倍率を高め、価値を大きく創出す

表4-3

価値創出の源泉

長さ	簿価に対する将来のリターン			
	10%	15%	20%	25%
5年				
10年					利益の30%を再投資する
20年				
30年				
5年				
10年					利益の70%を再投資する
20年				
30年				
5年				
10年					利益の100%を再投資する
20年				
30年				

表4-4

価値創出の源泉

長さ	簿価に対する将来のリターン			
	10%	15%	20%	25%
5年	0.8	1.0	1.2	1.4
10年	0.7	1.0	1.3	1.7
20年	0.6	1.0	1.4	2.0
30年	0.6	1.0	1.5	2.2

ることだ。

　最低の株価資産倍率は、逆の場合だから、上の左にあると
思いたいところだ。実は、最低の株価資産倍率は下の左にあ
る。このシナリオでは、会社のROEは資本コスト（割引率）
を上回らない。だが、それにもかかわらず会社は30年存続
するから、価値を大きく破壊することになる。最後にROE
が15％の場合の縦列を見てみよう。期間の長さがどうであ
れ、株価資産倍率は常に1になる。会社が5年存続しようと、
30年であろうと100年であろうと、関係ない。ROEは資本
コストに等しいから、どんなに長く事業を続けても価値を創
出することはない。表4-3の倍率が記入されていない表に戻
って、再投資率が30％から70％、100％に変化するときの影
響を考えよう。同じ質問をしながら、表全体をやってみよう。
最高と最低の株価資産倍率はどこになるだろう？　比率がち
ょうど1になる状況はほかにもあるだろうか？

　表4-5でわかるように、最高の株価資産倍率は全体の表の
中でいちばん下の右にある。それはとても大きな数字だ。会
社は30年間資本コストを大きく上回り、高い率でその利益
をすべて30年間再投資する。

　最悪のシナリオはいちばん下の左だ。会社は資本コストを
回収しないから、価値を破壊している。それを30年間もの

表4-5

価値創出の源泉

長さ	簿価に対する将来のリターン				
	10%	15%	20%	25%	
5年	0.8	1.0	1.2	1.4	
10年	0.7	1.0	1.3	1.7	利益の30%を
20年	0.6	1.0	1.4	2.0	再投資する
30年	0.6	1.0	1.5	2.2	
5年	0.8	1.0	1.2	1.5	
10年	0.7	1.0	1.4	2.0	利益の70%を
20年	0.5	1.0	1.8	3.1	再投資する
30年	0.4	1.0	2.2	4.6	
5年	0.8	1.0	1.2	1.5	
10年	0.6	1.0	1.5	2.3	利益の100%を
20年	0.4	1.0	2.3	5.3	再投資する
30年	0.3	1.0	3.6	12.2	

長期間続け、最後の最後までお金を分配することがない。し
たがって、会社がその相対的に低い収益率で利益をもっと投
資すれば、価値はさらに破壊される。

　残りの1.0はどこにあるのか？　案の定、ROE15％のシナ
リオでは常に株価資産倍率は1.0になる。資本コスト分を稼
いでいるだけだからだ。現金を社内に留保しても外に使って
も関係ない。それを長い間続けても、数年でも関係ない。価

値は創出も破壊もされていない。

価値を創出する3つの方法

この演習は、ファイナンスの基本的な価値創出の処方箋を提供するためのものだ。価値を創出するために、会社は3つのことをしなければならない。第一に、そして最も重要なことだが、資本コストに勝たなくてはならない。それができなければ、どうしようもない。第二に、長年にわたって資本コ

実務家はどう考えるか

こういったことを表計算で見るのもいいが、実は、この価値創出の測定方法は、以前バーンスタインに在籍していたアルベルト・モエルのような株式アナリストが、まさに現実の世界でやっていることだ。モエルは、このように話す。

もし会社が長期間、余剰利益を生み出していたら、それは株主還元に見て取れる。もちろん、短期間だったら、どこにでもあることだ。だが、長期となれば、それがカギとなる。だから、もし余剰利益を上げている会社を見つけたら、つまり安定的に、あるいは少なくとも何年もの間、資本コストを上回って利益を生み出しているのなら、その会社は株主に、コストを上回る多くの利益を生み出していると考えて間違いない。これが私たちのアプローチだ。

ストに勝つこと。そして第三に、成長を通じて利益を高いレートで再投資しなければならない。

これらの処方箋はまた、事業戦略と連動する。資本コストに勝つということは、イノベーションを通じて競争優位性を作り出すことにほかならない。参入障壁、ブランド、知的所有権保護といったものは、まさに利益と資本コストの差を長期間保つためのものだ。最後に、より多くの利益を再投資することは、事業を拡大すること、周辺ビジネスに進出すること、事業を統合することなどを通じて成長の機会を見出すことだ。

02 さらに深く、資本コストを捉える

この演習では、資本コストが価値創出においていかに重要かを示す。どんな投資にも機会費用があるから、第2章で見たように、経営陣は割引率を使って将来のキャッシュフローにペナルティを与える。この割引率は、資本コストと言われることがよくある。その資本を利用するにあたってのペナルティ（費用）を意味するからだ。さて、この割引率や資本コ

リスク、リターン入門

第2章で見たとおり、投資家はリスクが高いと思えば、高いリターンを会社に求める。高いリターンが要求されるということは、とりもなおさず資本コストが高くなるということだ。

私たちのような投資家は、リスクを嫌う。それは人間の本性だ。そのため、リスクを負わざるを得ないとなると、その見返りを求める。労働市場を考えてみよう。建設作業のようにリスクの高い職に就くのなら、高い賃金を求めるだろう。ファイナンスでも同じことだ。

投資可能な資産が4つあるとしよう。30日で償還するアメリカ財務省短期証券、償還30年のアメリカ財務省証券。中小企業の普通株、大手企業の普通株の4つだ。

下表には、イボットソンSBBI年鑑から集計した1926年から2010年までの間の、この4つの資産タイプの平均年間利益率が挙げられている。それとともに、利益率の標準偏差も載っている。標準偏差は、平均利益率からのばらつき具合を示す。標準偏差0は、毎年きっかり平均利益率を上げていたことを意味する。標準偏差の数値が高くなれば、利益率がそれだけ変動したことを意味する。

全体の3分の2は平均の1標準偏差に入るという大まかなルールを知っていれば、役に立つだろう。例えば、ある町で大人の平均身長は5フィート6インチ、そして標準偏差は4インチだとしよう。この例では、大人の3分の2は、5フィート2インチから5フィート10インチの間に入ることになる。

表を見ると、投資家は平均で、大企業の普通株では9.9%の利益を得る。3年のうち2年

は、リターンがマイナス10.5%から30.3%（9.9±20.4%）になる。長期国債と比べてみよう。投資家は平均5.5%を得る。2、3年のうちに、リターンがマイナス4.0%から15%の間になる。

この表でわかるように、利益率は投資家が負うリスクに連動する。特に、株は高いリターンをもたらすが、リターンは大きく変動する可能性があるから、大きなリスクを負うことになる。ある年にはリターンがものすごく大きく、別の年にはとても小さく、ときにはマイナスになることもある。

リスクを負うことに対する報酬を計測するのに、投資家はあるアセットクラスからのリターンを、その標準偏差で割ることがよくある。言い換えれば、この比率によって、投資家はリスク1単位ごとにどれだけのリターンを受け取るかを見ることができる。この方法はシャープレシオと呼ばれ、投資家がリスクを測る重要な方法の1つだ。表にあるように、長期の財務省証券はシャープレシオが0.58（5.5%÷9.5%）だが、中小企業の普通株はシャープレシオが0.37（12.1%÷32.6%）だ。

4種類のアセットクラスのリターン [1926-2010年]

アセットクラス	年次平均リターン	年次平均標準偏差
短期国債（30日）	3.6%	3.1%
長期債（30年債）	5.5	9.5
株（大手企業）	9.9	20.4
株（中小企業）	12.1	32.6

Source: SBBI Yearbook.

ストは、どこから出てくるのだろう。

会社には2つのタイプの資金の出し手がいたことを思い出してほしい。債務を貸し出す貸し手と、株主資本を提供する会社の所有者だ。中心となる考え方は、資本コストは投資家が期待する利益であるということだ。つまり、投資家が期待する利益は、経営陣にとっては資本コストになるのだ。債務と株ではコストが異なる。株は会社の残存価値請求権であり、金額は変動する。債務は固定金額を受け取り、返済の優先権を持つ。

それでは、これらの（資本コストになる）期待収益はどこから生じるのか。資本の提供者は、彼らが負うリスクがどの程度になるかを測り、そのリスクを埋め合わせるだけのリターンを期待する。リスクが増えれば追加のリターンを求めることがファイナンスの基本的考え方で、リスク回避の考え方にもつながる。確実に100万ドルを手にするのと、50対50の確率でゼロか200万ドルを手にするのと、どちらを選ぶか？　逆の結果を期待したいところだが、現実には、大半の人が確実な100万ドルを選ぶ。確率で加重した金額よりも、確実な金額を選好することを示すものだ。

だが、資本コストの考え方を実際、どのように業務に反映させるのか？　リスクに対して適切な金額は、どうやって計るのか？　これらの質問から、ファイナンスで最も美しいアイデアが出てくる。

加重平均資本コスト（WACC）

加重平均資本コスト（WACC）は、将来のキャッシュフローを割り引くときに最もよく使われるものだが、ファイナンスの人間が普通の人を怖じ気づかせるためによく会話にはさむ、不可解なフレーズでもある。だが、分解して図を使って考えれば、実際のところ、実にわかりやすいものだ。

加重平均という言葉が資本にはいくつかのタイプがあることを示唆しているが、資本には2つのタイプがあるから2つの異なる費用があることは、既にご承知のとおり。債務コストと株式のコストだ。この2つを単純に足し合わせることはできない。相対的な金額の大きさを考慮に入れて平均を出さなくてはならない。

WACCの方程式には、2つの資本コスト、2つの比重、そして税金の条件が含まれる。

[加重平均資本コスト]

$$\text{WACC} = \left(\frac{D}{D+E}\right)r_D(1-t)+\left(\frac{E}{D+E}\right)r_E$$

r_D 債務のコスト

r_E 株式のコスト

D 会社の債務の市場価値

E 会社の株式の市場価値

D+E＝ 会社の資金調達の市場価値合計（株と債務）

t 法人税率

　債務コストと株式コストは、それぞれの期待収益になる。とりあえず、債務と株式の資金調達ニーズに占める割合を、単純にウエイトと考えることにしよう。

　税の条件は、もうちょっと説明の必要がある。金利の支払部分は通常、費用から控除できるので、会社の法人税支払金額を下げる効果がある。実際、この金利支払部分は会社が税金を余計に支払うことから守ってくれるので、「タックス・シールド」と呼ばれる。控除によってどの程度金利支払いが節約できるかは、法人税率による。

　もし税率が高ければ、金利支払額を控除できるのはとても貴重だ。税率が40％で、会社が10ドルの金利を支払わなけ

ればならないとしたら、10ドルの金利は実際にはどのくらいのコストになるだろう？　10ドル税金を払うところだが、税引前所得が10ドル分少なくなるので、税金は4ドル下がる。だから実際に払うのは6ドルになる。

　WACCの実際の計算はわかりやすい。会社の資金調達の20％が債務で行われ、そのコストは10％、資金調達の80％は株式で行われ、20％のコストだとしよう。税率が10％であれば、WACCは17.8％と簡単に計算できる。

　さらに突っ込んだ質問をすると、ウエイトはどこから来るのか？　債務と株のコストはどこから出てくるのか？　もし株が残存価値に対する請求権であるのなら、株のコストはどのように捕捉するのだろう？　債務と株では、どちらがより高くつくのか？　ファイナンスに重要な直観を養ってくれるWACCを構築していくこととしよう。実際にやれば、ごく簡単にWACCの不可解な感じを取り除くことができる。

債務のコスト

　債務のコストを決めるのは、この計算の中でいちばんわかりやすい部分だ。債務は固定金利だから、プロジェクトに着手するときに貸し手が請求する金利がそのまま資本コストになる。

社債の金利を決めるのに投資銀行は、事業のリスク度合い、キャッシュフローの安定性、そして信用格付けを見る。それからそのリスクに釣り合う金利を請求する（厳密に言えば、金利は約束されたリターンで、発行体が債務不履行に陥る可能性がある。だから予想収益はわずかながら低くなる）。

金利には2つの要素がある。待たなくてはいけないぶん、キャッシュフローにペナルティを科す理由と同じだ。

$r_D = r_{riskfree} +$ 信用スプレッド

r_D は債務のコストで $r_{riskfree}$ はリスクフリーのレート

リスクフリー・レート：投資家は、最低でも、リスクフリーの投資から得られる金利を求める。このリスクフリー投資は、アメリカ財務省証券などの国債の利率によって推計される。リスクのあるプロジェクトは、最低でも、リスクフリー資産から得られるリターンを提供すべきだ、というのがその論理だ。なぜ投資家は、リスクがないのに資本コストを求めるのか？　投資家はなんといってもリスクが嫌いだ。後で、というより今を好むから、資産を楽しむときを遅らせることの埋め合わせを求める。もっと具体的に言うと、後で受け取るお金より、今受け取るお金を好む。投資家はみなせっかちだし、

実務家はどう考えるか

ハイネケンの CFO、ローレンス・デブローは、これらの計算は理論以上の存在だと日々感じている、と語る。

資本コストを説明するには、1つのコンセプトに立ち戻る必要があります。事業構築には資金が必要です。誰があなたに融資、もしくは投資しているのか？　株主や銀行、債券保持者など、報酬を払うべき人々がいるはずです。資本の構造やファイナンスの構造により、平均資本コストが計算されますが、これらはビジネスに必要なコストとしてかかってきます。これは健全なことです。自分のお金に合理的なリターンが得られなければ、誰も投資しようとはしないでしょう。ステークホルダーが期待するリターンを得られるようにすることは、きわめて健全なことなのです。

インフレは購買力を減少させるから、予想されるインフレ分の埋め合わせを求める。

信用スプレッド：信用スプレッドは、債務のリスク度合いに応じて必要となる追加のコストを反映したものだ。想像に難くないだろうが、リスクの高い会社は高い信用スプレッドを必要とする。2018年の半ば、償還10年のアメリカ財務省証

利回り曲線

債務のコストはリスクフリー・レートに、信用リスク分のリスクプレミアムを足し合わせたものだ。金利は償還日と呼ばれる、債券が返済される日までの期間によっても変わる。この関係を図に表したのが利回り曲線だ。

曲線は、きわめて短期の社債から、何十年後かに償還される社債まで、さまざまな償還日に応じた金利を線でつないだものだ。横軸は現在から債券の償還日までの期間を示す。目盛りは均一ではない。縦軸は金利を示す。

まず、利回り曲線は通常、右肩上がりになることに注意してほしい。長期債は、常にというわけではないが、たいていは短期債券よりも高い金利となる。なぜか？　1つには、利回り曲線の傾きが将来の金利予想を反映し

ているからだ。曲線の勾配が上がっているのは、将来の金利が今より高くなると予想していることを表す。そして長期債券は、長期間固定金利に縛られる投資家に埋め合わせをしなくてはならない。将来の金利を高く予想するのは、将来の成長あるいはインフレ予想による。

次に、財務省証券のレートとAAA格の社債、CCC格の社債の違いに注意をしてほしい。社債の利回りは財務省証券よりも上にある。これは前に述べたように、リスクプレミアムが債務コストを増加させる結果だ。

債券の利回り曲線は、将来に対する市場の予想を反映して、常に変わる。トレーダーは、曲線全体が上昇か下落に転じるか、勾配角度が変わるか、コベクシティ（曲線が曲がる量）の変化で曲線の勾配が変わるか、と曲線の変化を推測する。

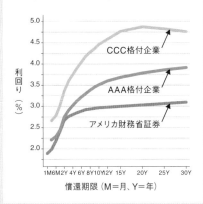

リスクと償還期限の異なる債券による利回り曲線 ［2018年7月30日］

券の利回り（すなわちリターン）は2.96％だった。当時、格付けAAマイナスのウォルマート（通常、格付け制度はAAA〈ほぼリスクフリーに近い〉から始まり、Aになり、BBBからB、そしてCCCからCへと下がっていく）が、インドのフリップカート買収資金のために160億ドルの社債を発行した。金利は3.55％、信用スプレッドは0.59％だった。同時期に、格付けBBBの企業、CVSがエトナ買収資金調達のために社債を発行したが、金利は4.33％で、信用スプレッドは1.37％だった。ケーブル事業を経営するシークエル・コミュニケーションズは、CCC格付けの社債を金利7.5％で発行した。信用スプレッドは4.54％だ。リスクとリターンの関係はとてもわかりやすい。

債務と経営不振

経営不振の可能性とそのコスト。この2つが、会社が発行できる債務の金額を制限する要因だ。設備投資の予期せぬ削減、望まない資産売却、高くつく経営陣の近視眼的経営などの結果、企業は倒産の前に、その価値を10％から23％失う。経営不振に起因する破産は、非常に高くつく可能性がある。一例だが、リーマン・ブラザーズは倒産時に20億ドルを上回る手数料を支払っている。

3つの会社を見ていこう。フロリダの電力供給会社、ネクストエラ・エネルギー・リソース、成熟した製薬会社のアブビー、新興のウェブベースの旅行会社、トリップアドバイザーの3社だ。レバレッジがいちばん高い会社はどこで、いちばん低いのは、そして中間にあるのはどこだと思うか？

ネクストエラのようなエネルギー会社は安定的で、予測しやすいキャッシュフローがあるから、業績の急な変化が起こる心配は少ない。製薬会社はリスクが高いと思うかもしれない。実際そうだ。だが、古くからの成熟した会社は特許を持っているから、安定的なキャッシュフローがある。トリップアドバイザーのようなインターネット企業は、キャッシュフローがあまり安定していない中での経営なので、経営不振に陥る可能性も、そのコストもはるかに高い。

アブビーの債務金額は高いが、第1章で見たメルクとファイザーのことを思い出すとよい。製薬企業は、一般的に、債務金額を増加させてきている。このことは、この業界は経営不振に陥る可能性とコストが減少してきたことを意味すると思われる。リスクをあまり取らず、安定的なキャッシュフローを生み出していることの表れであろう。

最適な資本構成

　会社における債務と株主資本の相対的な割合は、資本構成と呼ばれる。適切な資本構成は、業界、業界の相対的なリスク度合い（第1章のキャロライナ電力とインテルの対比で見たように）で異なる。規制を受け、独占的な立場にある電力会社は、安定的なキャッシュフローのおかげで、株主資本よりも債務に偏る資本構成になっている場合が多い。将来が予想しづらいリスクの高い会社は、株主資本に重きを置く。

　資本構成を考える1つの方法は、債務の税法上のメリットと、倒産する確率とそのコストがどう相殺されるかを見ることだ。最適な資本構成の理論は、**図4-3**に描かれているように、まず本能に逆らってこれらの効果を無視して、それからそれらを一つずつ加えてみることだ。

　この図は、資本構成と会社全体の価値との関係を描いている。債務利用の割合が増えれば、会社の価値はどうなるか？ 最初にわかるのは、税制と経営不振による失敗のコストの影響を無視すれば、会社の価値はすべて実際の事業運営から生じるということだ。したがって価値は資本構成によって変わらないはずだ。これは最初の一歩として重要だ。金融エンジニアリングではなく、資産の活用がすべて本物の価値創出の基本だということを思い出させてくれる。それはまた、資本

図4-3

最適資本構成

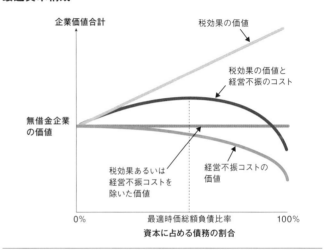

構成は関係ないことも示唆する。

　以前にも書いたが、金利支払分は税額控除が可能だから、そのぶん節約できて課税所得が守られる。株主資本より相対的に多額の債務を使えば使うほど、所得を政府から守ることができる。そしていちばん上の線に見て取れるように、価値が増加する。実際、債務が増えるごとに税金を節約できるのだから、株による資金調達をゼロにして、すべて債務にする

ほうが理にかなっている。

　さて、レバレッジが多すぎた場合の事業への影響を考えよう。倒産した、あるいは倒産の淵まで行った会社にいたことがあるのなら、それがいかに多額の事業費用となるかを知っているだろう。顧客が去り、社員が去り、資金調達は負担以外の何物でもなくなる。そこでレバレッジが上がると会社の事業費用がかさみ、会社の価値が減る。会社が不安定な状況にあれば、実に素早く減っていく。そして、費用が価値を破壊していくのはいちばん下の線に表れているとおりだが、これは事業の性格によって異なる。安定度の高い事業であれば、レバレッジがものすごく高くなるまで、これらのコストは発生しない。対照的に、リスクがとても高い事業であれば、経営不振のコストが早くから生じる。

　濃い緑の線で描かれたように、税効果と経営不振のコストを組み合わせてみると、経営不振に陥るコストと相対的な税制のメリットを比較すれば、最大の価値をもたらす資本構成がわかる。税効果と経営不振に関わるコストのトレードオフが業界によって異なることから、業界が違えば資本構成も違ってくることがわかる。ある業界の最適資本構成がわかれば、WACCの計算で使う株主資本と債務コストのウエイトに使うことができる。

株主資本のコスト

　株主資本のコストだけを取り出すのは、もう少し難しい。債務のときのように、株主にどの程度のリターンを求めるかを尋ねることはできない。株主に聞けば、みんな「たくさん」と答えるだけだろう。株主に期待収益がいくらか尋ねられないのであれば、どうやってその数値を求めればいいだろ

Column

国別の資本構成

　世界の異なる地域にある3つの会社を例にとろう。アメリカのエネルギー会社、ネクストエラ、ブラジルの大手エネルギー会社、トラクトベル、アイルランドの電力会社、エレクトリック・アイルランドだ。国によって同じ資本構成ではない。国によって税率が異なるので、債務の魅力度が変わってくる。

　さらに、事業から生じるキャッシュフローの安定度も国によって異なり、コストと経営不振の可能性に影響を与える。企業は、事業を展開している国の特性を考慮する必要がある。そして税制のメリットと経営不振のリスクのバランスを取って、最適な資本構成を決めなくてはならない。

う？　幸いなことに、ノーベル賞受賞の洗練された理論から、株主資本コストを考えるのに役立つ多くの重要なヒントを得ることができる。資本資産評価モデル（CAPM）がそれだ。債務のコストはリスクフリー・レートにリスクプレミアムを加えたものだった。それと同じ論理が使える。株主がリスクに対して求める金額には2つの要素がある。ある株のリスク量、そしてそのリスクの価格だ。だが、この場合、リスクをどう考えればいいのだろう？　そもそも、リスクとは何だろう？

リスクとは何か？：ある株を所有するリスクを測る方法を考えなくてはならないとしたら、それはどんなものだろう？世界中のあらゆるデータを持っていたとしたら、ある会社にどれだけのリスクをさらすことになるのかを知るために、何のデータを取り出して使おうとするだろう？　その会社の株が変動する額——ボラティリティ——がリスクを測るのによいと思うかもしれない。「価値創出か価値破壊か？」というコラムに書いたように、BP の株価は大きく変動したが、どのくらい変動するか、そのボラティリティを計測することができる。もし株価が大きく上下に振れ、リスクを高めているとしたら、株主は高いリターンを求めるだろう。この考えは

Column

株主資本コストにまつわる神話

　株主資本コストについて語るとき、2つの重要な意味を持つ神話が繰り返し話される。1つは、株は債務に比較して相対的に安い、というものだ。神話はこういう感じで話される。「えーと、社債保有者に金利を支払わなければ倒産してしまうよね。それは高くつく。株主には、何も払わなくても何も起こらない。だから株は安上がりだ」。

　関連する2番目の神話は、株はタダだというものだ。「株主に何もあげる必要はない。だから株主資本コストはゼロだ」

　この2つの神話は、ものすごく普及しているが、間違っている。中核となる、リスクとリターンの関係を認識していない。株と社債でどちらのリスクが高いか？　会社が倒産すると、社債保有者は最初に支払いを受けるが、株主は何も受け取らない。だから株主は、はるかに高いリスクを負う。リスクの高い立場にあるため、彼らはより高いリターンを求める。そしてそれは、絶対にゼロではない。これがリスクとリターンの関係の基本となる事実だ。

正しいが、まったく異なる答えを導いてくれる、重要なことを見過ごしている。

第2章で議論したように、分散はリスク管理に大きな力を発揮する。分散することで、期待収益を維持しつつリスクを減少させることができる。ファイナンスの世界で、汗をかかずに得られる唯一のものだ。投資家のポートフォリオが分散していれば、1つの株がどう変動しようと関係ない。ポートフォリオの中でかき消されてしまうからだ。**図4-4**でわかるように、ポートフォリオに異なる株を加えれば加えるほど、

図4-4

分散化の威力

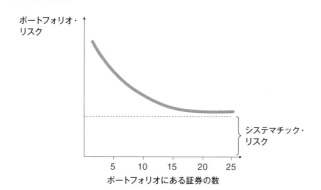

ポートフォリオ全体のボラティリティは減少する。だが、ある一定レベルにくると、分散から得られるものが消えてしまう。とても重要なことだが、分散で対応しきれない変動もある。それはシステマチック・リスクと呼ばれるもので、市場リスクとも呼ばれている。

1つの株のボラティリティはポートフォリオの中でほぼ消されるから、考えなくてはならないのは消えないリスク、すなわちシステマチック・リスクだけだ。株のリスクは一般的にどの程度変動するかで測られるのではなく、それぞれの株が市場に連れてどのくらい変動するかで測られる。それは分散では消せないリスクだ。

株が市場に連れてどの程度変動するかを測るのは、ベータと呼ばれるものだ。もう少し詳しく言うと、もしある会社のベータが1なら、その株はだいたい市場と同じ動きを示す。もし市場が10%上昇すれば、その株も10%上昇するだろう。もしベータが2なら、市場が10%上昇すれば、その会社の株は20%上昇する。もしマイナス1のベータなら、市場が10%上昇したとき、その会社の株は10%下落する。市場が上昇あるいは下落したなら、株はどうなるか、それがベータの捉えようとすることだ。

図4-5

ベータのサンプル・グラフ

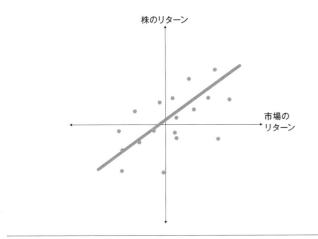

ベータを計算する：ベータの計算は驚くほど簡単だ。図4-5を見てほしい。ある会社の月次収益率を、市場の月次収益率と対比して描いたものだ。

図の中の点は、ある月の市場と会社のリターンを表す。グラフを見て、どこにベータがあるかわかるだろうか？　ベータはある会社のリターンと市場のリターンとの相関関係を測るものだ、ということを思い出してほしい。データにいちば

んフィットする形で線を引いたら（それは回帰と呼ばれる）、その線の勾配がベータを表す。文字どおり、会社が市場と一緒に動くかどうかを表す。

生命保険会社のAIGと、第1章で見たファストフード・チェーン、ヤム！ブランズという2つの有名な会社を見て、それぞれのベータを探してみよう。図4-6と図4-7のデータは、両社の2010年1月から18年7月までの月次収益率で、同時期のS&P500の月次収益率と比較している。

AIG株のベータは1.65くらいだが、ヤム！のほうは0.67前後だ。なぜ2社のベータがこれほど違うのだろう。ベータは何を測るものかを思い出そう。市場全体との相関度だ。ヤム！のレストランであるKFCとタコベルは、比較的安価な食べ物を売っている。最悪の不況時でも、このレストランで食べる人はいるだろう。以前よりコストを気にかけ、節約するかもしれないが、景気がよくなってきたら、お金がもっと手に入るから、レストランでもっと多く注文するかもしれないし、ファストフードからカジュアルなダイニングに格上げするかもしれない。したがって、ヤム！は景気の動向からはかなり切り離されている。

一方、AIGは、企業に保険を提供し、企業が財務リスクを管理する手助けをする。景気が悪いときには支払わなけれ

図4-6

AIG のベータ [2009年12月-2018年7月]

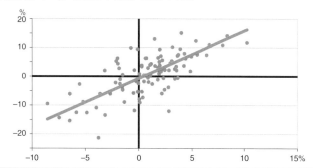

図4-7

ヤム！ ブランズのベータ [2009年12月-2018年7月]

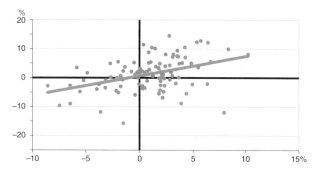

ばならない保険の請求が多くなり、利益を減少させる。景気がいいときには、保険料が入ってくるし、保険請求も少なくなるから、業績はずっと良くなる。AIG が得た保険料を投資すれば、良い運用益を上げられるだろう。その結果、AIG は市場のパフォーマンスともっとしっかり結び付いている。

さて、ベータが何か、それがどう出てくるのかわかったところで、業界レベルのベータを見てみよう（**表4-6**参照）。個別の会社の変動を抽象化することができるだろう。

これらの中には、ベータが1.0以上と比較的高く、市場よりも激しく動く業界もある。通常、市況産業はこのようになることが多い。

ベータから学べること：ベータから学ぶ重要なことは保険だ。ベータが高いと、株主は分散できないシステマチック・リスクに大きくさらされる。このために、投資家は高めの資本コストを求める。その結果、こういった会社は高い加重平均資本コスト（WACC）を負うことになる。したがって、それらの会社の価値は低くなる。この最後のところは、ちょっとわかりづらい。もし、高い割引率を適用すれば、現在価値はどうなるか？　低くなる。つまり、高いベータは高い株主資本コストを招き、高い WACC を招き、会社の価値を低めると

表4-6

各業界のベータ

業界	業界のベータ
食料・日用品小売業	0.6
電気・ガス	0.6
家庭用品・パーソナルケア製品	0.7
生活必需品	0.8
食料・飲料・タバコ	0.8
ヘルスケア	0.8
ヘルスケア用品およびサービス	0.8
輸送交通	0.9
消費者サービス	0.9
製薬会社、バイオテクノロジー、ライフサイエンス	0.9
銀行	0.9
保険会社	0.9
電気通信サービス	0.9
工業	1.0
商用サービス、専門的サービス	1.0
一般消費財	1.0
メディア	1.0
金融	1.0
不動産	1.0
情報技術	1.0
ソフトウエア・サービス	1.0
素材	1.1
生産財	1.1
自動車および自動車部品	1.1
耐久消費財および衣料	1.1
テクノロジー関連ハードウエアおよび設備機器	1.1
半導体および半導体設備	1.1
その他金融	1.2
エネルギー	1.4

出典：ダフ・アンド・フェルプス、2015年、インターナショナル評価ハンドブック：
資本コスト（ニュージャージー州、ホーボーケン、ワイリー・ビジネス、2015年）

いうことだ。

　逆に、ベータがマイナスの会社では株主資本コストは低くなり、マイナスになることもありうる。WACC は低くなり、価値が高くなる。市場が上昇したときには、この会社の株のパフォーマンスは悪くなる。市場が良くないときには、ものすごく良くなる。ベータがマイナスの会社は特別だ。世界が壊滅的になると、この会社の株は宝になる。その結果、あまり多くのリターンを求めないから、価値は高くなる。

　この伝で言えば、資本資産評価モデル（CAPM）は、ほとんどが保険の話だ。市場と逆行して動く資産は、保険となってくれるから大歓迎だ。リスクを回避するタイプの人には、これは貴重だ。図4-8は、1988年から2015年の間の金（ゴールド）の年次リターンを、S&P500株価指数と比較したものだ。ベータは引かれた線の勾配だった。この線の勾配はAIGやヤム！と異なり、マイナスで右肩下がりになっている。金に投資をする魅力の1つは、世界がめちゃくちゃになるとき、金は（願わくばだが）頼れるものとなる。その保険の機能は貴重で、リターンが低くても、あるいはマイナスのリターンでもよしとすることになる。

リスクの値段：ベータを使って会社が負うリスクの量を測れ

138

図4-8

金とS&P500の年次リターン比較 [1988-2015年]

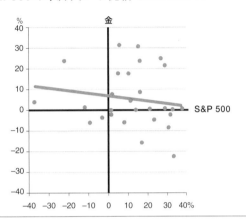

るようになったから、株主資本コストを計算するために、リスクの価格とリスクの量を組み合わせて見ていこう。リスクの価格は、市場リスクプレミアムとしても知られる。

いろいろなやり方で計算する人がいるが、リスクの価格についての考え方を示す計算方法は1つしかない。株と、財務省証券のようなリスクフリー商品との、パフォーマンスの推移を見てみよう。「リスク、リターン入門」のコラムの中の表に示されているように、株は国債のような安全な証券をは

るかに上回るパフォーマンスを上げている。

もし株がリスクフリーの証券を平均6%上回るパフォーマンスを上げるのなら、それが、投資家がリスクにさらされることに対する埋め合わせと言えよう。すなわち、そのパフォーマンスの上回る部分がリスクの価格であり、株式リスクを負うことに対して求める埋め合わせ分だ。それは、市場リスクプレミアムとも呼ばれる。

CAPMと株主資本コスト

リスクの価格とリスク量を組み合わせると、株主資本コストの方程式が得られる。

[CAPM]

r_e ＝ $r_{riskfree}$ ＋ ベータ × 市場リスクプレミアム
r_e ＝ 株主資本コスト
$r_{riskfree}$ ＝ リスクフリー・レート

株主資本コストの方程式から何がわかるだろう？ 第一に、投資家は最低でもリスクフリー・レート、すなわち政府にお金を貸すときに請求する金利を求める。第二に、リスク量とリスク価格によるリスク調整の概念があってしかるべきだ。

リスク量を測るのにボラティリティを使うことを考えるかもしれないが、それはない。苦労せずとも、分散がもたらしてくれるパワーのおかげで、市場との相関関係、すなわちベータのみを心配すればいい。それとリスク価格を組み合わせれば、ある業界、ある会社の予想収益が得られ、その結果、それらの会社の株主資本コストがわかる。

　今取り上げた AIG とヤム！の株主資本コストを計算してみよう。リスクフリー・レートと市場リスクプレミアムには大まかな仮定を使おう。リスクフリー・レートは4％、市場リスクプレミアムは7％ととする。この場合、AIG の株主資本コストは、4％ + 1.65 × 7％ = 15.55％となる。ヤム！のほうは、4％ + 0.67 × 7％ = 8.69％ になる。

　これらの株主資本コストはまた、投資家の期待収益でもあることを忘れないように。これは重要な点だ。投資運用の本質を考えさせる。**図4-9**は、株式の期待収益の方程式をグラフ化したものだ。ベータが増加すると、期待収益も増加する。ベータがゼロだと、期待収益はリスクフリー・レートに等しくなることに注意しよう。アクティブ投資運用は、その線を上回り、期待収益以上の収益を上げられる資産を探すことに尽きる。このギャップはアルファと呼ばれる。アルファは価値創出の源泉だ。それを見つけ出せば、第1章の始めに行っ

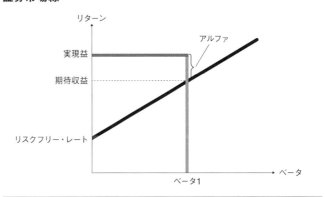

図4-9

証券市場線

た演習にあったように、期待収益以上のリターンを提供することになる。

　CAPM は実にパワフルな理論だが、常に正しいとは言えないいくつかの仮定に基づいている。例えば、取引コストは発生しない、投資家は相対的に低いレートで資金を貸借できる、といったことを想定しているが、これは現実にそぐわない。何よりも、この理論は投資家が非常に合理的に行動することを想定している。これはかなり弱い想定だということは、証明済みだ。最も懸念されるのは、実現益は、**図4-9**が示す

ようにベータとピッタリ合うとは限らない点だ。CAPMは白熱した議論を呼んでいるが、依然、株主資本コストの拠り所とされており、投資運用の世界では主流のフレームワークとなっている。

WACCを使う際のよくある過ち

ウエイト、税の条件、債務と株主資本コストの背後にある考え方を詳しく見たので、WACCを使って投資を評価する準備ができた。実際のところ、もう少し先に行くと、第2章で強調した割引率がWACCになる。WACCは捉えづらいので、資本コストにまつわる、よく見られる3つの誤解について考えておこう。

1つの資本コストをすべての投資に利用する

経営陣が犯す最初の大きな過ちは、投資しているすべてのプロジェクトに同じ資本コストを適用することだ。彼らの言い分はこうだ。「私に資金を出してくれる人には、期待収益があります。だから、私が投資プロジェクトの何に投資しようと、すべてに同じ資本コストを使うべきです」

この論理は迫力があるが、間違っている。異なる業界に投資するコングロマリットを考えよう。異なる業界すべてに、同じ資本コストを使うべきだと思うか？　さまざまな業界や投資は、どれも資金の出し手にとって異なるリスクを伴う。だから、どの業界も資本コストが異なってくる。なぜかを理解するには、社内のすべての部門に同じ資本コストを適用したら、会社がどうなるかを考えてみればいい。

あるコングロマリットが、航空業界、ヘルスケア、メディアという3つの異なる産業に投資したとしよう。ベータはそれぞれ違う。1つの資本コスト、たとえば平均資本コストをベータの異なる複数の部門で使えば、どんなミスを犯すことになるだろう？　どの部門が投資過剰となり、どの部門は過小投資になるだろう？　（図4-10参照）

メディア産業に投資したときには、どんなミスを犯すだろうか？　その状況では、適切な資本コストは、全投資に使った数字よりも高くなるはずだ。その結果、その業界のプロジェクトに信用供与過多となり、過剰投資することになってしまう。同様に、航空業界では、全投資に使った数字よりも低い数字を資本コストとして使うべきだ。そうでなければ投資機会があまりにも不利になり、過小投資に終わってしまう。

これを理解する最後の方法は、「君のせいじゃない」ということ。人生でいちばんきつい教訓だ。適切な資本コストは、誰が投資をするかで決まるものではない。何に投資をするか

図4-10

3つの業界の資本コストとベータ

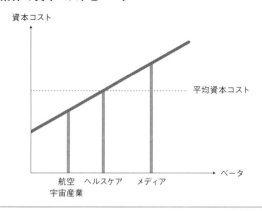

で決まるのだ。リスクは資産に組み込まれたもので、誰が投資家でも関係ない。

もっと債務を利用してWACCを下げる

　もう1つ、魅力的だが正しくない考え方は、債務は株式よりもコストが低いから、会社は債務を増やせばWACCを下げられる、というものだ。これは通常、こういう考え方をたどる。「債務は、一般的に株よりもコストが低い。税制のメ

リットがあるから、なおさらだ。だからもっと債務を利用すれば、WACCを下げられ、その結果、より高い価値を得ることができる」

　それは間違っている。そんな都合のいい話はない。もし会社が最適資本構成にあるのなら、そのほうが安い。賢いだろうと思って、単純に債務を増やすということはできない。株主は、そのリスクに対して、さらに高いリターンを求めるようになる。そうなれば、債務を増やすことから得られるメリットを相殺してしまう。

　図4-11は本書で最も難しい図だが、債務を増やすことだけでWACCは下げられないことを示している。図は、横軸の債務が増加すると、縦軸のベータがどうなるかを示す。以前見たものとの大きな違いは、グラフには3種類のベータがあるという点だ。株式ベータ、債務ベータ、そして資産ベータだ。

　ベータは金融商品と市場の収益率の相関関係を測るものだ、ということを思い出してほしい。まず、資産ベータを考えよう。これは、営業資産が市場のリターンに連れてどう動くかを見る。債務を増やすと資産ベータはどのように変化するか？　答えは、変わらない。市場と比べて資産の動きは、資金調達が変化しても変わらない。これは図4-3にあった平ら

図4-11

レバレッジを関数とした資産ベータ、債務ベータ、株式ベータ

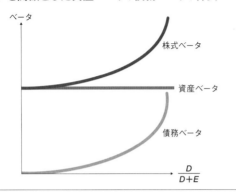

な線と同じだ。企業が債務への依存度を増したら、債務ベータと株式ベータには何が起こると思うか？　これをじっくり考えるために、極端な例を考えよう。会社が株だけで資金調達したらどうなるか？　株をほとんど使わないときにはどうなるか？　これをもっとよく考えるために、ビジネスのベータをまず考えよう。次に資産ベータも同じようにする。

　図4-11の明るい緑色の曲線は、債務ベータを表す。会社が最初に1ドルの社債を発行したら、それは相対的にリスクフリーだから、債務ベータはゼロに近い。会社が社債で全部

を資金調達するアプローチをとると、債務ベータは資産ベータに近づく。すべて債務で資金調達されるからだ。最後は、株式ベータがどう見えるかだ。債務がゼロかほとんどないような状態だったら、株式ベータは資産ベータと同じように見える。そしてレバレッジが増加したらどうなるか？　株のリスクが高まり、したがってもっと高くつくようになるから、株式ベータは急増する。

　これが**図4-11**の中心となる考え方だ。最適資本構成にある会社は、株から債務に切り替えても、資本コストが下がることは期待できない。なぜか？　株の所有者は期待収益を上げて会社にペナルティを課すから、債務を増やすことで得られるメリットを打ち消してしまう。

WACC を応用する

　経営陣が犯しがちなミスの最後のものは、ほかの会社を買収して自社の WACC を被買収企業のキャッシュフローに応用すれば、価値を上げられると考えることだ。

　彼らはこう考える。「私は資産を買おうとしている。別の会社も入札してその資産を手に入れようとしている。我々の資本コストはビジネスの性格上、彼らよりも低い。彼らよりも低い資本コストを使うから、入札で勝って、この案件を手

に入れられるぞ」

適切な資本コストは、その会社とも、ほかの入札者とも関係ない。適切な資本コストは、経営陣が買おうとしている資産で決まる。それは両方の買い手にとって同じはずだ。会社の資本コストをその資産に応用することはできない。資本コストは誰であろうと関係ない。何に投資するかの問題だ。

その結果、貸借対照表にある現預金で買収しようと計画しても、レバレッジが高くても、株主資本100%であっても、関係ない。その投資に適した資本コストを使うこと、そして

その資本コストはその投資に合った資本構成から生じていること。そこが重要なポイントだ。

実務家はどう考えるか

企業のCFOは適切な資本構成は何かを考え、状況が変化しても、そこにしっかり戻ろうと努力する。ハイネケンのCFO、ローレンス・デブローはこうコメントする。

ハイネケンでは、純債務対EBITDAの比率は2.5とし、何かあっても、短期間のうちに2.5に戻ると社内で決め、格付け機関にもそれを公約している。明確にすることにはメリットがある。投資家はハイネケンに投資すれば、何を得られるか理解してくれる。大量の自社株買いや大量の社債発行をすることはない。ポートフォリオを増やす良い買収案件がもし出てくれば、対応する余地があることも、投資家にわかってもらっている。

ケーススタディ　IDEAS IN ACTION

03 コーニング・グラスと総資本利益率（ROC）

コーニングは電子機器用ガラス・ディスプレイ製造のリーダーである。会社の財務状況を調べ、将来どうなるかを考えて、株式アナリストのアルベルト・モエルは、同社の株は簿価を下回る価格で取引されていると考えた。第2章で見たように、市場はみな、この会社が資本コストを上回るリターンを上げることはないだろうと考えていた。

コーニングのように簿価を下回る価格で取引されている会社は、事業から撤退して資産を売るべきだ、とくにそれが簿価近くで売れるのであればなおさらだ、と主張する人もいる。

なぜコーニングは、ROCが資本コストよりも低いのに事業を継続したのか？

コーニングはモエルと同様、市場は将来の業績を誤って評価しているが、将来はるかに優れた業績を上げられると信じていたと思う。コーニングの時価総額が簿価を下回っていたのは、市場で価格下げ圧力を受けていたからで、そのためにROCを下げていた。そこで問題は、この価格下げ圧力は一時的なものか、それともこのまま続くのかという点だった。

この質問は、事業の中核的戦略に戻る。もしコーニングが製品に付加価値を与え、競争の激しい環境でビジネスを守れると信じるのなら、価格の下げ圧力は一時的なものだと自信を持っていい。もし、基本的な条件が変わったなら、事業撤退が株主にとって正しい決断かどうかを分析すればいい。

モエルは、値下げ圧力があることは認めた。しかし、コーニングのコスト構造を深く掘り下げてみると、そのコスト構造で値下げ圧力を相殺する、いやそれを上回る力があると見た。つまり、利益率は変わらない、あるいは改善すると見たのだ。市場にはこのことが見えていなかったから、コーニングの利益率は引き続き圧縮されると予想した。それが株価にマイナスに反映されていた。

そこでモエルは、コーニングのROCは市場が思う以上に改善し、将来、コーニングは簿価以上で取引されると考えた。

最終的に、彼は彼の顧客投資家に「買い」を推奨した。

コーニングの時価総額が簿価を下回っていたのは、同社の利益率が圧力を受け続けると投資家が思ったからだ。だがモエルは、それに同意しなかった。どうして、予測するときに、現状の動き（利益率の減少）が将来にわたり永遠に続くと、想定する傾向があるのだろう？　これについてどう思うか？

将来を予測するのは、本質的に難しいことだ。アナリストの判断はすべて、間違うリスクを抱えている。この困難な状態から、アナリストは現状の傾向が将来のキャッシュフローを決めるという想定をする。そのように考えるのは保守的に感じられるかもしれないが、商品や景気循環をじっくり考えれば、実際には恐ろしく過激な考え方だ。

評価は難しい。知的所有権、戦略、競合環境など、会社のすべてを考慮して、それらを数字に落とし込み、その数字を将来に引き直して考えなくてはならない。徹底的に複雑な作業をこなすから、何週間とかかる。それから説得力のあるレポートを作成しなくてはならない。最後に、間違える回数より正しい回数が多くなければならない。

04 バイオジェンの資本構成

2015年に、低金利もあり、バイオジェンは50億ドルの自社株買い戻しのために、60億ドルの社債を発行した。これにより、同社の資本構成は変わった。実質的には、そもそも株を発行せず、代わりに債務を増やしたのと同じ結果になった。株の買い戻しは株主還元の一手段であり、バイオジェンが近年大きく成長した今、株主の所有権を増やすことになる。

だが、債務はどうか？ 当時バイオジェンのCFOだったポール・クランシーによれば、それほど多額の債務を負うことは、製薬会社ではめったにないことだったという。そのとき、同社の貸借対照表上の債務は5億ドルのみだった。だが、バイオジェンはほかのバイオテクノロジー企業と同様、キャッシュがアメリカ国外にあって手を付けられず、株を買い戻すには債務を増やさざるを得なかった。だが、当時は金利環境が非常に有利だったため、必要以上の額を調達した。株の買い戻し、あるいは企業買収が進行中だったため、同社は金利が上昇する前に有利なレートを確保しておきたいと思った。

なぜ低金利だと、
企業はより多くの債務を持とうとするのか？

近年、歴史的に見ても低金利が続いている。したがって、企業はこの状況を利用してレバレッジを上げようとしている。市場環境に応じて株式、あるいは社債を発行することは、「市場タイミング」として知られている。つまり、企業は証券発行あるいは株の買い戻しに最も有利なタイミングを計る能力があると考えているのだ。

この賭けをうまくやり遂げるためには、バイオジェンのキャッシュフローも、進行中の製品開発も、市場の予想を上回る必要があった。もちろん、この賭けの心配をするのはCFOの仕事だ。クランシーはこうコメントする。「こういった類の賭けを心配しないのは、株主、そして株主の価値創出に責任ある態度とは言えない」

投資家が株を購入するのは、その会社が資本コストを上回る業績を上げ、期待収益以上に株の価値を高めるだろうということに賭けているからだ。ここでクランシーは、会社が自社株を買い戻すのは同様の賭けをしているようなものだと言う。なぜか？

自社株を買い戻すのにキャッシュを使うことで、会社は投資をしているのだ。投資はみんなそうだが、正味現在価値（NPV）がプラスでなければならない。さもなければ、単純に配当として再配分することも含め、バイオジェンはその資金をほかに使うことを検討すべきだ。この広い意味での資本配分の問題は、第6章で扱う。

CFOの仕事の1つは、ビジネスを前進させるように営業費用を使い、投資をすることだ。これは常に容易なことではない。大きな組織でみんなが異なる意見を持ち、利害が一致しない場合には、ことにそうだ。CFOの仕事は、みんなのベクトルを合わせることだ。クランシーはこう言う。「戦略に焦点を絞ると、実際のところ、本当に良い投資は何か、何は良くないかを見分けることが、組織全体で容易になる」

自社株買い戻しプログラムを実施し、債務を増やした後、バイオジェンは、資源を正しく活用するように、リストラを実施した。これを社員に伝えるのは難しいことだった。なにしろ、株を50億ドル買い戻した直後だったから。

バイオジェンが50億ドルの自社株買い戻しと同時に、レイオフをして会社のリストラを行うと発表したのは、適切だったと思うか？　なぜそう思うのか？　あるいはなぜそう思わないのか？

ある意味、この2つの判断は相互に無関係と言える。1つは、リストラは事業をできる限り効率良く運営できるようにするためで、ファイナンスでどのような決定をしようと、無関係に実施すべきことだ。だが一方、同じ時期に実施するとなると、なぜ設備投資（そしてそれに伴う雇用）することを考えられないのか、という疑問が出てくる。ファイナンスはこれらの決断の要となり、資本市場と従業員に上手に説明するクランシーの能力がきわめて重要となる。CFOはますます中心的役割を果たすようになってきた。意思決定の重要性に加え、効率性や、資本配分（第6章で取り上げる）に取り組む能力が、重要となってきているためだ。

05 ハイネケン：メキシコに醸造所を建設する

2015年、ハイネケンは4億7000万ドルを投資して、メキシコのチワワ地方に新しい醸造所を建設することを決定した。価値創出の長期的視野から策定した戦略的行動だ。この決定

をするにあたり、ハイネケンが考慮した要因を見ていこう。

　ハイネケンのCFO、ローレンス・デブローによれば、この飲料界の巨人は2012年に、メキシコの巨大コングロマリットであるフェムサの事業を買収して、メキシコ市場に新規参入した。オランダに本拠を置くハイネケンがメキシコに参入するのは、一見奇妙な選択のように見える。だが、多くの切実な戦略的理由があった。メキシコは巨大な市場だ。ハイネケンで2番目に大きい市場の、2倍の規模がある。そしてメキシコのGDPの伸びは、先進国に比べると見通しが明るかった。

　人口動態もまた期待が持てた。メキシコの多くの若者が合法的に飲酒できる年齢に達し、消費者となっていた。アメリカでは伝統的なビールの市場は伸び悩んでいたが、メキシコビールとクラフトビールは伸びていた。フェムサとそのメキシコでの事業、テカテを買収し、ハイネケンはテカテ・ライトとドス・エクイスのコントロール権を握った。このブランドは両方とも、アメリカで見る見るうちに伸び、将来ヨーロッパでも同様のことが期待できた。これらの理由から、デブローたちは新工場に投資したが、それはハイネケン始まって以来の最大の投資となった。

　デブローたちCFOは、なぜプロジェクトのNPVを見る前に、戦略的な観点を見る傾向があるのだろう？　もし価値創出が、プラスのNPVを生むプロジェクトを選択することを意味するのであれば、何のために戦略的分析をするのだろう？

　戦略的分析は、プラスのNPVを生み出す可能性が高いプロジェクトに、CFOが焦点を絞る手助けをする。プロジェクトの予測をするためには、プロジェクトの全般的な戦略的重要性を理解し、プロジェクトが組織の他部門とどう関わり合いを持つかを理解しなければならない。

　デブローは最適な生産能力を決める必要があった。工場はどのくらいの大きさにすべきだろう？　過小投資して、売上を逃したくはない。「もちろん」とデブローは説明する。「それはうれしい誤算ではあります。あってほしい誤算です。5年後に別の工場を建設すべきかと検討するとしたら、それはその国で、考えていた以上に売れていることを意味するわけですから」。しかし、生産能力を過小に見積もると、非常に高くつく可能性がある。

　新規醸造所の企画で、デブローは将来の生産能力と現在の

建設費用との間で、バランスを取る必要があった。資本コストとお金の時間価値を考えたとき、彼女は何を懸念したのだろう。

ハイネケンは、醸造所建築の費用を現時点で負担する。しかし、生産能力増強で得られるメリットは将来に生じる。遠い将来にわたるキャッシュフローを割り引いたら、今日支払う費用に見合わないかもしれない。その理由から、デブローは常に、将来の生産量増加から得られるキャッシュフローと今日の費用とのバランスを見なければならない。

彼女はこうコメントする。「新しい醸造所を検討するとき、サプライチェーン担当の社員が舵取りをします。ハイネケンのような会社にいる人はものすごく経験を積んでいるので、彼らは正確にプロジェクト費用をはじき出し、どのくらい複雑になるかも話してくれます」

ハイネケンのサプライチェーン担当社員は豊富な経験を持っていたから、彼らはたいていの場合、費用、必要な建設期間の見積もりを正確にはじき出す。それから、デブローはその数字をもとに、売上と生産性を想定して、通常の資金調達モデルを構築する。特にNPVと内部収益率（IRR）に注意を払う。

こういう計算をするとき、それぞれの企業にはルールやベンチマークがあるものだ。プロジェクトにもよるが、もし会社が、例えば5年から7年の間に初期投資を回収できないと見たら、そのプロジェクトはリスクが高すぎると判断される。プロジェクトはそれだけ取り出して単体で見ると、よく見えるものだ。もし、数字が出来過ぎているように見えて、同様のプロジェクトと比べてどこかおかしいと感じられたら、会社は何かを見過ごしている可能性がある。

「でも、自ら疑問を持つのは良いことです」とデブローは言う。「もし、プロジェクトが一定の収益性、すなわち一定のEBITDAのレベルに到達することに依存していて、それが社内の他部署では見たことのないようなレベルだったら、どうして今回は達成できて、他部署ではできないのだろうと、自問自答しなくてはなりません」。それはとても重要な会話につながっていく。

もし予想キャッシュフローが間違っていたら？　もし醸造所が期待以下の実績しか上げられなかったら？　サンクコストの教訓、シャープの堺工場のことを思い出してほしい。どのような選択肢があるか？

醸造所が期待を下回る成果しか上げられなかったとしても、それでも現在価値がプラスになる可能性はある。醸造所建設費用はサンクコストだ。だから醸造所はいったん建設されてしまったら、その費用は、醸造所をどうするかの判断とは無関係になる。醸造所を売却するか、運営方法を改善するかなどは別の判断であり、新たな NPV を作るべきだ。

Quiz 練習問題

質問によっては、答えが1つ以上の場合もあることに注意するように。

1. 次のうち、価値創出の源泉となりうるものはどれか？ （該当するものすべてを選択すること）
   A. 資本コストを上回る利益率
   B. 成長に向けた利益の再投資
   C. 総利益
   D. 1株当たり利益

2. ベータとは何か？
   A. 株主資本利益率（ROE）
   B. ある株が市場全体の動きにどの程度敏感に反応して変動するかを示す指標
   C. 税金がどの程度会社の加重平均資本コスト（WACC）に影響するかを測る指標
   D. ROE がどの程度資本コストを上回るかを測る指標

3. 3つの事業部門を持つコングロマリットを想定しよう。事業部 A の資産は0.5のベータ、事業部 B の資産はベータ

1.0、事業部 C の資産はベータが 1.5 である。もし会社が平均値 1.0 を使って全部門のプロジェクトを評価したら、どの事業部に対して会社は過剰投資することになるだろうか？

A. 事業部 A

B. 事業部 B

C. 事業部 C

D. 過剰投資することはない

4. 債務コストをどう決めるか？

A. 資金の貸し手が、現状の借入コストはいくらかを教えてくれる

B. 流動比率に格付けを掛け合わせ、リスクフリー・レートを足す

C. 株主資本コストに 1 から税率を差し引いた数字を掛け合わせる

D. WACC から株主資本コストを引く

5. 会社の資本利益率は 5％で、資本コストは 10％である。その株価資産倍率は？

A. 1 より大きい

B. 1 未満

C. 1 に等しい

D. 十分な情報がない

6. レバレッジを加えることで会社の価値を上げることができる。正しいか正しくないか？

A. 正しい

B. 正しくない

7. 株主資本コストはどうやって定めるか？

A. 株主に聞く。あるいは株主を代表する取締役に聞く

B. リスクフリー・レートに、株式ベータと市場リスクプレミアムを掛け合わせた積を足す

C. 債務費用に 1 から税率を引いた数を掛け合わせる

D. 債務費用を WACC から差し引く

8. ベータの高い会社は？

A. 株主資本コストが高い

B. 株主資本コストが低い

C. ベータは株主資本コストに無関係

D. 流動性レベルに依存する

9. なぜ会社は NPV がプラスのプロジェクトに投資すべきか？

A. 株式を増やし、債務を減らすような資本構成に移すため

B. すべてのプロジェクトはプラスの NPV を持つものだから

C. リスクが高いので、リターンがより高くなる

D. 資本コストよりも大きなリターンがあるから、価値を創
出している

10. 維持可能な資本利益率が15％で、株主資本コストが12％
の会社は、どうすれば価値を最大化できるか？
A. 利益を可能な限り最大限再投資する
B. 利益を可能な限り配当として支払う
C. 会社を可能な限り早く清算する
D. 株主資本コストとちょうど同じ金額を配当として払う

この章のまとめ

この章では、難しいが基礎的な考え方をいくつか展開した。第一に、価値はどこから生じるのかを明らかにし、価値創出の具体的な処方箋を明らかにした。企業は資本コストを打ち負かさなくてはいけない。それをやり続け、成長しなくてはならない。価値創出の必須条件は、資本コストに勝つことだ。

資本コストについて語るのは、どういう意味を持つのか？　最初に考えるべき大切なことは、資本コストは資金の出し手の期待収益率に依存するということだ。そして、その期待収益率は投資家が取るリスクによって決定される。そこで WACC では、ある投資に関して、社債保有者と株主は何を要求するかを考えて、その社債と株のコストの加重平均値を計算して求める。この加重をかけるウエイトは何か？　それは業界による。金利支払いは税額控除可能だから、そこから税金の調整を行う。

次は、資本資産評価モデル（CAPM）の考え方だ。株式のコストは明確ではない。このコストについて徹底的に考えるには何かに頼らざるを得ない。幸い、私たちはベータによってリスクを分散化できる世界に生きている。ベータ

は個々の価格変動を見るよりも資産のリスクを測定するの
に適切なツールである。

　最後に、WACC を使うときには注意が必要だと付け加
えよう。ほかの投資に単純に適用できるものではない。1
つの WACC をすべての投資に等しく使うことはできない。
また、最適資本構成を外れて債務を増やしても、会社の価
値を増加させることはできない。

　次の章では、最初に WACC とフリーキャッシュフロー
の考え方を組み合わせ、評価の基礎を身につけよう。それ
から、それを土台に、一般的に資産をどう評価するかを考
えていこう。

CHAPTER 5

The Art and Science of Valuation
How to value a home, an education, a project, or a company

第 5 章

価値評価のアートと科学
住宅、教育、プロジェクト、あるいは会社をどう評価するか

科学に裏付けられたアート

　株を買う、企業を買収する、住宅を買う、あるいは教育投資をする。何をするにしろ、評価のプロセスを避けては通れない。提案された投資はもっともだと思えるか？　いくら払うべきか？　これらはみな、評価するにあたっての基本的な質問だ。ファイナンスには、こういった決定をするときに考慮すべき厳密なツールがある。次の例を考えてみてほしい。

　2012年の後半、フェイスブックはスナップチャットの買収に30億ドルを提示したと報道された。16年の報道によれば、グーグルはスナップチャットを300億ドルと評価した。そして18年半ば、株式市場はスナップチャットを170億ドルと評価している。かくも大きく異なる数字は、何を根拠に出てきたのだろうか？

　2018年半ば、ディズニーとコムキャストは価格を吊り上げながら、21世紀フォックスの買収競争を繰り広げた。提示価格を彼らはどう考えたのか？　彼らの買い値が、株価で計算した評価額よりはるかに高かったのはなぜか。

　教育投資は価値があるのか？　家を買うべきか、借りるべきか？　友達はビットコインで大儲けした。私も投資すべきか？

　これまでの章では、価値創出のプロセス、リスクとリターンの関係について見てきた。キャッシュの重要性も論じた。本章では、この2つを組み合わせて、価値評価方法を構築する。

　方法は厳密だが、評価はアートであり、科学ではないことを覚えておくこと。これは重要なポイントだ。もっと正確に言えば、それは科学の情報に裏付けされたアートだ。評価は主観的で、間違いやすい。そして、あいまいな答えになりがちだ。不満に思うかもしれないが、この重要な決定をするのにほかの方法はない。あいまいではあるが、評価のプロセスの終わりを締めくくる重要なものだ。さまざまなシナリオ、確率、モデルを使って評価することによって初めて、ビジネスを完全に理解できるようになる。だから欠陥があり、問題があるとしても、評価は健全な経営の意思決定に不可欠なのだ。

　本章の前半では、科学のほうに集中し、基礎的な方法を明確にしよう。後半では、アートのほうに目を転じる。最も主観的な要因であり、多くのゲームが繰り広げられる分野だ。

01 2種類の評価方法

評価は不正確だから、正確な結果を得るためには、ほかの方法を使うことも役に立つ。価値を求めるのに魔法のような方法はない。現実をさまざまな角度から検討するのに役立つ、いくつかの方法があるだけだ。**なかでも最も重要な2つの方法は、マルチプルと割引キャッシュフロー（DCF）だ。**まず、マルチプルのほうから見ていこう。意識していないかもしれないが、暮らしの中でそれを使っているはずだ。その弱点を理解したなら、次に、究極の方法、割引キャッシュフローに移ろう。

マルチプル（倍数）を使う

マルチプルは、資産の価値を、その資産と関連する評価基準と比較する。その基本的なやり方以外には、マルチプルを作るルールはない。だから、いくつもの変数が出てくる。**評価でよく使われるマルチプルは、株価収益率（P/E）だ。**これは会社の株価を、1株当たりの利益で割った数字だ。言い換えれば、会社の株主資本の価値を純利益で割った数字だ。その比率を例えば15倍（「15X」）としよう。これは会社が生み出す1ドルの利益に、15ドル払う用意があるということだ。この簡単で手軽な計算で、容易に理解してもらえるし、企業を簡便に比較できる。

P/Eマルチプルが15倍というのは、不思議に思えるかもしれない。1ドルの利益に対して、どうして15ドルも払おうとするのか。簡単に言ってしまえば、ファイナンスでは何でもそうだが、15倍というのは将来の期待を反映したものだ。だから、単に利益1ドルに対して払っているのではなく、これから伸びると期待する将来の利益の流れにお金を払っているのだ。ということは、同じ業界なら同じマルチプルになるべきなのか？　企業はそれぞれ、まったく違う率で利益を伸ばすし、利益の質も異なるから、P/Eマルチプルは同じ業界でも会社によって異なる。P/Eマルチプルの違いは、次の質問を導く。なぜ、ある企業の利益1ドルは、他社の1ドルよりもはるかに大きな価値を持つのだろう？　事業運営がもっと上手なのか、それとも過大評価されているのか？

第2章で見たように、利益というのは問題のある指標だ。マルチプルの計算にはキャッシュのほかの指標、利払前・税引前・減価償却前利益（EBITDA）、営業活動によるキャッシュフロー、フリーキャッシュフローも使える。第4章で見たように、もう1つ重要な資金の出し手がいる。それは債務

を提供する貸し手だ。したがって、マルチプルは、そのタイプの資本も会社は使えることを考慮に入れるべきだ。この2つのレッスンは、企業価値（EV）EBITDA倍率（EV/EBITDA）に反映される。EVは債務と株の市場価値合計、すなわち事業価値を表す。EV/EBITDA倍率は、資本構成が異なる企業を比較するのに役立つ。

マルチプルはどのように使うのか？　表5-1は化粧品業界の大手3社の、2016年末におけるEV/EBITDA倍率を示している。

この情報を使って、同じ業界にある第4の会社、プロクター・アンド・ギャンブル（P&G）をあなたならどのように評価するだろう？　同社は2016会計年度に、174億ドルのEBITDAを上げている。上記3社の平均マルチプル12.5を使い、P&GのEBITDAを12.5倍すると、企業価値は2176億

表5-1

化粧品会社3社の EBITDA マルチプル ［2016年］

会社	EV（企業価値）/ EBITDA 倍率
エイボン・プロダクツ	8.91
ロレアル	17.42
資生堂	11.20

7000万ドルと推計できる。

この演習をどう思うか？　次のような質問が頭に浮かんでくるだろう。(1) P&Gは単なる化粧品の会社か？　(2) これらの会社は同じ地域で販売しているのか？　顧客セグメントは同じか？　(3) これらの会社の流通販路は同じか？

P&Gの2016年末における企業価値は2421億ドルだった。言い換えれば、P&GはEV/EBITDAが13.9倍で取引されていたということだ。

ファイナンスではよくあることだが、マルチプルを使う方法は、当初は奇妙に思える。だが、今は理解するようになっていることと思う。人生で下した最も重要な財務的判断で、マルチプルを使った経験があるのではないか。そう、家を買うときだ。具体的に言えば、私たちは家が良い投資かどうかを見るのに、「1平方フィート当たり（あるいは1平米当たり）の価格を見る。これはまさにマルチプルだ。1平方フィート当たりの価格は、住宅価格を合計床面積で割ればいい。価値を評価数値によって割ったものだ。これは、近所の人と話すのには役立つ（例えば、「ねえ、通りの先の家が1平方フィート当たり600ドルで売れたんだってさ。僕たち資産家ってことだね！」）。そして、家にそれだけのお金を払うかどうかの話にも使える（例えば「通りの先の家は1平方フィート当たり、たっ

た300ドルで売られたのよ。どうして私たちは400ドルも払わなくてはならないの？」というように）。

　こういった心情は、経験豊富なプライベート・エクイティの投資家が「私たちはその会社をEBITDA8倍で購入しました」と言うのと大差ない。

マルチプルの長所・短所

　マルチプルを見ていくと、多くのプラス面がわかる。計算が単純で話を伝えやすい。マルチプルには説得力がある。現在の市場価格に基づいている、ということは、誰かが会社をそう評価しただけでなく、実際にお金を払ったということだ。表計算で魔法のように作り出した想像上の価値ではない。それに、企業（そして住宅）の比較を容易にできて、わかりやすく思われる。キーワードは、「思われる」だ。

　マルチプルは手軽で容易な比較の方法だが、多くの欠陥もある。マルチプルがよく使われる特徴である比較可能性、市場に基づく論理であるということがまた、同時に人を混乱に陥れる。まず、いちばん重要なことだが、比較可能性は常に単純明快とは限らない。家の例に戻って考えてみよう。1平方フィート当たりの価格は、多くの要因を無視している。ある家は眺望が素晴らしいが、別の家は目の前が駐車場だ。あ

る家では毛足の長い絨毯が敷き詰められているが、別の家は1800年代から使っている堅木の床だ。ほかにも平方フィート当たりの価格が、ほかの家と同じにならない要因がたくさんある。

　でも、利益1ドルは利益1ドルに変わりがないだろうって？ eベイに投資をしようと考えて、アップルと比較して評価するとしよう。2015年12月31日にeベイは1株当たり利益（EPS）が1.60ドルだった。同じ日、アップルの株価はEPSの12.7倍だった。アップルの12.7P/Eレシオを使ってeベイの株を評価すると、20.32ドルになる。

　eベイのその日の終値は27.48ドルだった。予想より7ドル高い。この簡単な比較、そして価格差を考えると、eベイは過大評価されているか、何かものすごく予想を上回ることをしているか、あるいはアップルが過小評価されているのかと思うだろう。

　しかし、アップルとeベイを比較することに意味があるのだろうか？　たぶん、ないだろう。アップルは製品を販売し、eベイは売り手と買い手を結び付けるオンライン業者だ。それはアマゾンと同じか？　それともフェイスブックか？　どれとも言えない。eベイのビジネスや収益モデルと比較できるような企業を見つけるのは難しい。それにもかかわらず、

158

Column

ツイッター VS. フェイスブック

　マルチプルは柔軟な方法で、どんな事業の評価基準にも使える。ツイッターの新規株式公開（IPO）を考えてみよう。上場当時のツイッターの価値をどう考えるか？　利益も、EBITDA も、というか利益と言えるものはほとんどなかった。だが、何か価値があるこ

とは確かだった。当時、市場参加者はユーザーベースの価値を重視し、同様の収益モデルを持つソーシャルメディアの企業を見た。フェイスブックを見て、ユーザーの 1 人がフェイスブックがどのくらいの価値を持つかを計算し、その数字を掛け合わせてツイッターの価値を計算した。

　例えば、フェイスブック・ユーザーは 1 人当たり 98 ドルを多少上回る価値がある（株

式時価総額をアクティブユーザーの数で割る。すなわち 1170 億ドルを 11 億 9000 万人のアクティブユーザーで割る）。リンクトインのユーザーは 1 人当たり 93 ドル（240 億ドル割る 2 億 5900 万人）になる。IPO の 2、3 時間後、ツイッターは 2 億 3200 万人のアクティブユーザー 1 人当たり、110 ドルの価値を持つと評価される数字で取引された。グラフは 2013 年 11 月から 18 年後半までのツイッターとフェイスブックの株価推移を比較したものだ。

　明らかに、フェイスブックとツイッターのユーザーの価値を比較するのは間違いだった。なぜか？　多くの理由がある。例えば、
・プラットフォームの利用レベルが違う
・ユーザーベースの人口動態に違いがある
・2 つのプラットフォームでユーザーの収益化の可能性が異なる
　この例はマルチプルの柔軟性を示すとともに、その危険性も大きいことを示している。誤った比較と仮定をすると、大きく誤った評価につながってしまう。

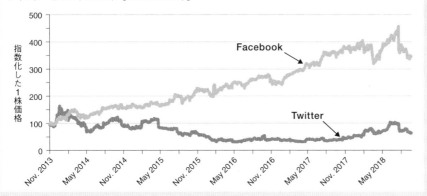

ツイッターとフェイスブック [2013-2018年]

シェイクシャックの評価

急成長中のファストフード・チェーン、シェイクシャックが2014年に株を公開すると、株価は当初の21ドルから、47ドルから90ドルのレンジに急騰した。マルチプルを使って、店舗数がもっと多くて安定したほかのチェーンと、シェイクシャックを正確に比較してみよう（棒グラフを参照）。この場合は、チェーンの評価を運営店舗数（小売業では重要な評価数値だ）で割った。

シェイクシャックの店舗当たりの評価は、競合に比べはるかに高い。この場合、マルチプルを使うと、同社は非常に異なる成長の軌跡をたどってきているから、評価が甘くなるだろう。あるいは、それを見て、同社が過大評価されていると思うかもしれない。同社がマクドナルドと大きく違うのは、いったい何なのか？　折れ線グラフはその後の同社の株価の動向を示している。

大手レストランチェーンの評価比較 ［2014年］

1店舗当たり評価額（単位：千ドル）

シェイクシャックの株価業績 ［2015年1月-2018年7月］

出典：ウイットニー・フィルーン、「シェイクシャックの評価はその他の上場チェーン店と比較してどうか？」、Eater.com, 2015年5月5日

マルチプルを使うと比較できるように思えてしまう。

　業界内での比較がもっとわかりやすいものであっても、マルチプル分析でこちらの1ドルとあちらの1ドルが同じかどうかは明らかではない。ある会社の収入の流れが、ほかの会社よりもはるかに速く伸びるとしたら、暗黙裡にマルチプル分析は正しくないと想定される。利益の計算をどう決定するかは会社によって違っていて、マルチプルでは比較できない。

　投資家が利益の「質」を取り上げることがよくある。ある会社はほかの会社よりも、維持可能な利益を上げるということだ。ある会社のマルチプルをほかの会社にポンと当てはめようとするのは、成長の軌跡、利益の質が基本的に同じであると想定するわけだが、それは間違いだろう。

　市場に基づく論理は長所だが、欠点にもなりうる。近隣の人が、1平方フィート当たり500ドルという途方もない値段を払ったからといって、同じ過ちを犯す理由にはならない。ところが、それがまさに不動産バブルで起こった。もし「衆愚」にとどまれば、大きな問題にぶち当たる。だから、もっと良い評価方法が必要なのだ。

問題を抱える価値評価の方法

　究極の評価方法を見る前に、もう2つ、問題となる方法を見てみよう。

回収期間

　最初の方法は、投資家が資金を回収する期間（それを回収期間と言う）でプロジェクトを評価する方法だ。当初の資金の支払いと、その後の資金の回収を比べて、こう質問する。何年後に、私は私のお金を取り戻せるのだろう？　投資が魅力的かどうかを考えるのに、これはとても魅力的な方法だ。本質的に、お金が早く戻ってくればいい気分になるものだ。

　この方法とその問題が、実際どんな感じになるかを見るために、2つのプロジェクトのいずれかを選択することにしよう。両方とも投資に90万ドルが必要となる。選ぶのは1つだけ。そして回収期間を基準にしなくてはならない。**表5-2**は

表5-2

回収期間とIRR分析の問題

	プロジェクトA	プロジェクトB
0年	− $900,000	− $900,000
1年	500,000	0
2年	500,000	0
3年	300,000	1,670,000

それぞれのプロジェクトの、予想キャッシュフローを表している。さて、どちらのプロジェクトを選ぶだろうか？　Aプロジェクトは回収期間が2年未満で、Bプロジェクトでは3年かかる。もし回収期間が意思決定基準なら、Aプロジェクトを選ばなくてはならない。

この例でわかるように、回収期間の方法には大きな問題がある。まず、このように時間を追ってお金の流れを比較すると、お金の時間価値が無視される。第二の問題としては、そしてこちらのほうがより問題なのだが、回収期間分析では単に何年という数字だけが答えになる。だが、私たちが関心を持っているのは、そこではない。私たちは価値創出に関心がある。回収期間の評価方法では、お金が早く返ってくるからという理由で投資を選んでしまい、もっと大きな価値を創出する投資から目をそらさせてしまう。

割引率10％を使うと、Aプロジェクトの正味現在価値（NPV）は19万3160ドルとなり、Bプロジェクトは35万4700ドルとなる。回収期間を使うと、はるかに低いNPVを選ぶことになり、はるかに少ない価値創出のプロジェクトを選ぶことになる。この比較で、回収期間の分析が問題だということがわかる。

内部収益率

内部収益率（IRR）を使ってプロジェクトを評価するのも、実によく使われる方法だ。割引キャッシュフロー（DCF）を使うこともあり、これは回収期間分析ほど問題を抱えていない。だが、それでも問題はある。割引の考え方を紹介したときには、予測キャッシュフローと割引率を使って現在価値を算出した。

IRRは、その分析をひっくり返したものだ。IRR分析では、予測した将来のキャッシュフローを使い、現在価値をゼロにする割引率を求める。次の数式がIRRの計算式だ。

$$0 = \text{キャッシュフロー}_0 + \frac{\text{キャッシュフロー}_1}{(1 + \text{IRR})}$$
$$+ \frac{\text{キャッシュフロー}_2}{(1 + \text{IRR})^2} + \frac{\text{キャッシュフロー}_3}{(1 + \text{IRR})^3} \cdots$$

言い換えれば、IRR分析は、プロジェクトが予想どおりに遂行されたときの利益率を計算する。それで何が悪いんだ？　IRRだけ見て投資判断したっていいんじゃないか？　利益率はとても役に立つ。IRRが広範に使われる理由の説明がつく。IRRの数値がわかれば、加重平均資本コスト（WACC）や割

162

世界の住宅の平方フィート当たり価格

　表は、世界25都市の住宅価格を、平方フィート当たりの平均価格で示したものだ。見てのとおり、カイロの77.20ドルから香港の2654.22ドルまで、ものすごい開きがある。なぜこれだけの差異が生じるのだろう。

　1つには、需要の問題がある。価格は平均所得レベルと相関する。だが、香港、ロンドン、ニューヨークといった都市はグローバルな商業センターだから、世界中の需要を集めている。供給も重要な役割を果たす。香港は狭い地域だから、不動産の開発余地が限られている。地方自治体の方針がビル建設の認可を抑え、ひいては住宅の供給を減少させる場合もある（サンフランシスコがきわめて高いのは、これが一因になっている）。

平方フィート当たりの住宅平均価格（単位：ドル）

ランキング	都市	平方フィート当たり価格
1	エジプト、カイロ	77.20
2	メキシコ、メキシコ・シティ	172.05
3	ベルギー、ブリュッセル	348.29
4	タイ、バンコク	367.15
5	ブラジル、サンパウロ	405.98
6	デンマーク、コペンハーゲン	492.94
7	スペイン、マドリッド	504.83
8	トルコ、イスタンブール	527.68
9	UAE、ドバイ	549.80
10	ドイツ、ベルリン	680.51
11	オランダ、アムステルダム	795.06
12	スウェーデン、ストックホルム	805.37
13	イタリア、ローマ	972.13
14	カナダ、トロント	990.06
15	オーストラリア、シドニー	995.08
16	中国、上海	1,098.94
17	シンガポール	1,277.22
18	スイス、ジュネーブ	1,322.00
19	オーストリア、ウイーン	1,331.57
20	ロシア、モスクワ	1,366.96
21	フランス、パリ	1,474.08
22	日本、東京	1,516.35
23	アメリカ、ニューヨーク	1,597.08
24	イギリス、ロンドン	2,325.90
25	香港	2,654.22

出典：世界の不動産ガイド。Globalpropertyguide.com

引率と比較することができる。それは第4章でやった価値創出の演習にちょっと似ている。

　こうやって考えるのは魅力的だが、IRRには2つの問題がある。第一にIRRは価値創出ではなく、利益率に注目する。2つのプロジェクトを比較して、IRRは高いが価値創出の点では低いプロジェクトを選んでしまうかもしれない。利益率の最大化ではなく価値創出を求めていることを、今一度確認しておこう。

　第二に、もしキャッシュフローが（資金の流出があり、それから流入があるという単純なバージョンと比べ）資金の流出があり、流入があり、再び流出があり、また流入があるというものだったら、IRRは間違った解答を与えてしまう。さらに、IRRにはこういったリスクがありながら、あまり手間を省く助けにならない。計算されたIRRは、予想キャッシュフローを使った加重平均資本コスト（WACC）と比較されなければならない。したがって、第2章で行った割引と同じ情報を必要とする。

　先ほどの例に戻って、最初の問題を考えよう（**表5-2**参照）。AプロジェクトのNPV（正味現在価値）は19万3160ドルで、Bプロジェクトは35万4700ドルだった。もうIRRを理解したから、2つのIRRを計算できるだろう。AプロジェクトのIRRは22.9%で、BプロジェクトのIRRも22.9%だ。NPVを無視してIRRだけを見ると、2つのプロジェクトはどちらでもいいように見えてしまう。明らかに有力なプロジェクトがあるのに、IRR分析ではそれがあいまいになってしまう。この問題が難しいのは、1つには、私たちが経営陣でありながら利益増加には関心を持たず、価値創出を優先すべきとしているところにある。

割引キャッシュフロー（DCF）

　割引キャッシュフロー（DCF）は、究極の評価判断基準になる手法だ。幸いなことに、第2、第3、第4章で学んだ主なことを組み合わせただけのものだ。第2章で、資産の価値は将来のキャッシュフローを生み出す力から創出されることを学んだ。このキャッシュフローは、すべて等しく作られるわけではない。それは割り引かれて、今日の数字に引き直さなくてはならない。第4章では、適切な割引率は投資家の期待収益率で決まると学んだ。それが経営陣の資本コストになるからだ。そして第3章で、この評価をきちんと行うには注意が必要だと学んだ。

　第2章の基本的な現在価値の計算方法を、少し修正するところから始めよう。

$$現在価値_0 = \frac{キャッシュフロー_1}{（1+r）} + \frac{キャッシュフロー_2}{（1+r）^2}$$

$$+ \frac{キャッシュフロー_3}{（1+r）^3} + \frac{キャッシュフロー_4}{（1+r）^4} \cdots$$

$$+ ターミナル・バリュー$$

1つだけ、新しい言葉（ターミナル・バリュー：永続価値）が数式の最後に出てきた。これはしばらくしてから説明しよう。だが、基本のロジックは同じままだ。今日の価値はすべて、将来のキャッシュフローへの期待から引き出されている。このキャッシュフローをどうやって予測するか、そして、キャッシュのどの定義を使い、割引率に何を使うかを考えなくてはならない。

フリーキャッシュフロー

覚えているかもしれないが、フリーキャッシュフローは資産が生み出す、本当にタダで、本当のキャッシュの流れだ。これは費用を計算した後に、資金の出し手が使えるものだ。フリーキャッシュフローは新規投資に使ってもいいし、資金の出し手に分配してもいい。

ちょっと基本の方程式を思い出そう（図2-3参照）。（1）まずは資産活用から生じる予想される EBIT、すなわち支払利息・税引前利益から始める。（2）税金を差し引いて EBIAT、利払前・税引後利益を計算する。（3）減価償却などの非現金費用は、実際にお金が出ていくわけではないから、足し戻す。（4）運転資金と設備投資支出分を差し引き、事業の資本集約度を調整する。

ステップ① 将来のキャッシュフローを予測する

会社が新たな研究所への投資を検討しているとしよう。
- 0年目に、研究所の初期設備投資は250万ドルである
- 稼働して1年目の期待 EBIT は100万ドルである
- この100万ドルの EBIT は、毎年5％の割合で増加すると予想される。5年目の終わりには稼働を止め、資産は処分価値100万ドルで売却される
- プロジェクトの進行中、資産は償却され、資産維持のための設備投資は継続的に行われる。ネットで減価償却費30万ドル、1年目から5年目まで機器を維持するための設備投資が30万ドルかかる
- プロジェクトに必要な運転資金は EBIT の10％と想定する。つまり、1年目に EBIT は0から100万ドルになるから、

Column

割引キャッシュフロー（DCF）分析を使って家を買う

　マルチプルと比較して、割引キャッシュフロー（DCF）分析が重要だと理解するには、住宅購入決定をもう一度見てみるとわかりやすい。家を買うとき、マルチプルを使う代わりに、DCF分析をどう使えばいいのだろうか。

　マルチプルを使った分析では、近所で売れた家の平方フィート当たり平均価格を見るだけだった。DCF分析をするには、代わりにこういう質問をする。家を所有することで、キャッシュフローはどうなるか？　お金の流れが明らかなものがいくつかある。継続的に

お金を使って、屋根を新しくしなくてはならない。それは、フリーキャッシュフロー分析で設備投資にあたる。同様に、税金の効果がいくらかある。だが、住宅購入のキャッシュフローで大きいのは、家賃の支払いがなくなって浮くお金の流れだ。どんなプロジェクトでも、そのプロジェクトが生み出す増分のキャッシュフローを見る。家を買うということは、家賃分のキャッシュの流出がなくなることを意味する。したがって、家の価値を決める主なものは、いったん家を購入すれば支払わなくて済むようになる、家賃支払いだ。

　このように不動産購入を考えると、過剰に支払うことを防ぐのに役立つ。住宅バブルが

2000年の半ばに生み出されたことを明らかにするのは、家賃利回り比率だ。これは、借りたほうが得か、買うほうが得かを見る指標だ。DCF分析をしていれば、家を買うのは無意味なことで、その代わりに借りたほうがいいとわかったはずだ。マルチプルは、今何が起きているのかを理解しようとしても、多くの隠された仮定があることがあいまいになってしまう。DCF分析をすれば、物事が明確に見えてくる。この場合には、借りることと買うこととの間のトレードオフがはっきりする。これこそ、住宅バブルのときに無視されたことだった。

会社は10万ドルを運転資金に投資する必要がある。2年目にはEBITが100万ドルから105万ドルになるので、会社は運転資金に5000ドルを追加する必要がある。単純にするために、プロジェクトの運転資金はすべて5年目の終わりには無価値になると想定しよう

• 法人税率は30%で、5年目の終わりに資産売却をしても、

その結果生じる税効果はない

　この情報をもとに表計算をすると、良い勉強になる。**表5-3**は、このプロジェクトのフリーキャッシュフローの表計算だ。それと同じになるか、試してみるとよい。このような表計算をするとき、私はいつも、表のいちばん上に仮定を書

表5-3

研究所投資評価 （単位：千ドル）

研究所プロジェクト仮定

EBIT 成長率	5%
税率	30%
EBIT に対する運転資金の割合	10%

年	0	1	2	3	4	5
EBIT		1,000.00	1,050.00	1,102.50	1,157.63	1,215.51
－ 税金		－300.00	－315.00	－330.75	－347.29	－364.65
＝ EBIAT		700.00	735.00	771.75	810.34	850.85
＋ 減価償却		300.00	300.00	300.00	300.00	300.00
－ 運転資金の増減		－100.00	－5.00	－5.25	－5.51	－5.79
－ 設備投資	－2,500.00	－300.00	－300.00	－300.00	－300.00	700.00
＝フリーキャッシュフロー	－2,500.00	600.00	730.00	766.50	804.83	1,845.07

くことから始めるが、これは役に立つ。すべての仮定を書き出したら、最初の EBIT を記入し、EBIT を定められた成長率で伸ばし、税金支払分を調整して EBIAT を出す。そうすれば、フリーキャッシュフローの計算方式に従っていける。

いくつか気をつけなければいけないステップがある。第一に、プロジェクトのタイミングに従っていくことが重要だ。第二に、運転資金の計算では運転資金の金額ではなく、運転資金の金額の変化を見る。第三に、最終年度の設備投資と、最終年度に行う資産売却とを足し合わせている。したがって、

その年はキャッシュフローがプラスになる。そして最後に、資金の流入と流出を記録するやり方を決めておくことが重要だ。この表計算では、すべてのキャッシュ流出はマイナスになっている。だからフリーキャッシュフローは、単に数字を足し合わせていくだけで計算できる。

ステップ②　WACC を適用する

この事業が生み出すフリーキャッシュフローは、資金の出し手にはフリーだ。だから彼らの期待収益は、将来のキャッ

実務家はどう考えるか

マルチプルには欠点があるものの、DCF の前提をダブルチェックできるから、多くの企業が多面的な評価をするときに利用している。モルガン・スタンレー・プライベート・エクイティのグローバル・ヘッド、アラン・ジョーンズはこうコメントする。

EBITDA のマルチプルはキャッシュフローと連動しているから、手軽でちょっと使うのにはよいものだ。EBITDA マルチプルの評価は、みんなが話し合っているうちに経験則的に生じてきた評価基準だ。私たちはフリーキャッシュフローのマルチプルもよく見る。というのは、設備投資や運転資金への投資がどうなのかを知りたいからだが、実にしょっちゅう見ている。

事業の評価をするときには、いくつもの異なる評価基準を多面的に見るようにしている。私たちはいの一番に DCF 分析をする。それが、評価するときに最も重要なアプローチだ。ことに重要なのは、ビジネスの何を変えれば DCF に影響を与えられるかがわかる点だ。しかし、

市場で類似の企業がいくらで取引されているかも見る。EBITDA や事業の純利益のマルチプルを比較して見ることが多いかもしれない。EBITDA マルチプルを見て、それから類似の買収案件がどんなマルチプルで行われたかを見る。最近はどのあたりで買収されているのか、我々と同じようなビジネスにはどのくらい支払われているのかを見るためだ。

評価の機会があると、私たちはこういう質問をする。DCF 分析で何がわかるのだろう？ 類似の取引をされた企業から何がわかるのだろう？ 類似の買収で使われたマルチプルから何がわかるのだろう？ それから、今見ている事業で最も重要なことは何かを判断する。異常値が出ているのは何か特別な理由があるのか？ これら3つの価値評価基準で多面的に見て、じっくりと検討する。でも最終的には、キャッシュを生み出しているかどうか、そしてキャッシュフローの流れを生み出す事業を私たちに買う能力があるかどうかで決まる。

シュフローを割り引くのに使われた資本コスト、WACC（加重平均資本コスト）であると考えられる。かいつまんで要約すると、WACC は債務と株主資本のコストを計算し、それらのコストを投資に必要な資金調達の重要性でウエイトをかける。そして金利支払部分は税控除されるので、税効果を計算に入れる。CAPM（資本資産評価モデル）は、株主資本コストがどこから生じるのか理解するのに役立つ。そして分散投資家の見方を考慮したリスクをベータが表す。この研究所への投資に関連する WACC を見つけるのには、以下の数字を使う。

- この投資の最適資本構成は、35％債務、65％株主資本である
- リスクフリー・レートは4％
- 資金の貸し手は新規プロジェクトに7％の金利を求める
- 市場リスクプレミアムは6％

さて、これで株主資本コスト、WACCを求めるのに必要

なすべてのものがそろった。残るはベータだ。ベータを求めるには、そのプロジェクトのリスクを捉える会社の月次収益率をグラフに書き出し、市場のリターンを書き出し、それから回帰直線を描く（**図5-1**参照）。

　図に描かれた直線の勾配は1.1である。したがってベータは1.1になる。さて、CAPMを使って株主資本コストを求め、それから第4章の方程式を使ってWACCを計算しよう（**表5-4**参照）。

図5-1

ベータ・グラフ

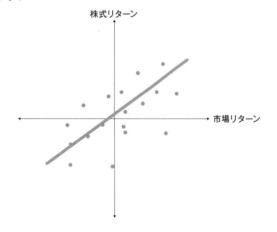

表5-4

加重平均資本コストの計算

債務の割合（％）	35%	
株主資本の割合（％）	65%	
税率	30%	
債務コスト	7%	
リスクフリー・レート	4%	
市場リスクプレミアム	6%	
ベータ	1.1	
自己資本コスト	10.6%	← 自己資本コスト＝リスクフリー・レート＋ベータ×市場リスクプレミアム
WACC	8.61%	← WACC＝税効果調整後費用×資本に占める債務の割合＋自己資本コスト×資本に占める自己資本の割合

　最後のステップでは、予測フリーキャッシュフローに戻って NPV を求める。割引率は 1 ÷（1 + WACC）だ。最後に、すべてのフリーキャッシュフローに割引率を掛け合わせ、その合計から NPV を割り出す（**表5-5**参照）。

　この投資の NPV は 106 万 9000 ドルになる。NPV がプラスの数字だから、研究所のプロジェクトは会社に価値を生み出す。したがって、このプロジェクトを進めるべきだ。キャッシュフローの現在価値を計算すれば、その数字は 356 万 9000 ドルになる。

ステップ③　永続価値を計算する

　会社も投資も、永遠に継続するものとされるのが普通だ。

表5-5

研究所投資評価（単位：千ドル）

研究所プロジェクト仮定

EBIT 成長率	5%
税率	30%
EBIT に対する運転資金の割合	10%

年	0	1	2	3	4	5
EBIAT		1,000.00	1,050.00	1,102.50	1,157.63	1,215.51
− 税金		−300.00	−315.00	−330.75	−347.29	−364.65
＝ EBIAT		700.00	735.00	771.75	810.34	850.85
＋ 減価償却		300.00	300.00	300.00	300.00	300.00
− 運転資金の増減		−100.00	−5.00	−5.25	−5.51	−5.79
− 設備投資	−2,500.00	−300.00	−300.00	−300.00	−300.00	700.00
＝ フリーキャッシュフロー	−2,500.00	600.00	730.00	766.50	804.83	1,845.07
WACC	8.61%					
ディスカウント・ファクター	1.00	0.92	0.85	0.78	0.72	0.66
現在価値	−2,500.00	552.46	618.90	598.36	578.50	1,221.13
NPV（正味現在価値）	**1,069.35**					

こういう場合、会社の伸びが安定期に入ったと思われる年を選び、それから簡単な計算で将来のキャッシュフローの価値をまとめる。それが「永続価値」と呼ばれるもので、予想キャッシュフローの最後に、投資がどれだけの価値を持つかをまとめる。

　永続価値を求めるのには、2つの方法がある。1つはマルチプルによる。エンドポイント、すなわち評価の最後の年にたどりついたら、例えば投資5年後に、会社はフリーキャッシュフローの10倍の評価になった、という言い方をする。

　もう1つは、こちらのほうが望ましいのだが、永続価値を「永久（パーペチュイティ）方式」を応用して考えるもので、安定したキャッシュフローの今日の価値を計算する巧妙なやり方だ。今後価値が増えないキャッシュフローの現在価値を求めるなら、そのキャッシュフローを単に割引率で割ればいい。

マルチプルとパーペチュイティ（永久成長）

Column

　永久成長方式が教えてくれることは、現在の評価からさかのぼって分析し、根本的な仮定となるものは何かを決められることだ。

　大手小売業者3社を見て、市場がこれらの会社に想定する（インプライド）割引率と成長率について考えてみよう。小売業者3社は、ディスカウントチェーンのウォルマート、消費者向けに卸売り価格で大量販売する小売業者のコストコ、そして通販業者のアマゾンだ。

　表に挙げたデータを使って3社の、債務と株主資本の市場価値の合計値である企業価値（EV）とEBITDAを比較してみよう。

　3社とも安定的に成長していると想定して、マルチプルの数値から、市場が3社の想定される（インプライド）割引率と成長率をどう考えているのか、わかるだろうか。

　ウォルマートをもう少し詳しく見てみよう。代数計算で企業価値（EV）とEBITDAのマルチプルを、永久成長方式の計算式に変換できる。つまり、10倍のマルチプルは、割引率と成長率の間に10パーセンテージポイントの開きがあることを意味する。例えば、割引率（r）15％、成長率（g）5％（r − g ＝ 10％）ということになる。7.97倍のマルチプルは、永久成長方式で分母（r − g）は1 ÷ 7.97で12.5％になる。それは割引率18％、成長率5.5％かもしれないし、割引率15％、成長率2.5％かもしれない。

　コストコの場合、この同じ計算で、分母r-gは1 ÷ 13.57で7.4％となる。これは割引率12.9％で成長率5.5％かもしれないし、割引率15％、成長率7.6％かもしれない。

　アマゾンのEV/EBITDA比率は46.42で

［永久（パーペチュイティ）方式］
キャッシュフロー₁ ÷ 割引率

　もちろん、会社を含め、永続的に存在するものは成長を続ける。もし誰かが、永久に成長する（永久成長、グローイング・パーペチュイティ）お金を約束してくれたら、例えば初年度100ドルをもらい、毎年その100ドルが永久に3%成長するとしたら、これも、きわめて便利な方程式に収まる。そ

の永久成長価値の現在価値は、最初のキャッシュフローを割引率から成長率を差し引いた数字で割ればいい。魔法のようだろう。

［永久成長（グローイング・パーペチュイティ）方式］
キャッシュフロー₁ ÷ （割引率 − 成長率）

　これをDCF分析に利用するとき、この公式で求める現在

ある。これから、r − g は1 ÷ 46.42で、分母は2.1%である。これは割引率7.6%、成長率5.5%かもしれないし、割引率15%、成長率12.9%かもしれない。

　これらの会社の価値、インプライド成長率を比較してみよう。市場は、アマゾンがコストコよりも成長率が高く、そしてコストコはウォルマートよりも成長率が高いと考えているようだ。あるいは、アマゾンはコストコよりもビジネスリスクが低いので割引率が低く、コストコはウォルマートよりも割引率が低いと見ているのかもしれない。あるいは、この

2つの組み合わせかもしれない。事業の類似性を考えると、割引率はみな同じで、差異は期待成長率の違いを反映しているということかもしれない。

　この例に限らず、一般に注意しておかなくてはいけないのは、マルチプルとDCF分析を対比してみるのは、マルチプルが利益やEBITDAではなく、フリーキャッシュフロー（FCF）のときにうまく機能するという点だ。つまり、価値は割引FCFに対応するので、EBITDAを使うと不正確になるということだ。特に、多額の設備投資が将来予定

されている場合には、将来のEBITDAは将来のFCFより大幅に高くなる。

小売業者のEBITDAマルチプル比較

小売業者	EV（企業価値）/ EBITDA 倍率
ウォルマート	7.97
コストコ	13.57
アマゾン	46.42

価値は、最初のキャッシュフローの1年前の現在価値だ。例えば、もし方程式の分子が6年目のキャッシュフローだとすると、方程式は5年目の現在価値を表す。すなわち、今日の現在価値を求めるには、この価値を再び割り引く必要がある。

この方程式がこんなにお手軽に使えるのなら、今まで論じてきた表計算のやり方を使わずに、これを使えばいいじゃないか、と思うだろう。手短に説明すれば、短期的には、明確にモデルに組み込まなくてはいけない、とても重要なことがたくさんある。新設の工場、売上の推移、コスト削減などだ。そしてこれらの動向は、価値に大きな影響を与える。したがってこの公式が使えるのは、安定的な状態になったときだけなのだ。

もちろん、この評価のステップにはリスクもある。とりわけ成長率の想定が問題になりうる。例えば、経済が3%の伸びを示しているときに永久成長率を7%としたなら、それは継続困難な想定だ。それでは最終的に、その会社が世界を乗っ取ることになってしまう。そんなことが起こるとは信じられない。したがって、永続価値を計算するときに適用する成長率は、長期的には、経済全般の成長率を見ればいいだろう。

ステップ④　企業価値と市場価値を比べる

さて、与えられた事業（研究所プロジェクト）の価値がわかったから、その数字を株数で割り、現在の株価と比べるだけでいいと思うだろう。ところがそうはいかない。評価をして事業の価値はわかったが、それは株の価値ではない。事業の価値はよく企業価値と呼ばれる。第2章で見たフリーキャッシュフローの図を思い出してほしい。債務と株主資本の両方の資金の出し手に対して、その企業が生み出すキャッシュフローの価値を計算している。

企業価値は、株の市場価値を大きく上回ることが時にはある。例えば、企業価値が100ドルで40ドルの債務があるとしたら、株主資本の価値はわずか60ドルでしかない。逆も当てはまるわけで、会社が多額の現金を抱えていた場合、会社の市場価値は企業価値をはるかに上回る。

2013年や14年のアップルを見ると、市場価値は5000億ドルだったが、事業に不要な余剰現金は1000億ドルを超えていた。その結果、実際の潜在的な企業価値は市場価値よりも低かった。ここで学ぶべき重要なレッスンは、企業価値から株の価値を測るには、債務と現金がどれだけあるかを考える必要があるということだ。

図5-2は、2012年から16年におけるアップルの企業価値

図5-2

アップルの市場価値による貸借対照表 ［2012-2016年］

資産　■ 現金　□ 企業価値　　負債　■ 債務　□ 株の市場価値

と現預金を、債務と株の市場価値と比較したグラフだ。グラフの中で、市場価値を現預金と債務の金額と一緒に使うことで、想定企業価値を求めている。アップルの事業を評価するときは、市場価値ではなく想定企業価値と対比すべきだ。この2つの間には30％以上の隔たりがある。

ステップ⑤　シナリオ、期待値、入札戦略を分析する

　仕組みを作ってシナリオから評価額を求めたら、これでお

しまいと思うかもしれない。現実には、お楽しみはこれからだ。投資について本当に理解し、資産の価値を評価するには、資産の「期待値」をじっくり考える必要がある。ある一定の仮定の下に資産の価値を計算した。もし間違っていたなら？　ある意味、必ず間違えると思っていい。世界が想定どおりに動く確率はほぼゼロだ。

　正しい期待値にたどり着くには、代替のシナリオを検討するとよい。最悪ケース、最良ケース、基本ケースのシナリオなどを検討し、それぞれに確率を付ける。このようにシナリオを作って確率を付けるのは、アナリストにとってとても重要なステップだ。ビジネスの性格、見込まれる結果を、とことん考えざるを得ない。例えば、価値が120ドル（最良ケース）になる確率が10％、100ドル（基本ケース）は70％で、10ドル（最悪ケース、詐欺のようなもんだ）になるのは20％の確率であるとすれば、期待値はいくらになるだろう？　120ドル、100ドル、あるいは10ドル？　実際はそのどれでもない。期待値は確率でウエイトをかけて計算されなければならない。

期待値 ＝ 10％ PV（最良ケース）
　　　　 ＋ 70％ PV（基本ケース）

＋20% PV（最悪ケース）

したがって、この場合の期待値は84ドルになる。

予想現在価値がわかり、それに伴う企業価値がわかったら、この情報は会社を買収するときの入札戦略にどう使えるだろうか？

基本的な期待値を84ドルと計算したとしよう。それは最初に入札する価格となるのか？　あるいはそこまでなら払ってもいいと思う上限か？　最良シナリオの120ドルまで上げるつもりはあるのか？　最悪ケースのシナリオで出てきた価値が、入札で最大限出せるところかも？

期待値は最終提示額であるべきだ。その価格だと、投資のNPVはゼロになる。それ自体悪いことではないが、それでは実際のところ何の価値も生まれない。それは、最終・究極の入札価格となるべきで、初回の入札価格は、はるかに低い価格であるべきだ。その資産に75ドルを支払うことになったとしても、9ドルの価値を創出する。期待値よりも低い価格を払うのでない限り、購入しても何の価値も期待できない。例えば、最初の2つのシナリオで、もし最良ケースシナリオの120ドルまで吊り上げて払ったなら、価値を売り手に移転しただけのことだ。最良ケースでは何の価値も生まない。期

Column

教育を価値評価する

評価は何にでもつきものだ。何にもまして重要な投資、すなわち自分自身にどう投資するかということも含めて。教育にお金を投じるのは割に合うことだろうか？　2016年9月にアメリカ経済諮問委員会がオバマ政権に提出した高等教育に関する報告書によると、学士の学位を持つ人は高卒で同様の仕事をする人に比べて、生涯賃金が100万ドルほど多い。短大卒の学位だと、高卒よりも33万ドル多い。

ご存じのように、純粋なキャッシュフローの価値は、単に足し合わせるわけにいかない。割り引いて現在価値を求める必要がある。このキャッシュフローの現在価値は、学士で51万ドル、短大卒で16万ドルである。もし大学進学を考えている学生がこの評価を見て、教育の費用を差し引き、（NPVがプラスなら投資するという）NPVルールを適用すれば、学費が51万ドル以下であれば、学士の学位を取ろうとするだろう。この計算はプラスになることが多いとして、どの大学の教育でも給与を増やすために価値があると言えるのだろうか？　いや、概して教育は価値ある投資だと言っているだけで、すべての教育に費用に見合う価値があるとは言っていない。

待できるのは、資金の出し手に対して価値を破壊することだけだ。

02 評価のミス

さて、評価をするときによく仕出かすミスに目を向けよう。評価はアートであって、科学ではない。だから、さまざまな判断をしなければならない。買収を発表した後に買収側企業の株価が下がるのは、よく見られることだ。払い過ぎて、価値を買収の標的に移してしまうのではないかと予想される結果だ。

となると、どうしてもこの質問が出てくる。なぜ会社は、いつも払い過ぎるのだろう？　評価プロセスで何か間違ったことをしているからに違いない、というのがその答えだ。ここでは3つの大きなミスを取り上げ、残りは次の章でもう少し取り上げよう。

インセンティブを無視する
最初のごく一般的なミスは、買収に関わる人たちのインセ

ンティブを無視しがちだということだ。当然、資産の売り手は買い手に対し、過大に払ってもらいたいと思う。そして売り手は、過去の財務情報を含む重要な情報をコントロールしている。この問題は、第3章で取り上げた情報の非対称性の問題を思い出させる。売り手は売却に備えてどんな準備をすると思うか？　売上を加速させ、費用の発生を遅らせ、投資を抑えて、よく見せようとしてきたのではないか？　このことから、買収ではデュー・デリジェンスがきわめて重要なプロセスとなる。

問題は売り手にとどまらない。通常、投資銀行は取引が成立して初めて手数料を受け取れる。だから、取引してもらいたいと思う。社内でも、買収案件の分析をした人は屈折したインセンティブを持つ。彼らは、昇進して買収したばかりの新部門の経営を任せてもらえるかもしれないと期待する。取引に関与した人はみな取引が成立してほしいと思うから、微妙に前提や予測を変更し、その成果が現実のものとなるようにしようとする。その結果、バランスの欠けた情報がまかり通り、支払い過多や自信過剰をもたらしてしまうのだ。

シナジーを誇張し、統合コストを無視する
シナジーは、合併後の会社の価値は、2社個別の価値の合

計よりも大きくなるという考え方だ。一見、この考え方は不合理なものではない。例えば、営業部隊を一緒にして合理化すれば、コスト削減になる。2つの会社を一緒にすれば、業界全体のキャパシティをもっとコントロールできるようになるから、価格決定力が増す。

　アマゾンがeベイとの合併を考えたとしてみよう。2つの顧客リストを使えるし、統合後は両社のベンダーを使えることを考えると、統合会社はパワフルになるだろう。また、事務管理部門の社員やコンピュータの費用を2社の統合で削減できるだろう。いずれもシナジーの例だ。統合会社は、それまでアクセスできなかった顧客に営業できる。別々に運営していたら削減できなかった費用を削減できる。

　シナジーの問題は、シナジーが効きだすまでの時間を過小評価し、その効果を過大評価するところにある。シナジーは複雑なもので、カルチャーを変え、社員を変えるには時間がかかるという事実を無視する。第二に、関連する問題だが、シナジーが実際に出たとしても、そのシナジーを支払価格に織り込んでしまうということだ。それ自体が過払いにつながる。シナジーの価値創出で得られるものは、買収企業に与えられる代わりに、被買収企業の株主に移転されてしまう。

資本集約度を過小評価する

　買収したいと気のはやる買い手が犯す最後のミスは、事業の資本集約度を過小評価することだ。EBITやフリーキャッシュフローを継続的に成長させるには、通常、設備投資を通じて資産を増加させる必要がある。だが、この設備投資は、支出金額全額がそっくりフリーキャッシュフローを縮小させる。そして、買収を成功させようと必死な人たちは、それを都合よく無視してしまう。例えば、永続価値は永久成長率を想定するが、（永続価値の基礎となる）モデルの最終年には設備投資は減価償却費と同額になり、資産の成長はないとする。設備投資を過小計上することは、価値を水増しする効果がある。

　第2章で挙げたネットフリックスの例を思い出してほしい。ネットフリックスの主な問題は、成長を維持するために今後、コンテンツ買収費用がどう伸びるかという点だった。ネットフリックスの加入者が急成長すると想定したなら、その基本的事業の資本集約度を注意して予想する必要がある。同様に、テスラのような会社の評価では、顧客の伸びだけではなく、その需要を満足させるために工場を建てなくてはならないから、基本的な資本集約度を過小評価すると、評価が不正確になってしまう。

実務家はどう考えるか

モルガン・スタンレー・プライベート・エクイティのグローバル・ヘッド、アラン・ジョーンズは、案件をより良く理解するために、永続価値と全体的な価値との比率を検討すると言う。

　DCF分析の大きな問題は、永続価値に大きく依存する点だ。事業を最終的に売却するときの価値だが、私たちはここに大きく注目する。だからDCF分析をするときには、いつも、全体評価のどの割合が事業売却の結果なのか、ちゃんと紙に印刷して精査する。我々は事業が生み出すキャッシュフローをあまり考えない。それよりも、最終的に事業をどのくらいで売れるかに賭けているからだ。

ケーススタディ　IDEAS IN ACTION

03 スピリット航空システムに投資する

　2012年にスコーピア・キャピタルは、飛行機部品製造会社のスピリット航空システムに投資した。市場が間違った評価をしていると考えたからだ。以前はボーイングが所有して

おり、同社とのビジネスが桁外れの割合（80%以上）になっていた。ボーイング737のビジネスに専念するのではなく、エアバスやガルフストリームの仕事、さらにはボーイングの新たなプロジェクトで、ドリームライナーと呼ばれる燃費効率の良い787の仕事も受け始めた。

　スピリットはエキサイティングな動きに包まれていたが、エアバスとガルフストリームのプラットフォームの投資サイクルの動きに連動し、1株当たり利益は2ドルから1ドルを下回るようになった。1つの問題は、スピリットがこれら投資の収益性を、正しく仮定できなかったことだ。このプロジェクトは超長期（10年から20年）にわたるが、投資の支払いは初期のうちに行わなくてはならず、それが損益計算書に打撃を与え、その結果、株価が下落していた。

　投資家はスピリットを株価収益率（PER）で評価した。そしてその収益は大きく下落した。スピリットの場合、PERをもとに評価したことの何が問題だったのか？

　PERを使ってスピリットを評価することには、2つの大きな問題がある。第一に、純利益を利用した指標は、第2章で見たように、経済的業績を測るのには問題がある。第二に、

スピリットの利益は、初期投資の必要と同社特有の会計システムの性格から、一時的に減少していた。PERはこの一時的な動きが永遠に続くと想定する。

　スピリットは飛行機の胴体軸や翼の部品を製造するという、ニッチなビジネスでリーダーであることをスコーピアは理解していたから、スピリットを評価する絶好の立場にあった。熟知しているから、スコーピアはスピリットの事業を深く分析して、市場が問題としていることは、警告のシグナルとして正しいかどうかを見極めることができた。例えば、スピリットはボーイングと787のビジネスを構築したが、会社のキャッシュフローは急速に悪化した。787はまだ設計段階にあり、製造過程に入るのが遅れたためだ。その間、スピリットは山のような部品の在庫に囲まれていた。投資家にとってこういった状況は、不安をかき立てられるものだ。たいてい、それは最高の空売りのチャンスとなる。

　事態を詳しく調査して、スコーピアはこの事態を問題だとはまったく考えなかった。スピリットのキャッシュフローはマイナスだったが、それは一時的なこと。プロジェクトが生産段階に入れば、事態は好転する。そしてこの貸借対照表への一過的な負担は消えるだろう。ボーイング、エアバス、ガルフストリームとの契約は長期的契約で、プラットフォーム

の存続期間中続く。言い換えれば、これらの会社がこのプラットフォームで動いている限り、スピリットが製造することになる。

**　将来のプロジェクトのために在庫を積み上げるリスクはどうなのか？　割引、お金の時間価値、リスクの性質などを考えよう。**

　2つの問題がある。第一に、スピリットは、実現するかしないか不明な将来のキャッシュフローに、現在お金を支払っている。第二に、スピリットは山積みの在庫が陳腐化して無価値になることはないと賭けている。最初の懸念は、すべての投資に言えることだ。第二の懸念は、在庫に関して深刻な問題だ。

　スコーピアのスピリットへの投資は、順風満帆というわけではなかった。スピリットのEPSは1株当たり3.50ドルまで上昇し、株価は40ドルを上回るようになると見られていた。だが、スコーピアが投資して間もない頃、スピリットはもう1回大きな出費をする必要に迫られ、20ドル近辺にあった株価は10ドル台半ばまで下落した。そのときになると、

スコーピアは株を追加で買うか、投資から撤退するかの判断を迫られた。投資家は株の下落を見て、株を買い増すチャンスと見ることもある。市場は情報を正しく把握していないから、安い価格でナンピン買いして倍掛けしたらどうかと考えるのだ。

　スコーピアのチームはちょっと距離を置き、当初の評価を見直して、新たな状況をチェックした。結局、スコーピアはスピリットに追加投資することを決めた。その資金負担は1回限りのものと考えたのだ。事業の重荷になっていたものがなくなり、飛行機のプロジェクトが製造段階に入ると、スピリットの株価はスコーピアが想定していたとおりの軌跡をたどるようになった。**図5-3**は2010年から17年の間のスピリットの株価の動きを示すものだ。

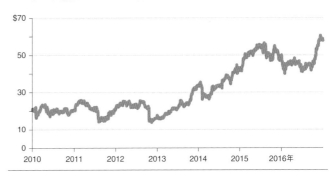

図5-3

スピリット航空システムの株価推移 [2010-2017年]

プライベート・エクイティのシルバー・レークと組んでデルを買収した。

　13年の2月にその予定が発表されてから、株主はバイアウトと戦った。その過程でマイケル・デルの果たした役割に、非難が浴びせられた。そして、最終的にはこの件の解決は法廷に持ち込まれた。MBOに至る状況、入札の過程、その後法廷がデルの正確な評価を定めようとした動きは、今までの何章かで学んだことを脳裏に刻み込んでくれるだろう。

　1983年、マイケル・デルはテキサス大学の1年生用の寮の一室でデルを設立した。2012年には、デルはグローバルな

04　デルの教訓

　2013年9月13日、テクノロジー企業の寵児、デル・コンピュータが、現経営陣による自社買収（MBO）で株式を非公開にした。デルの創業者でありCEOのマイケル・デルは、

テクノロジー企業に成長し、PC、サーバ、ストレージなど
を販売していた。その後デルは、競合会社と同様、ソフトウ
エアとサービスの分野にも進出すべきだと確信するようにな
った。だが、多くのアナリストは、そのアプローチをよしと
しなかった。売上は横ばいになり、利益は減少を始めていた。
いろいろな意味で、デルがしようとしていることを市場は理
解していないと、デルは思うようになった。2012年の前半、
市場は25%近く上昇したというのに、デルの株価は18ドル
から12ドルに下落した。まったく誤解されていると感じて、
デルはMBOで会社を非公開にする可能性を探り始めた。非
公開にすれば、会社を自分のビジョンどおりに作り変え、再
建できる。しかも、公開資本市場から事細かに監視されずに
それを実現できる。

　マイケル・デルが買い手の1人となるため、同社取締役会
は委員会を設置し、MBOの提案を検討することにした。さ
まざまな評価が取締役会、そして、さまざまな買い手のため
に作られた。その中には、プライベート・エクイティのシル
バー・レークやKKRも含まれていた。買い値が評価される
頃になると、市場は同社の株価を9.35ドル近くまで押し下げ
た。2012年の後半、デルは売上の11%減少、利益の28%減
少を発表した（**図5-4**参照）。

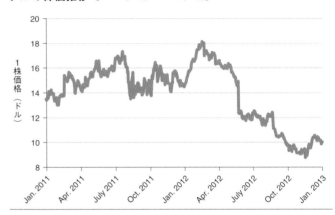

図5-4

デルの株価推移 ［2011年1月 -2013年1月］

　バイアウトを考慮し、入札価格を検討するために、デルの
取締役会は2つの情報を必要とした。マイケル・デルが提案
するコスト削減がどの程度の価値になるかの感触。そして、
プライベート・エクイティの会社は同社をどの程度に評価す
るかという見通しだ。

　デルの経営陣は33億ドルほどコスト削減できるとした。
デルの取締役会の依頼に応じて、2013年1月3日、シルバ
ー・レークは、評価作業を補佐させるためにボストン コン

サルティング　グループ（BCG）を雇い入れた。同社はコスト削減の3つのシナリオを作った。

- 基本ケース――削減は実現しない
- BCG25％ケース――削減の25％は実現する
- BCG75％ケース――削減の75％は実現する

　BCGは、25％は達成可能でも75％はほぼありえないと考えた。そのためには、デルがそれ以上の利益率を得る必要があるが、それはどの競合も達成したことのないレベルだった。それでデルの取締役会は、キャッシュフローの感触を得た。次には、プライベート・エクイティがどのようにデルを評価するかを知る必要があった。

　デルは4年半の間非公開を続け、その後公開市場に戻る、という想定がなされた。コスト削減額を決めるために作ったシナリオや、そのほか予想した前提条件を使って、4年半後の将来の株価をコスト削減のシナリオに応じて、32.49ドル、35.24ドル、40.65ドルと見積もった。

　これらのシナリオと将来の価格を得て、デルの取締役会のアドバイザーであるJPモルガンは、買収者が会社の対価として支払う価格を見積もろうとした。プライベート・エクイ

ティはおしまいから見ていくやり方をよくする。将来会社を売る価格を決め、稼ぎたい収益率を決め、それからその収益率で価格を割り引いて、今日支払う価格を決める。表5-6は、シナリオと将来の株価を想定して、買い手が収益率20％、25％、30％を得るために支払う株価をまとめたものだ。

この方法はDCFの方法と同様か、あるいは異なるのか？

　この場合、資産リスクからではなく、投資家がいくら利益を上げたいかで収益率を決め、それで将来の期待キャッシュフローを割り引いて払う現在価値を決める。DCF分析は適切な割引率を探し、資産の今日の価値を決めようとする。対照的に、ここに記述された方法は、求める利益率をほかとは関係なく決め、その利益率になるように価格を決める。

表5-6

ボストン　コンサルティング　グループによるシナリオ別株価

内部収益率（IRR）	基本ケース 削減は実現しない	BCG 25％ケース 削減の25％は実現する	BCG 75％ケース 削減の75％は実現する
20%	$13.23	$14.52	$17.08
25	12.67	13.75	15.88
30	12.23	13.13	14.92

DCF 分析にとてもよく似てはいる。キャッシュフローを割り引いて価値を求める。だが、この方法は価値評価を求めない。利益率を達成するための価格を求めようとする。

2013 年 1 月 15 日、シルバー・レークとマイケル・デルは、1 株 12.90 ドルで会社を買収すると提案した。3 日後、デルの取締役会はその提案を否決し、提案に賛成かどうかを決める前に、最低売却価格を設定しようと決めた。

取締役会が設定すべき最低売却価格はいくらだと思うか？ それはなぜか？ デルの取締役会は投資家に入札に応じてもらいたいと思いつつ、あまり安売りしたくないと思っていることを忘れないように。いろいろなシナリオの可能性を考えるように（適切と思う割合を設定すること）。正しい答え、間違った答えというのはない。どう想定し、どう考えるか次第だからだ。

予測に基づき、デルの取締役会は交渉に入る最低売却価格を、1 株 13.60 ドルと決めた。この価格はすべての入札希望者に通知された。

勝者ののろい

取締役会は入札を募った。最終的にはデルとシルバー・レークが入札で勝ち、会社は 1 株 14 ドルに近い値段で売却された。落札価格は 9.35 ドルという低い株価よりも 40% 高い価格となったが、多くの株主はこの取引に懐疑的だった。実際の価値は相当高いところにあるのではないか、と思ったのだ。とりわけ投資家が懸念したのは、この取引の性格として、入札プロセスに妥協があり、2 つの問題が強く出ていたことだった。

第一に、いろいろな意味でマイケル・デルは、会社と株主を代表した売り手であったと同時に、プライベート・エクイティのシルバー・レークと提携して買い手となっていた。買い手であり売り手であったから、デルには本質的に利害の衝突があると株主は論じた。

第二に、さらに重要なことだが、マイケル・デルは買い手候補であり、しかもデルの CEO としてすべての情報を持っていたから、情報の問題が発生していた。デルは会社の情報を最も多く持っており、最高評価額がいくらかを知っていた。入札が終了し、デルよりも高い価格で入札して勝ってしまうと、大いに後悔することだろう。何しろ、いちばん情報を持つ人が、自分より低い価格しか出さなかったのだから。とな

ると、これは勝者ののろいの一種で、競争入札のプロセスの価値を損なうことになる。

その後の経緯

　実際にこの案件がどう展開したか、見ていこう。2013年2月3日、マイケル・デルとシルバー・レークは、1株13.65ドルの価格を提示した。株主はすぐさま不快感を表した。3月5日、カール・アイカーンとアイカーン・エンタプライズは、1株22.81ドルで、デルがレバレッジによる資本再編を行うよう提案した（9ドルが配当。購入価格は13.81ドル。レバレッジによる資本再編については第6章を参照のこと）。3月22日、投資運用会社のブラックストーンは、1株14.25ドルと公表したが、「もっと公平な条件」でなければ続行しないと決定を翻した。6月19日、アイカーンはデルの株主に、買収を阻止する取締役会メンバーを選出することを提案した。

　それに応じて、7月31日、マイケル・デルとシルバー・レークは1株13.96ドルに価格を上げて、投票のプロセスを修正し、提案承認に必要な株主の数を減らそうとした。取締役会は8月2日にこれらの条件を承認し、9月12日に臨時株主総会を開催して、デルの株主57％が買収に賛成の票を投じた。

　しかし、多くの株主は気分を害したままだった。なかには、デルの株のパフォーマンスが最近思わしくないことに対するデルの説明に納得せず、会社の支配権を得るために支払う金額を少なくしようとして、彼が株価を引き下げているのではないかと主張する投資家もいた。経営陣が事業や会計上の価値を操作して、会社をよく見せようとすることはある（第3章参照）。この場合、デルが彼のパワーを利用して、バーゲン価格でバイアウトできるように会社を悪く見せていると株主は主張したのだった。

　デルの最大の株主、サウスイースタン・アセット・マネジメントは、この案件は「とても受けられるものじゃない」と懸念を示し、「株主に犠牲を強いて、デルを本来の価値から大きく外れたディスカウント価格で買収しようとしているように見える^{注1}」とした。

　2011年から12年のデルの株価推移を、再度見てみよう（**図5-4**参照）。デルの株価は悪い業績を受けて、2012年を通して低迷した。8月16日に業績予想の変更が発表されると、株価は一段と下げた。その日、デルは利益の伸び率を5〜9％ではなく、1〜5％に引き下げた。このときマイケル・デルはデルのCEOだったが、8月14日に会社を非上場にすることを決めている。

　利害関係者は、取締役会のバイアウトへの対応に、さらに

反発した。とりわけ不満が募ったとき、アイカーンはデルの取締役会を、このように表現した。「冗談半分で話しているんだがね。『デルと独裁権力の違いはどこにある？』その答えは、『ちゃんとした独裁権力は、勝利するために一度投票を延期するだけで済む点』。デルの取締役会は、わが国の多くの取締役会と同様だが、『風と共に去りぬ』のクラーク・ゲーブルの最後のセリフを思い出させる。彼らは、『知ったことか[注2]』と思っているんだ」

最後に、株主は入札の進め方に反対をした。デルは社内の予測値をすべて知っている。彼の評価と違う数字を誰が出す？　その後に続いた訴訟事件で、判事は勝者ののろいの問題をこのように言い表した。「他人の財布の中身を入札することはないだろう。本人は、お金がいくら入っているか知っているのだから[注3]」

こういった問題があるのだから、公平な入札プロセスを行うのは不可能のように見えた。あなたがマイケル・デルであれば、公平なプロセスにするために、どうしただろう？

すべての文書を公開するのは、良い解決策だったかもしれない。だがそれでも、競合入札でマイケル・デルが交渉するのに優位であることに変わりはない。最善の解決策は、彼が入札者としても、デルのCEOとしても、このプロセスから身を引くことだっただろう。このように、情報に対する懸念は無視できるものではなかった。ウォールストリートのアナリスト、レオン・クーパーマンは、この案件を「経営陣が株主に行った巨大なインサイダー取引[注4]」と言った。この懸念の結果、訴訟となった。株主は、1株14ドルの評価が公平かどうかの判断を法廷に依頼した。

この手の訴訟では、両サイドとも会社の価値を判断するのに鑑定人を雇い、判事が正しい価値を求められるようにするのが通例だ。2人の専門家はまったく異なる数字を出し、両サイドの見方を強めた。特に、シルバー・レークとデル側に雇われた専門家は、会社の価値を1株13ドルに満たないとした。14ドルという価格は十分に公平だということだ。対照的に、プロセスでだまされたと感じていた株主のほうの専門家は、14ドルの2倍、ほぼ29ドルと評価した。

最終的に、2人の専門家は1株当たり13ドルから29ドルに広がる評価を下した。その差は280億ドル近くになる！　2人の専門家がなぜこうも異なる評価を下したのか？　2人の専門家が行った評価プロセスはこの裁判の記録として残され、評価に関する貴重な教訓をあらためて教える、格好の機会を

提供してくれる。

なぜ、そしてどのようにして、2人の専門家は大きく異なる評価を下したのか？

　まず、最も重要なことと言っていいと思うが、2人はBCGのシナリオ分析を、まったく異なる方法で利用した。株主側の専門家は、コスト削減にきわめて楽観的なシナリオを使った。デルとシルバー・レーク側のほうの専門家は、コスト削減に比較的悲観的な想定を利用した。

　このシナリオ分析の違いに加えて、彼らはさまざまな異なる情報をモデルに使った。とりわけ、永続価値の計算に1%と2%という異なる成長率を使った。加えて、株主側は税率21%を使ったが、デルとシルバー・レーク側は18%の税率を利用し、最終年度には36%の数字を適用した。彼らは、会社にとって最適な資本構成、正しいベータ、そして興味深いことに、適切な市場リスクプレミアムでも考え方を異にした。株主側の専門家は5.5%という小さめの市場リスクプレミアムを使い、シルバー・レークとデル側はほぼ1ポイント高い6.4%を使った。最後に、2人の専門家はビジネスが必要とするキャッシュの金額で意見を異にし、ネットでキャッシュがいくらあるかについても異なる意見を持った。

　最終的に、法廷はデルの適正価値は、売却時に同意された1株14ドルではなく、1株18ドルであるとした。法廷は、適正価格より25%低い価格で会社は売却されたと結論付けたのだ。この結果、デルとシルバー・レークは、株主に追加で4ドル支払った。

将来はどうなる？

　この決定は議論を招いた。株主の支持者は歓声を上げたが、それ以外の人は、この決定で前例が作られてしまったことを、いかがなものかとした。ニューヨークタイムズは、「次の大型買収で一連の訴訟が起こり、価格で出し抜こうとする動きにつながるのでは[注5]」と懸念を示した。

　興味深いことに、裁判官は判決の中で明確に、マイケル・デルとデルの経営陣が倫理的に行動したと信じていると述べた。だが、価格は適正ではなかった。裁判官は、「この法廷が見てきたほかの状況とは違い、デル氏も彼の経営陣も、価格の食い違いを作り出そうとはしていなかった。それどころか、市場に対して彼らは、会社にはもっと価値があると説得しようとした」と言った。とはいえ、「前述の記録に残された証拠などから、同社の普通株の市場価格と本来の価値との

間には、大きな評価のギャップがあることが明らかになっ
た」[注6]

　最後に、一般論として、このケースから評価について何を
学べるだろうか。評価の作業を終えたら、それで何をすべき
だろう？

　この話は、第3章で述べたインセンティブと情報の重要性
について、いくつもの教訓を与えてくれる。デルのMBOに
は明らかにそれが見て取れる。第一に、売り手と買い手とし
てのマイケル・デルのインセンティブは、あまり明確ではな
かった。この利害の衝突が、ケースのもととなっている。第
二に、売り手である会社は、マイケル・デルを通じて買い手
でもあった。誰もマイケル・デルとシルバー・レークよりも
高い価格で買おうとしなかったから、勝者ののろいにならざ
るを得ない。
　この事例はまた、評価についてもいくつかの教訓を教えて
くれる。第一に、シナリオ分析の重要性、予想キャッシュフ
ローを考えることの重要性を指摘してくれる。第二に、現在
価値を算定するにあたり、評価の異なる仮定すべてが重要だ
ということだ。最後に、重要なことだが、評価は科学ではな

くアートだということをこのケースは物語っている。2人の
評判の高い専門家が異なる仮定をもとに、極端なまでに異な
る価格を計算したのだ。

Quiz 練習問題

いくつかの質問では答えが1つ以上あることに注意。

1. あなたの勤務するコングロマリット企業が、ある鉄鋼会社の買収を考えている。いくつかのシナリオで評価モデルの計算をして、3つの結果を得た。第一は最悪ケースのシナリオで、確率は25%、会社の価値は500億ドルとする。基本ケースのシナリオは、確率50%で会社の価値は1000億ドル。最後がベストケースのシナリオで、確率は25%で、会社の価値を2000億ドルと見る。この会社に最高いくらの買い値を提示するか？

   A. 500億ドル
   B. 1000億ドル
   C. 1125億ドル
   D. 2000億ドル

2. あなたは製紙工場に勤めているが、会社はコスト削減のために製材会社の買収を検討している。現状の経営状況で、製材会社の現在価値はDCF分析で5億ドルと評価した。その製材会社を買収したら、コスト削減、垂直統合により、現在価値で5000万ドルのシナジーを生み出すことができ

   るとあなたは考えている。製材会社は上場企業で、（株価、株数、債務とキャッシュを考慮に入れて）市場は同社を4億ドルと評価している。製紙工場にシナジーの価値をそっくり残したいと思ったら、この会社に最高でいくらの買い値を提示するか？

   A. 5000万ドル
   B. 4億ドル
   C. 5億ドル
   D. 5億5000万ドル

3. 下表は、ファストフード会社、マクドナルド、ウェンディーズ、ヤム！ブランズそれぞれの、2016年8月1日におけるPERを示している。次のどれが、3社間のPERの違いを説明しているか？

   表

   ファストフード3社の株価収益率（PER）

会社	株価収益率（PER）
マクドナルド	22.0
ウエンディーズ	20.7
ヤム！	27.4

   A. 市場はヤム！がウェンディーズやマクドナルドよりも成長の機会があると見ている

188

B. マクドナルドの割引率はウェンディーズよりも高い

C. ウェンディーズの割引率はヤム！よりも低い

D. マクドナルドの利益はヤム！やウェンディーズよりも高い

4. あなたの勤務する会社は、競合会社を買収したばかりだ。買収発表の直後に、あなたの会社の株価は10％下落し、時価総額5000万ドルが失われた。被買収企業の株価は15％急騰し、時価総額は2500万ドル増加した。次のどれが買収の一環として起きたのか？

A. 買収企業から被買収企業に価値創出と価値の移転が行われた

B. 被買収企業から買収企業に価値創出と価値の移転が行われた

C. 買収企業から被買収企業に価値破壊と富の移転が行われた

D. 被買収企業から買収企業に価値破壊と富の移転が行われた

5. 評価のマルチプルでないものは、次のどれか？

A. 株価と利益の比率

B. 企業価値とEBITDAの比率

C. 流動資産と流動負債の比率

D. 時価総額とEBITDAの比率

6. 2016年12月31日、グッドイヤー・タイヤ・アンド・ラバー・カンパニーの企業価値とフリーキャッシュフローのマルチプルは16.1だった。次の想定のどれが正しいか？

A. 割引率5％、成長率4％

B. 割引率12％、成長率0％

C. 割引率9％、成長率3％

D. 割引率20％、成長率5％

7. 教育プログラムにいくら支払うべきかを考えるために、評価を行う。そのプログラムを受けると、年収は毎年1000ドル増加し、給料とともに毎年3％アップする。ほかの同様のリスクのある投資を考えて、割引率13％で計算してみる。便宜上、永遠に生きるとしよう（この想定と20年から30年のキャッシュフローの間には、あまり大きな違いはない）。最大いくらまで、この教育プログラムに払おうと思うか？

A. 1000ドル

B. 3000ドル

C. 5000ドル

D. 1万ドル

8. 2つのプロジェクトを考慮しているが、1つしか選べない。1つはIRR15％、もう1つはIRR25％。WACCは12％だ。どちらのプロジェクトを選ぶべきか？

A. IRR15％のプロジェクト

B. IRR25％のプロジェクト

C. いずれでもない。両方とも価値を破壊するプロジェクトだ

D. IRR25％のほうが好ましいだろう。だが DCF 分析をすべきだ

9. あなたはキャンディ工場買収チームの一員で、2～4％の経済成長の環境下、それを上回るチャンスを見つけようとしている。あなたのアシスタントは、今あなたがチェックしている予備的な評価を作成してくれた。彼は最初の2年間、業界平均成長率の6％を成長率として想定した。それから、その6％の成長率を永続価値の永久成長（グローイング・パーペチュイティ）部分に使った。永続価値の現在価値は事業全体の80％になっていることがわかった。これらの数字をもとに、彼はその会社の企業価値を1億ドルと見積もった。さらに、彼はシナジーの現在価値を2000万ドルと推定している。会社は現在5000万ドルの債務を負い、1000万ドルの現預金が手元にある。あなたのアシスタントはその会社の株に1億2000万ドル支払うことを推奨し、それは会社の評価とシナジーの合計金額であるとした。下記の中でアシスタントが間違っているのはどれか？（該当するものすべてを選ぶように）

A. 永続価値の成長率が高すぎる

B. 業界の数字をもとに成長率を出している

C. 時価総額ではなく、会社の価値をもとに購入価格を計算している

D. シナジー分を支払っている

10. 次のどのプロジェクトが、あなたの会社に確実に価値を創出するか？

A. NPV1億ドルのプロジェクト

B. 投資回収期間2年のプロジェクト

C. IRR15％のプロジェクト

D. 現在価値2億ドルのプロジェクト

この章のまとめ

　評価はファイナンスと経営の中核を成すものだ。マルチプルなどいくつかの方法を取り上げたが、どれも単なる簡便な方法だ。IRRのようなものは役に立つが、間違うこともある。幸いなことに、規範となるものがある。DCF分析がそれだ。これは、将来のキャッシュフローを現在価値に引き直して事業価値を理解する方法だ。

　予測の演習で、この章で最も重要な教訓を再確認できた。それは、評価は科学の情報によって作られるアートだということだ。いくらか科学の関与するところはあるが、基本的に評価は主観的なもので、判断すべきことが山のようにある。シナジーを過大評価したり、事業の資本集約度を過小評価したりするような体系的な間違いを犯さないように、気をつけなくてはならない。評価に関する最後の教訓は、本当に事業を理解したいと思ったら、評価をしなさいということだ。事業の将来、キャッシュフロー、資本集約度、リスクを考えることで、初めてビジネスを真に理解できる。

　さて、フリーキャッシュフローと割引率から価値を議論してきたが。最後にもう1つ、取り組むべき問題がある。このフリーキャッシュフローを使って、会社は何をすべきなのか？　どのようにそれを資金の出し手に還元すべきか？　あるいは何か新規の投資を行うべきか？　このフリーキャッシュフローを事業そして資金の出し手との間で、どのように配分すべきか？　これが次章のテーマだ。

CHAPTER 6

Capital Allocation
How to make the most important decisions facing CEOs and CFOs

第6章

資本配分

CEO と CFO が直面する最も重要な意思決定をどのように行うか

キャッシュを持つべきか、持たざるべきか

　2013年に、アップルの株主はティム・クックに反旗を翻した。株主はアップルがキャッシュを山積みにすることを認めず、株主に配分するようクックに求めた。キャッシュがアップルの貸借対照表にあろうと、株主のポケットにあろうと、関係ないだろう？　それ以降、主に株を買い戻す形で、アップルは2800億ドル以上を株主に還元した。それは賢明なことだっただろうか？

　株主の反乱時、アルファベット（グーグルのことだ）は株主構成を変更して主要株主の投票権を強め、アップルが受けたような挑戦を受けずに済むようにした。それ以降、アルファベットは山のようなキャッシュを生み出したが、ほとんど配分することなく、さまざまな事業に再投資することを選んだ。それは賢明なことだっただろうか？

　これまでの章で、フリーキャッシュフローを生み出すことは、会社がどのように価値を創出するのか、そもそも価値を創出しているのかを考えるのに重要だということを見てきた。だが、そこで別の疑問が湧いてくる。会社がフリーキャッシュフローを生み出したなら、経営陣はそのキャッシュをどうすべきなのか？　新規プロジェクトに投資すべきか？　企業を買収すべきか？　あるいは株主にキャッシュを還元すべきか？　近年、株の買い戻しが大きく増加してきた。自社株買いとも言われる。なぜ会社は自社株買いを行うのか？

　CEOやCFOは誰しも、この重要な質問に答えなくてはならない。これらの質問はみな、資本配分を決定する。企業が史上かつてない高い利益を上げ、高いキャッシュレベルにあるときに、資本をどう配分するかの問題はますます注目を集めるようになり、株主は間違った決定をおとなしく受け入れなくなってきた。資本配分の問題は、第3章で紹介した問題を言い換えたものだ。資金の出し手はお金を経営陣に委ね、それに関連する義務を遂行しているかどうかで、経営陣が職務執行責任を果たしているかどうかを見るようになってきている。

01 資本配分のディシジョンツリー

資本配分の問題は、**図6-1**に見られるように、次々と入れ子になった一連の決定として考えればわかりやすいだろう。**経営陣が最初に答えるべき質問は、投資するのに値する、正味現在価値（NPV）がプラスのプロジェクトがあるのかどうかだ。**価値を創り出すことは経営陣に課された仕事の中心だ。そして、それには第4章で見たように、毎年毎年、資本コストを上回り、成長しなくてはならない。

もし、NPV がプラスになるプロジェクトがあれば、それを実行すればいい。それらのプロジェクトは、新製品を投入する、新たな土地・工場・機器などの固定資産を購入するといったことを通して、既存のビジネスの枠組みで成長するオーガニック成長であるか、あるいは M&A など、枠組みの外で達成する非オーガニック成長であるかだろう。もし価値を創造するような機会が見つからなければ、つまり NPV がプラスとなるプロジェクトがなければ、経営陣は配当や自社株買いで、キャッシュを株主に分配すべきだ。配当を選んだなら、普通配当にするのか、1回限りの特別配当にするのかを決めなくてはならない。

図6-1にあるディシジョンツリーは、単純に見えるかもしれないが、どのアクションをとるか選ぶごとに、経営陣をつまずかせる可能性のある無数の危険や誤謬が待ち構えている。この章では、ディシジョンツリー全体を見ていき、それぞれのトレードオフにどう対処するか、どのようなミスを回避すべきかを見ていく。

図6-1

資本配分のディシジョンツリー

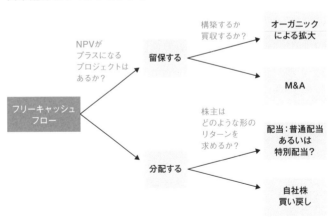

Column

製薬会社の資本配分

　このグラフは、バイオテクノロジーと製薬会社の大手、アムジェンのR&D、キャッシュ分配（配当と自社株買い）を売上対比で示したものだ。アムジェンと製薬業界が資本配分にどう取り組んでいるか、このグラフを見てどう思うか？　なぜ取り組みが変化してきたと思うか？

　この期間、R&Dのレベルは、同じか減少している。一方、分配のほうは、以前にはまったく行われていなかったのに、資本配分プロセスの大きな要素になってきている。ここから、アムジェンはキャッシュフローを生み出しているが、十分な投資の機会を見つけ出していなことがわかる。もしアムジェンが資本を上手に配分しているのなら、十分な利益を生まない製品や研究に投資をするよりも、株主にとってはこのほうがましだ。もしアムジェンが資本を上手に配分していないのなら、気の短い株主を満足させるために、R&Dに過小投資をしているのかもしれない。

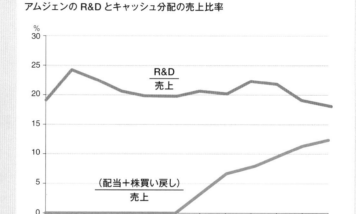

アムジェンの R&D とキャッシュ分配の売上比率

02 キャッシュを手元に置いておく

投資をする立場にあるのなら、決定するときに役立つ、いくつかの基本的な基準を教えよう。第一に、最高の価値創出の機会を見つけるためには、いくつかの選択肢の正味現在価値（NPV）を計算するべきだ。オーガニックな社内の既存ビジネスでも、そうでなくてもかまわない。単純なルールは、最も高い NPV を生む選択肢を追求することだが、いくつかのトレードオフを考慮に入れなくてはならない。

例えば、前章で学んだように、M&A では多くの問題を考慮しなくてはならない。これが、NPV の評価を複雑にさせてしまう。

既存枠組みを越える
非オーガニックな成長のリスク

M&A の魅力は、既存ビジネスの枠組みで行うオーガニック投資で資産を構築していく時間に比べれば、既存資産を購入するから明らかにスピードが速い点だ。さらに、M&A の論理は、資産構築より、資産購入のほうがより安全だとする。完成するかどうかのリスクはもう解決済みだからだ。成長す

るには、買収合併は速く、安全だと多くの人が思う。だが、取引が終了する前にも後にも、会社が戦わなければならない複雑な問題がたくさんある。

買収前

既存の資産を買うとき、売り手はその資産について、買い手よりもはるかに多くの情報を持っている。買い手は（第3章で議論したように）経験に基づいて推測をするだけだ。だからデュー・デリジェンスは、M&A でとても重要な作業なのだ。買い手は何を買おうとしているのか、理解する必要がある。それでも結局、売り手が情報の上で大きなアドバンテージを持っていることを、覚えておかねばならない。

売却に際して、売り手は何をするだろう？　事業の資産集約度を過小に見せるために、資産への投資を抑える。収益の実現を加速させ、費用を遅らせる。倒産した顧客の問題を隠すために、売掛金がまだ残っているように見せかけるなどだ。コンサルタントや投資銀行のような仲介業者は、これらの問題に手を貸してくれるだろう。買い手の買収チームも、どこに問題が埋もれているのか探し出すことができるだろう。

残念なことだが、売り手、仲介業者、買い手の組織の買収チームのメンバー、すべての関係者には、案件を完了させた

いというインセンティブが働く。注意しないと、彼らの熱心さにほだされて、高すぎる価格を支払う羽目になってしまう。だから、M&Aはオーガニックな投資よりも安全だという考えは、十分な根拠のあることではない。買収の失敗率をデータで見ると、安全だという想定とはまったく逆であることがわかる。

実務家はどう考えるか

バイオジェンの元CFO、ポール・クランシーはこうコメントする。

私は資本配分を、会社の余剰キャッシュフローをどうするかの問題だと定義する。もし会社が長期にわたり、R&Dに多額の資金を使っているのなら、それも定義に含めるべきだ。資本には、戦略的使用と、株主に還元する形の資本的使用がある。戦略的使用は工場や設備に投資をすることで、すぐさま損益計算書には影響しないが、長期的に事業を改善する。ものすごいキャッシュフローを生み出し、R&Dをしてきた会社にとって、買収は確かにその重要な一部だ。毎年のR&Dへの支出は、資本配分の決断でもある。株主が自由にできる資本を利用するわけだから。

買収後

　シナジーを理由にするのは、買収を検討しているときには実に心がそそられるものだが、いざ実現するとなると並大抵の仕事ではない。買収時、シナジーを過大評価し、シナジー実現にかかる時間と、シナジー実現に伴い発生する一時費用を過小評価するのは、よくあることだ。さらに悪いのは、買収側が多くの機能を長期間にわたり、2社それぞれに残してしまうことだ。それにより、予想していたよりも大幅にコストが増えてしまう。シナジー実現に要する時間は、合併の価値創造実現に大きな影響を与える。

　最後に、最も重要なことだが、2つの組織を1つにまとめるには、カルチャーの問題を考えなくてはならない。表計算をしているときにはカルチャー統合の難しさは容易に無視できるが、カルチャーの違いから生じる問題は最重要課題で、財務に与える影響は甚大なものとなる。表計算のセルに入れる数字の前提は、人間が作るものであることを忘れがちだ。それを無視すれば致命的になる。

　オーガニックな成長に比べて、M&Aは一見スピーディーで安全だと思えるのに、それがなぜ錯覚に終わってしまうのかが、これらの問題からわかる。

ヒューレット・パッカードの
オートノミー買収

　2011年8月18日、コンピュータ・ハードメーカーのヒューレット・パッカードは、調査・データ分析の会社、オートノミーを買収すると発表した。HPはこの買収に111億ドルを支払った。EBITDAの12.6倍の金額だ。この価格はきわめて高いと思われた。オラクルはオートノミーの評価を、高くても60億ドル止まりとした。

　HPのCFO、キャシー・レジャックですら、この案件に反対を唱えたと言われている。

　この発表に対する市場の反応は、厳しいものだった。HPの株は発表当日、29.51ドルから23.60ドルに下落（時価総額50億ドルの減少）した。HPの取締役会議長のレイ・レーンは、評価に使った割引キャッシュフロー（DCF）モデルとその仮定について聞かれた。彼はDCFモデルに詳しくないと答え、代わりにHPの戦略的ビジョンを強調した。発表から1カ月も経たないうちに、HPのCEOはすげ替えられた。

　1年後、HPはオートノミーの価値を88億ドル減損処理した（つまり、貸借対照表上ののれん資産を減少させ、一括費用計上して損失に上げた）。そのうち50億ドルは「会計上の異常値」だとHPは言い、オートノミーの経営陣に責任を押し付けた。HPは、オートノミーの経営陣は、買い手を誤解させるために財務の測定基準を水増ししていたと主張した。2012年8月、HPの時価総額は買収発表時から43%下落していた。

　オートノミー買収でHPはどのような過ちを犯したのか？

　HPの過ちはほかにもあるが、主に以下のことが挙げられる。

・不十分なデュー・デリジェンス
・不十分な会計実務の調査
・通常の評価方法の順守欠如
・オーガニックと非オーガニックの可能性の
　不適切な評価

コングロマリット

　積極的にM&A戦略を推し進めると、コングロマリット、すなわち広く多角化し、事業間に共通するところがない複合企業になっていく可能性がある。例えば、1960年代のITTコーポレーション（電気通信事業会社）がその例だ。同社はABCテレビを買収しようと試みたが、連邦独占禁止担当官から差し止めを命じられた。独占禁止法への抵触を回避しつつ事業を拡大するために、同社はシェラトン・ホテル、エイビス・レンタカー、ワンダーブレッドの製パン会社など、共通するところがない企業を買収し始めた。最終的に、ITT

は300社以上の企業を買収した。コングロマリットはまだ世界の一部では人気を保っているが、重要なファイナンスの知識を新たに見直すのに適した題材だ。

コングロマリットを正当化する、ファイナンス上の理由が2つある。第一は、資本コストの議論だ。それは、こういう考え方をたどる。「多角化を目指した買収をすれば、うちの資本コストを買収先企業に適用できる。うちの割引率、つまり資本コストは10％だ。買収先企業ときたら15％に近い。だから、その会社を買ってグループ企業の一員にしてしまえば、うちの10％の資本コストのおかげで、高い価値に再評価されるだろう。そうなれば強いし、価値創出ができる」。この理由づけには欠陥がある。使うべき資本コストは、その事業固有のものだ。資本コストをほかに適用することはできない。

第二の理由は、リスク管理のためというものだ。異なる業界の異なるタイプの企業を所有することで、株主は分散化によるメリットを享受できる。1つの会社の業績が下がっても、ポートフォリオにあるほかの会社が支えてくれるというこの考え方は、買収を株のポートフォリオと同じに考えている。しかし、この考え方は間違っている。株主は自分でリスク管理できるということを無視して経営陣が分散を企てている。

株主ができることは、経営陣はすべきではない、というのがファイナンスの考え方だ。企業レベルでの分散は、まさにそれだ。

実際のところ、コングロマリットは価値を創出するよりも、破壊するように見える。コングロマリットは、割り引かれた価格で取引される。つまり、個別の取引価格よりも、事業を統合した価格のほうが安値になるということだ。なぜそうなるのか？　コングロマリット内部での資本配分が歪んでいる、ということも一因だ。すべての部門を平等に扱わなくてはというプレッシャーを受けて、資本は最高の機会を生かす方向ではなく、平等に配分されてしまう。弱い部門が拡大し、将来性のある部門では資金が不足する。その結果、部門は個別に存在したほうが、統合されるよりも高い価値を得ることになる。

ただし、コングロマリットがいつも問題を抱えているというわけではない。新興市場では、資本市場と労働市場が不完全なことが往々にしてあるが、コングロマリットは社内で対応してその問題を克服できる。とはいえ、万能薬ではない。それにコングロマリットの経営陣は、資本が「社会主義化」する可能性に注意を払わなくてはならない。

Column

AOLとタイム・ワーナーの合併

2000年の後半、AOLとタイム・ワーナーは、ドットコム時代の巨大な合併を発表した。それは3500億ドルと評価されていた。合併前、2つの会社はどうフィットするのだろうかと、強い関心と大きな期待が持たれた。当時、AOLはダイヤルアップ接続のインターネット・ビジネスで圧倒的に強い立場にあった。タイム・ワーナーはコンテンツを持っていたが、インターネットは理解していなかった。シナジーは明らかで、容易に達成できるものと思われた。この案件は「対等合併」

であると売り込まれていた。だが合併時は、AOLが圧倒的に優位な立場にあった。

合併直後、問題が発生した。AOLのカルチャーは前向きで営業主導型だった。タイム・ワーナーはもっと伝統的な企業だった。タイム・ワーナーはまた、AOLの不正会計を見つけ、それまでの業績を下方修正することになった。摩擦が大きくなってくると、タイム・ワーナーはAOLの動きを押しのけるようになり、別のパートナーを見つけて、コンテンツをオンラインで配信するようになった。インターネットの最盛期に陰りが見えだした2001年の始め、力関係はAOLからタイム・ワーナーに移ってしまった。

合併は崩壊し、両社の価値を足し合わせると、合併前に比べてわずかな数値になっている。2009年3月、タイム・ワーナーは、タイム・ワーナー・ケーブルを切り離して別会社にした。そして同年12月、AOLとタイム・ワーナーは完全に分離した。AOLは2015年にベライゾンに買収され、2016年10月22日にAT&Tはタイム・ワーナーを買収することに合意した。AOLのCEO、スティーブ・ケースはこう総括する。「AOL/TWを一言で言えば、『行動なき理念は無価値』ということでしょう」[注1]

03 キャッシュを株主に分配する

投資の価値があるプロジェクトがないときには、会社は株主にキャッシュを分配すべきだ。分配すると決めたら、どの

ようにすればよいのだろう？ 配当と自社株買いの2つが主な選択肢になる。直観的には、配当を払うほうがキャッシュの分配にはぴんとくるだろう。会社は、持ち株比率に応じて株主にキャッシュを払うだけだ。配当は安定的に支払われることも、特別配当と呼ばれる1回限りで多額な配当になるこ

Column

ジャガー・ランドローバー買収

2008年3月の終わりごろ、インドの自動車メーカー、タタ・モーターズが、ジャガー・ランドローバー（JLR）をフォードモーター・カンパニーから買収した。同社は買収に23億ドルを支払った（フォードは1989年、ジャガー買収に25億ドル、2000年のランドローバー買収に29億ドルを支払い、2つのブランドに合計54億ドルを支払っている）。この買収を市場は好意的には受け止めず、タタ・モーターの株価はその結果、2008年、下落した（時価総額は、発表前の69億3000万ドルから年末には17億2000万ドルに下落した。市場全体の下げは33％だったが、同社の株は75％下落した）。

買収の後、タタはJLRを統合せず、JLRが独自に経営できるようにした。タタは目標を設定し、新興市場では支援したが、JLRの運営に直接口を出すことはしなかった。グラフが示すように、困難が予想されたカルチャーの統合を避ける戦略は、効果をもたらしたように思われる。

JLRがタタ・モーターの評価の90％を占めると推定するアナリストもいる。振り返って考えると、JLRを統合しないというタタの決断は、きわめてうまくいった。だが、統合しなかったことによるリスクを検討する価値はある。新たに買収した企業が独立して運営されると、間接費が二重にかかること、製品が競合すること、製品と労働市場での混乱が生じることなどが挙げられる。

タタ・モーターズ株価推移 [2004-2018年]

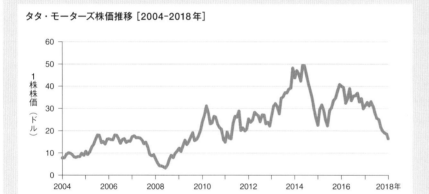

ともある。

　第二のキャッシュの分配方法は自社株買いだが、あまり直観的に理解できる方法ではない。会社は自社株を市場で買い戻し、消却する。その結果、株を売らなかった投資家は、そ

の会社の株の保有率が大きくなり、キャッシュは分配される。自社株買いはこの10年間でとても人気が出てきた（**図6-2**参照）。

　それでは、どちらの方法がキャッシュ分配には良いのだろ

図6-2

アメリカ企業の配当と自社株買いの推移比較 ［2005-2016年］

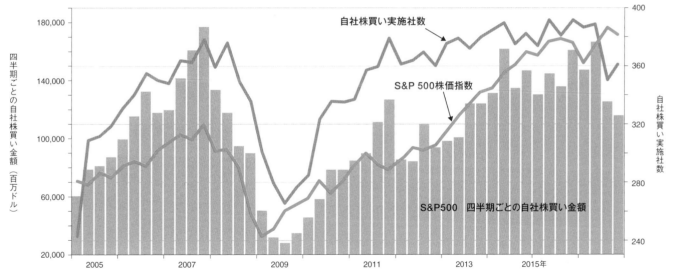

出典：ファクトセット

う？　配当か自社株買いか？　この質問に正しい答えはない。だが、この決定をより深く考えられるように、いくつかの誤解を解くことにしよう。自社株買いの後に株価が上昇するのは、残った株主の保有分が増加するからだと論じる人がいる。配当は株の価値が下がるから、株主にとってよくないと論じる人もいる。これらの考えの誤りを明らかにし、この決定がどういうことなのかをはっきりさせるために、キャッシュを分配するかどうかとは関係がないことを説明するところから始めよう。

　仕組みとしては、配当であれ自社株買いであれ、どちらでもかまわない。だが、それぞれの方法は異なるシグナルを市場に送る。これは大いに関係してくる。まず、結果は同じだから関係ないことを証明しよう。**図6-3**の、市場ベースの貸借対照表を見てみよう。

　この会社は多額の現金を保有しており、配当か自社株買いで株主に還元することを検討している。この貸借対照表は市場価格に基づいているから、株主資本の数字は株価で引き直される。営業資産の価値は市場価値である。もし会社が70ドルを配当として株主に分配したら、時価ベースの貸借対照表の時価総額はどうなるか？　発行済株数を100株としたら、1株当たり0.70ドルの配当となる（**図6-4**参照）。

　会社の現金保有高は100ドルから70ドル下がって30ドルになる。だが、営業資産の価値は同じままだ。債務は変わらないので、貸借対照表がバランスするためには、株主資本の価値が70ドル減少しなくてはならない。1株当たりの価格は1.40ドルから0.70ドルに下落する。株主として打撃を受けたと思うかもしれないが、受け取った0.70ドルを考慮に入れれば、1株1.40ドルとなり、経済的には以前と変わらない。株主は経済的には以前とまったく変わらない。価値にまったく中立的だ。受け取った現金で1株を0.70ドルで買えば、以前と同じ株を1.40ドル持つことになる。

　次に、会社が現金70ドルで70ドル分の株を買い戻す形で、現金を分配したとしよう（**図6-5**参照）。

　この場合も、現金残高は30ドルになる。営業資産と債務

図6-3

キャッシュ分配に備える

資産		負債・株主資本合計	
現金	$100	債務	$60
営業資産	$100	株主資本	$140

← **1株1.40ドルで100株**

図6-4

配当支払後の市場価格による貸借対照表

図6-5

自社株買い後の市場価格による貸借対照表

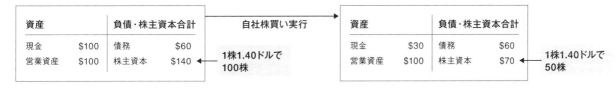

も同じままだ。株主資本は70ドルに下落した。株価を1.40ドルとして、70ドルは50株を消却するのに使われた。新たな株価はいくらになるか？　株主資本合計は70ドルだが、発行済株式数は50株になったから、1株の価格は1.40ドルとなる。株主はどう感じるだろう？　株を売却した株主は1株1.40ドルの現金を手にした。売らなかった株主は1.40ドルの

価値を持つ株を持っている。何も変わっていない。価値中立だ（**図6-6**参照）。

　この演習は、重要な中核を成す情報を含んでいる。キャッシュを1つのポケットから取り出し、別のところに入れても、価値は上がらない。価値が増加するのは、NPVがプラスのプロジェクトを実行するときだ。キャッシュを手元に残して

図6-6

キャッシュ分配：配当対自社株買い

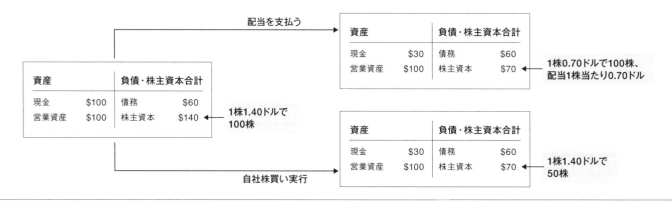

配当を支払う

資産		負債・株主資本合計	
現金	$30	債務	$60
営業資産	$100	株主資本	$70

1株0.70ドルで100株、
配当1株当たり0.70ドル

資産		負債・株主資本合計	
現金	$100	債務	$60
営業資産	$100	株主資本	$140

1株1.40ドルで
100株

資産		負債・株主資本合計	
現金	$30	債務	$60
営業資産	$100	株主資本	$70

1株1.40ドルで
50株

自社株買い実行

も、分配しても、価値に変わりがないのなら、なぜ大騒ぎしてこんなことをする必要があるのか？　なぜ会社がキャッシュを手元に残すか、分配するかを気にするのか？　また、配当を払うかどうかでなぜ心配するのか？　なぜ、ますます多くの会社が自社株買いをするようになったのだろう？

キャッシュを分配する決定

　キャッシュを残そうが分配しようが、価値は中立的だというのは、理想的な環境の下では正しい。いわゆるモジリアーニとミラーの環境で、税金がなく、情報は完全に共有され、取引コストがないことを想定している。このような環境下では、配当でも自社株買いでも、価値は変わらない。

　だが現実の世界では、決定には影響が出る。第一に、税金が価値に影響を与える。例えば、自社株買いで株を売りキャピタル・ゲインを得る投資家は、低い税率を払うことになる。だが、配当にかかる税率は高い。この税金の関係で、自社株買いが配当よりも好まれると考える人が多い。

　現実の世界で重要な要素は、第3章で論じた情報の非対称

性とインセンティブだ。アップルが自社株買いを実行すると決定したら、どう解釈するか？　もし配当を払うという決定だったら、どう思うだろうか？

　情報の非対称性の問題を考え直すと、すべての行動は、開示されたと考える情報によって判断されている。会社の情報をすべて持っている人が株を買い戻すのは、その会社が過小評価されていると考え、だからこそお金を投じようとするのだろう。この決定は、とても強いシグナルを送る。自社株買いが人気を得て、株価上昇につながることの説明の一端はここにある。買い戻しへの株価の反応はそのシグナルの解釈であって、株の希薄化の問題とは関係ない。

　配当はどうか？　配当をしようとすると、株買い戻しと同じ結果をもたらすというのに、配当はまったく反対の反応を受けることがある。会社の将来に関するすべての情報を持つ人が言っているのは、良い投資先が見つからず、会社は過小評価されているとは思わない。実際のところ、お金を使って何かしようにも、するものがない、ということだ。そこで彼らは、お金を返そうとしているのだ。それは、ものすごくポジティブなサインとは言えない。

　増配をポジティブに解釈するのは可能だ。配当はかなり癖になる（配当を払い始めると、やめるのが困難になる）ものだから、増配は会社がこの先、利益を高く保てると信じていることを意味する。さらに、会社がその配当を維持しようとすれば、経営陣の自由をある程度制限することになる。投資家の中には、それが第3章で論じた、プリンシパルとエージェントの問題を減らすことになると考える人もいる。

　実際、エージェンシーの問題があるから、キャッシュの分配には価値があると言える。経営陣は社内留保されたキャッシュを使って、彼らのやりたいことをやる可能性があるが、それが株主の利益と一致するとは限らない。例えば、キャッシュが積み上がると、CEOは、会社の価値を棄損するが、CEO市場での自分のステータスを高めるような買収をしたがるおそれがある。だから、キャッシュの還元方法の問題ではなく、エージェンシー問題を軽くするという意味で、キャッシュを会社の外に出すことには価値があると言えるのではないか。

　エージェンシー問題は、株の買い戻しに明確な説明を与える。シグナリングの問題がすべてなら、経営陣は買い戻しのタイミングをうまく計り、市場の底で買うだろうと期待する。だが、図6-2でわかるように、概してそうはなっていない。直近で、市場がピークをつけたとき、自社株買いもピークだった。したがって、買い戻しを上手にしている会社も明らか

にあるが、下手なところもあるということか。

　エージェンシー問題を考慮に入れると、この現象を説明しやすくなる。株の買い戻しは、経営指標達成に利用されることもある。ある四半期の1株当たり利益（EPS）が1セントだけ目標に足りなくて、ボーナスがもらえないなど、市場から手痛い思いをさせられる状態だとしよう。EPS1セントを、どうすれば彼は「創り出す」ことができるだろう？　株の買い戻しは発行済株式数を減少させ、EPSを増加させる。しかし、その短期的な高めのEPSという幻想は、株主にとって好ましいこととは言えない。

　つまり、キャッシュの分配の仕組みは、希薄化や株数の関係で価値が動くという、誤った方向に導くことが多い。自社株の買い戻しや配当の仕組みそのものは、価値には影響を与えない。この決定が多くの注目を集めるのは、情報を提供すると同時に、第3章で論じたプリンシパルとエージェントの問題にチャレンジしようとするからだ。

ファイナンスの意思決定にまつわる神話と現実

　価値の中立性の概念は、株式発行、株式分割、レバレッジによる資本再編、ベンチャーによる資金調達など、さまざまなファイナンスの取引を理解するのに役立つ。そして、そこから生じる錯覚や誤りを理解するのにも役立つ。資本配分の問題からファイナンスの取引へと横道にそれるが、これまで身につけてきた多くの知識を、しっかり植え付けるのに役立つだろう。

株式発行

　株の発行は希薄化をもたらすから、企業価値に問題を与えるとする人が多い。特に株式発行は投資家の持ち分を減らすから、株価下落につながると考えられている。

実務家はどう考えるか

ハイネケンのCFO、ローレンス・デブローは、こうコメントする。

　配当や株の買い戻しをするのは、投資するに足る良いプロジェクトが手元にないからだと思う人がいる。それはどちらかといえば、バランスの問題だ。成長企業でありながら、配当を十分に出すことも可能だ。10年前、機関投資家の中には配当に関心を持たない人もいた。配当を受け取ってもどうしたらよいのかわからないし、回収も複雑だ。配当が支払われる直前に売却し、支払われた後に買い戻して、配当の問題を扱わずに済むようにした会社もある。

　先ほどの例で使った会社に戻り、株式発行がどうなされるか見ていこう。ここでもまた、市場価格をベースにした貸借対照表を見る（図6-7参照）。

　会社が株式を70ドル発行することを決定したとしたら、市場価格をベースにした貸借対照表と株価はどうなるか？（図6-8参照）。

　株式を70ドル発行したら、現金は70ドル増えて、合計170ドルになる。営業資産と債務は変わらないから、株主資本の市場価値は210ドルになる。株はいくらになるだろう？これを考えるには、発行後の発行済株式数を知る必要がある。株は1株1.40ドルで取引されているから、70ドルを資金調達するためには、50株を発行する必要がある（70ドル÷1.40ドル）。そこで発行済株式数は150株となる。株主資本の210ドルをこれで割ると、株は1株1.40ドルで売られることになる（210ドル÷150）。前と同じだ。

　株式発行で、会社の株価は下がらなかった。きっかり同じだ。一般的に言って、価値創出は貸借対照表の資産側で起こることであり、資金調達で起こるものではないことが、これではっきりとわかる。希薄化はどうか？　株主の持ち分は少なくなるが、パイの大きさは大きくなる。

図6-7

ファイナンス前の市場価格による貸借対照表

資産		負債・株主資本合計	
現金	$100	債務	$60
営業資産	$100	株主資本	$140

◀── 1株1.40ドルで100株

図6-8

ファイナンス後の市場価値による貸借対照表

資産		負債・株主資本合計	
現金	$100	債務	$60
営業資産	$100	株主資本	$140

◀ 1株1.40ドルで100株

新株を発行する →

資産		負債・株主資本合計	
現金	$170	債務	$60
営業資産	$100	株主資本	$210

◀ 1株1.40ドルで150株

たとえそうであっても、企業が株を発行すると、株価は実際に下落することが多い。なぜそうなるのだろう？　第3章で、資本市場における情報の問題を取り上げた。株式発行では、会社は株の売り手だ。資金調達をするのに債務や内部留保を使わずに、なぜ会社は株を売って資金を得ようとしているのか、という疑問がどうしても出てくる。つまり、株式発行はマイナスのシグナルを送るのだ。

株式分割

同様の混乱が株式分割にも見られる。会社が1株を2株に分割することを決めたとしよう。言い換えれば、投資家が今保有している1株が2株になるということだ。これは株式配当とも呼ばれる。株の保有者はみな1株を受け取る。この場合、会社の市場価格をベースにした貸借対照表はどうなるだろうか？　株の価値はどうなるだろう？　（**図6-9**参照）。

市場価格をベースにした貸借対照表には、何の変化もない。事業に変更がないし、資金の流入もないからだ。株の価値はどうなるか？　株主資本の価値は140ドルのままだが、今度は200株で割らなくてはならない。したがって、1株当たりの価値は0.70ドルになる（140ドル÷200）。それでも、投資家は価値を失ってはいない。投資家は1.40ドルの価値を持つ株を1株保有していたが、今は1株0.70ドルの価値の株を2株保有している。合計は1.40ドルだ。この株式分割で、価値は創出も破壊もされていない。

会社によっては、株式分割して小規模な投資家を引き付けようとする。だが、ウォーレン・バフェットは、彼の会社の株を分割することを拒絶してきた。彼の会社、バークシャー・ハザウェイのクラスＡ株は、1株21万5000ドルで取引

図6-9

株式分割後市場価格による貸借対照表

されている。彼は、株式分割は無意味で、見せかけの安い価格で、短期的に買おうとする人を引き付けるだけだとその理由を述べる。

　1983年に、バフェットはこう尋ねた。「当社には明確な思考に基づく株主がいます。それを、印象で判断する新たな投資家、10ドル札を10枚持つと、100ドル札を1枚持つよりもお金持ちになったと感じるような、価値よりも紙を好む人たちにすげ替えることで、本当に株主グループの改善がなされるのでしょうか？注2」（1996年、バフェットはクラスA株の30分の1の価格でクラスB株を導入し、もっと多くの人が株を買えるようにした。このB株は、その後株式分割を行っている）。

　このような行動は、ある状況では摩擦を取り除くことができる。2011年に、シティグループは株式併合を行った。投資家は10株につき1株を受け取った。シティグループがこれを行ったのは、株価が4ドルにまで下落したためだった。機関投資家の多くは、社内のガイドラインで5ドル以下の株式購入を禁じられている。株式併合を行うことで、シティグループは株価を40ドルに上げ、重要な投資家グループと取引できるようになった。**株式分割はそれ自体では価値を創出しないが、市場の不完全性があるため、価値を持つ結果となる。**株式発行と同じことだ。

レバレッジによる資本再編

　レバレッジによる資本再編と言うと、複雑で恐ろしいことのように聞こえるが、今まで見てきた取引の組み合わせでしかない。実際のところ、債務発行による大規模な配当だ。会社を所有するプライベート・エクイティ・ファンドが、レバレッジによる資本再編を望んだとしよう。会社は追加で60ドルを借り、それを社内の現金40ドルと合わせて、キャッシュ100ドルの特別配当を株主に支払う。市場価格に基づく貸借対照表はどうなるか？　そして株価はどうなるか？（図6-10参照）

　まず、債務が60ドル増加し、現金が60ドル増加して160ドルになる。それから配当支払いをするから、現金は100ドル減少する。営業資産の市場価値と残りの現金を足し、債務を差し引くと、株主資本は40ドルとなる。これは株主にとって、どういう意味を持つか？　100株の株は1株0.40ドルの価値がある（40ドル÷100株）。だが、株主は100ドルを配当で受け取っている。これを割ると1株1ドルになる（100ドル÷100株）。これを足し合わせると1株1.40ドルとなり、ファンドが以前に持っていた価値と変わらない。

　この取引からは価値が生じないが、ほかの要因から価値が生まれる。特に株は著しくリスクが高くなったから、期待収

図6-10

資本再編後の市場価格による貸借対照表

資産		負債・株主資本合計	
現金	$100	債務	$60
営業資産	$100	株主資本	$140

レバレッジを使って資本再編する

1株1.40ドルで100株

資産		負債・株主資本合計	
現金	$60	債務	$120
営業資産	$100	株主資本	$40

1株0.40ドルで100株と現金1ドル

益ははるかに高くなり（第4章で見たように）価値は下がる。

ベンチャーの資金調達

会社が成長し、さらに資金を必要とするようになると、創業者はエンジェルと呼ばれる投資家を見つけてきて資金を出してもらう。このプロセスは一度ならず行われる。異なる時期に行われた資金調達は、シリーズA、シリーズBなどと呼ばれ、専門のベンチャー・キャピタル会社を引き入れることもある。

まったく新たに立ち上げられた会社を考えよう。最初の外部資金調達を行う前、貸借対照表には多少不明瞭なところがある。創業者たちが株を保有している。創業者たちのアイデアが会社の資産だ。創業者たちは会社の株100株を彼らの間で分配したが、会社はまだ非公開のままだ。

会社はプラスのNPVを生むプロジェクトに投資するため、追加で100ドルを必要とし、ベンチャー・キャピタリストを訪ねる。ベンチャー・キャピタリストはこう言う。「ご依頼の100ドルをお出ししましょう。その見返りに、会社の所有権20%をいただきたい」。その提案をすることで、ベンチャー・キャピタリストは会社の価値を暗に示したことになる。

会社の株主資本20%が100ドルなら、会社の株主資本100%は500ドルになるはずだ。そして貸借対照表がバランスするためには、全資産の価値が500ドルとなる。会社は資金調達直後に現金を100ドル保有するから、残りの資産——創業者たちがそれまでに築いた事業——の価値は400ドルとなる。株主資本側の500ドルは、創業者（80%）とベンチャー・キャピタリスト（20%）に分かれる。創業者の持ち分は400ドルの価値となり（500ドル×80%）、ベンチャー・

キャピタリストは100ドルの価値（500ドル×20％）を持つ。最後に、全体の株数125株のうち、ベンチャー・キャピタリストの持ち分に対して25株が発行される（創業者は現在100株保有している。125株の80％は100株だ。同様に25株は125株の20％だ）。それぞれの株の価値は4ドルになる（株主資本500ドル÷125株）。この資金調達により、資金調達以前の企業価値（プレバリューと呼ばれる）と、資金調達後の企業価値（ポストバリュー）が示唆された（**図6-11**参照）。

さて、同社が数年後に2回目の資金調達（シリーズB）を行うとしよう。会社の手元に現金はなく（現金残高0ドル）、1000ドルの投資を求めている。シリーズBの投資家は、1000ドルの投資の見返りに会社の50％を求めている。この資金調達後に貸借対照表はどうなるだろう？　そして創業者の株の価値はいくらになるか？

シリーズBの投資家は、会社の50％を得るために1000ドルを提供すると言う。投資後、現金1000ドルと既存事業が残る。1000ドルが会社の50％であるなら、株主資本の価値は2000ドルになる。これは、この事業が1000ドルであることを示唆する（2000ドル－現金の1000ドル）。

創業者は100株を持ち、シリーズAの投資家は25株持っている。125株が1000ドルの価値を持つから、1株は8ドル（1000ドル÷125）になる。ということは、創業者の株は今や800ドルの価値を持つ（8ドル×100）。そしてシリーズAの投資家の株は、今や200ドルだ（8ドル×25）。最後に、125株がシリーズBの投資家に発行される。50％を所有するから、その価値は1000ドルだ（**図6-12**参照）。

創業者の株主資本は希薄化されたか？　創業者は会社の

図6-11

シリーズA 資金調達後の市場価格による貸借対照表

資産		負債・株主資本合計	
現金	$100	株主資本（創業者）	$400
企業価値	$400	株主資本（投資家）	$100

1株4ドルで125株

図6-12

シリーズB 資金調達後の貸借対照表

資産		負債・株主資本合計	
現金	$1,000	株主資本（創業者）	$800
企業価値	$1,000	株主資本（A投資家）	$200
		株主資本（B投資家）	$1,000

1株8ドルで250株

100%を所有していたが、その価値は不明だった。（最初の資金調達の後）会社の80%を所有して、4ドルの株（400ドル）を保有した。そして（2回目の資金調達後）会社の40%を所有し、株価は1株8ドル（800ドル）になった。資金調達のたびに彼らの株は希薄化されたが、保有価値は増加した。全体のパイが大きくなったおかげだ。

株式発行のプロセスは、新たなベンチャーの場合には、特に緊張感みなぎるものとなる。資金調達によって、創業者は彼らの保有する価値がいくらかを知らされるからだ。だが、株式による資金調達の仕組みは、価値を上昇させるものではない。同様に、配分それ自体も価値を変えない。だが、レバレッジによる資本再編のように、株のリスク度を変える配分は価値に影響を与える。第4章で見たように、リスク、期待収益、価格を変えるからだ。

貸借対照表上の現金

会社が分配も投資もしなかったら？　単にキャッシュを貯め込むだけだったらどうなるか？　過去10年間にそのような状況がよく見られるようになり、多くの人がイライラを募らせている。なぜキャッシュを手放さないのか。いくつかの理由が考えられる。真っ先に挙げられるのは、その現金が海外にある場合には、現金を支払うことで生じる税制上のデメリットが非常に大きいということだ（2017年末に議会はこれを緩和した）。第二に、第1章で見たように、現金があると、厳しい時代の保険となりうる。最後に、適当な投資を待っているだけの可能性もある。

資本配分の6つの大きな過ち

資本配分はなんといっても重要なことだから、どこで間違いを犯すかをきっちり把握しておけば、役に立つことを強調しておこう。資本配分のプロセスで起こる大きなミスが6つある。

- **意思決定を遅らせる**　資本配分の意思決定を行わないと、貸借対照表上の現金残高が増加する。現金残高が増えると、通常、株主は不満を募らせ、経営陣になぜ資本を活用できないのかと迫る。さらに貸借対照表上に現金があると、アクティビスト投資家の注意を引く。彼らはその現金を使って、会社を非上場にする可能性がある。
- **自社株買いで価値創出をしようとする**　経営陣は、株を低い価格で買い戻すことによって株主に価値を創出する、として自社株買いを正当化する。実際には、株の買い戻しで

Column

コストコが選択した分配

　2000年以降、コストコ（会員制の卸小売業者）は、現金分配のさまざまなオプションを使ってきた（普通配当、特別配当、自社株買い）。下のグラフは、異なるオプションを利用したときに、コストコの株価がどう反応したかを示すものだ。

　コストコが徐々に普通配当を伸ばしつつ、実験的にほかの方法をとってきたことがわかる。2005年から08年には大量の自社株買いを行い、13年から15年には多額の特別配当を行っている。

　コストコの自社株買いと配当の意思決定のタイミングを、どう思うか？

　その後に株価が上昇したことからわかるように、コストコは賢い自社株買いのプログラムを実施してきたと言える。だが、普通配当も特別配当も行っている。

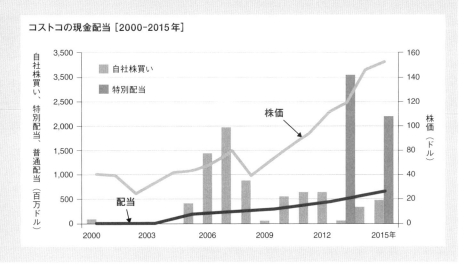

コストコの現金配当［2000-2015年］

自社株買い、特別配当、普通配当（百万ドル）

- 自社株買い
- 特別配当

株価

配当

株価（ドル）

2000　2003　2006　2009　2012　2015年

は価値は創出されない。買い戻し価格によって、せいぜい株主間で価値が移転するだけだ。経営陣が価値を創出できるのは、NPVがプラスとなるプロジェクトに投資することによってのみだ。

- **買収は手っ取り早くて安全だから、オーガニック投資よりも買収を選ぶ** 買収はより速く、より安全なように見えるが、実際にはその逆であることが証明されている。売り手と買い手の間の情報格差の問題があるから、会社を買収するのはリスクが高い。また、買収後の統合の問題で、得られるはずと思っていたものを得られないことがある。
- **自社株買いは社内の判断で行えるが、配当はそうではないので、配当よりも自社株買いを選好する** 実際のところ、株主は配当と同様に、買い戻しが安定的に行われると慣れてきてしまう。それに、株主は会社が配当支払いにコミットすることに価値を置く。それが株主の得になるからだ。最後に、特別配当は、将来の配当に期待を持たせないことを明確にして、現金を分配する簡単な方法だ。
- **現金を再投資してさらに大きな事業構築を好む** 価値創出ではなく規模の拡大は、経営陣の目的になりやすい。大きな事業を経営するほうが、よほど楽しいからだ。帝国を築くことは経営陣の目的になりやすいが、それは資本の良き

管財人としての任務に反する。
- **短期投資の株主を満足させるために過剰な現金の分配を行う** NPVがプラスとなるプロジェクトを看過するのは、価値創出よりも規模を追うのと同じくらい問題だ。短期的な利益目標や利益指標だけを求める株主からのプレッシャーは、経営陣が良い投資を看過する原因になる。

ケーススタディ　IDEAS IN ACTION

04 バイオジェンのコンバージェンス・ファーマシューティカルズ買収――その統合リスク

2015年1月、バイオジェンは、神経障害性疼痛薬を開発中のコンバージェンス・ファーマシューティカルズを買収すると発表した。コンバージェンスはイギリスのケンブリッジに本拠を置く、小規模なバイオテク企業だった。製薬業界大手のグラクソ・スミスクラインは、疼痛治療分野を優先開発事項から外してコンバージェンスを分社化したが、シードマネーを出して研究を継続できるようにした。その同時期に、バ

Column

IBM の自社株買いと
1株当たり利益（EPS）

　近年、IBM は好んで自社株買いを行っている。2005年以降、自社株買いに1250億ドル以上、配当に320億ドル強を支払っている。一方、事業への投資を見ると、R&D に820億ドル、設備投資は180億ドルの支出をしている。

　2007年に IBM は、利益率の改善、買収、事業の成長、そして自社株買いによって、2010年までに EPS を10ドルに上昇させると発表した。そして2010年には、その目標を2015年までに1株当たり20ドルに上げると変更し、この増加の少なくとも3分の1は自社株買いで達成するとした（グラフ参照）。

　グラフを見て、この期間に IBM が自社株買いを利用したことのメリットとデメリットをどう考えるか？

　その後の株価の動きとクラウド・コンピューティングの台頭を考えると、同社は投資の機会を逸したのではないか？　自社株買いのタイミングは適切だったのか？　と思わざるを得ない。

IBM と S&P500 の対比 ［2010-2018年］

イオジェンは神経性疼痛の治療と治療薬を優先的課題として、買収のチャンスを探し始めたところだった。

ある会議で、バイオジェンの科学者は、コンバージェンスが顔面痛を緩和させる三叉神経痛治療薬の開発を進めていることを知った。当時、コンバージェンスは第二相試験のデータを発表していた。ヒトで確認する概念実証に、きわめて近いところまで来ていたということだ。

小規模な買収だったので、バイオジェンはその技術を調査し、治療薬が市場に出る可能性を評価し、治療薬が特許で保護されているかどうかを調査した。その後、ファイナンス部が関与するようになり、営業販売部門と協力して、開発コストを考慮したNPVモデルのベースを作った。それから、いくつものシナリオの結果を見て、これが魅力的な買収となるかどうかの判断を下した。

新治療薬の技術的リスクを買収額評価にどのように組み込むか？　シナジーの可能性は、最初の入札価格、最終入札価格にどのような影響を与えるだろうか？

評価するときには、いくつものシナリオを作って、技術的リスクをモデルに取り込むべきだ。シナリオの確率に基づき

（つまり技術が無価値というケースから、うまく製品化するケースまで）、シナリオの加重平均値を出して、最終的な買収期待値を作ればいい。

また、その会社単体の価値と、買収によって自社がその会社にどのような価値を与えられるかを考えるべきだ。入札のとき、付加価値を含む期待値は最終的な入札価格となるべきだが、最初に入れる価格は、会社の単体価値に基づくべきだ。

バイオジェンのCFO、ポール・クランシーは、コンバージェンスを1つの病気専用の治療薬を作る、専用薬開発会社だと言う。製品が利用される範囲が狭いので、リスクは高い。そこでバイオジェンは、リスクを軽減する方法を模索した。コンバージェンスは小規模な会社で、さらに資金調達を必要としていた。バイオジェンは資金ニーズをカバーするだけの資金を出資し、将来の利益の取り分を要求することにした。この方法であれば、バイオジェンもコンバージェンスも身銭を切ることになる。

コンティンジェント・バリュー・ライト（CVR：マイルストーン達成などの条件で追加の支払いを受ける権利）の取り決めにより、売り手に対する支払いは、薬や買収のパフォーマンスなどの将来のイベントで決めることにした。CVRは、

バイオジェンのコンバージェンス案件でリスクをどう再配分するか、そしてなぜ、クランシーはそれを使おうと思ったのか？

　CVR を利用することで、バイオジェンは一括買収に比べ、リスクの幾分かを売り手に転嫁できた。この転嫁は、いくつかの点で理にかなっている。CVR を持ちかけられたら、自信のある売り手だけがそれを受け入れようとする。だから自信のない売り手を取り除くことができる。加えて、テクノロジーが失敗したときにバイオジェンが払い過ぎる結果にならないよう、保証されている。最後に、CVR は薬が成功するように売り手が一生懸命働く、インセンティブを与える。CVR によって、深刻な情報の非対称性の問題に対応できる。コンバージェンスはその専用薬が、バイオジェンの想像以上に売れる価値があると知っている。

　買収が完了した後、バイオジェンは統合フェーズに入った。問題は、コンバージェンスをイギリスに残すか、アメリカに連れていくべきかだった。当初、バイオジェンはコンバージェンスをそのまま置くことにした。もしよく売れるプロジェクトとわかったなら、そのときにバイオジェンは再検討すればいい。コンバージェンス・チームをイギリスに残すことで、

バイオジェンは、チームの起業家精神を保てると考えた。

　もしバイオジェンがコンバージェンスを完全統合していたなら、どのような問題があっただろう？

　多くの問題が考えられる。

- 治療薬を開発した科学者たちは、ボストンに移りたいと思わないかもしれない。そうなれば、開発継続に必要な知識が失われる結果になる。
- コンバージェンスのチームが完全に独立を保たなかったら、カルチャーの衝突が統合を遅らせただろう。
- コンバージェンスのチームメンバーは、チームとして働き成功させるインセンティブを持っていた。完全に統合してしまったら、このチームの原動力が失われてしまったかもしれない。

　最終的に、バイオジェンはコンバージェンスを2年間分離したままにし、その後、薬の R&D と生産拠点をほかの施設に移した。そして、コンバージェンスの最初の施設は閉鎖された。

05 エチオピアのハイネケン ──他国に拡張するリスク

　バイオジェンと同様、ハイネケンは買収を通じて拡大してきた大企業だ。とりわけ、新しい国に参入するときにはそうする。2012年、ハイネケンはアフリカに進出して事業を拡大するために、エチオピアで2つの会社を買収した。エチオピアの経済は急成長中であり、人口に占める若者の割合が多く、相対的にビール消費が少ないことから、投資する価値があるとハイネケンは考えた。

　会社買収時に通常考慮する事項に加え、新たに進出する国で買収をするときには、どのような財務的な懸念事項があるだろうか？

　いくつかのリスクが考えられる。例えば、
- 外国為替のリスクが生じる。売上はその国の通貨建てになるから、通貨価値の変動は、売上が自国通貨に転換されたとき、全体のキャッシュフローに影響を及ぼす。
- 貿易協定や税金に関わるリスク。
- カルチャーの違いから味の好みにも違いがあって、期待よりも低い売上になるリスクがある。
- その国の政治リスク。将来、政府が醸造所を差し押さえる可能性がある。

　新たな国に参入するとき、物流はとりわけ問題になりやすい。ハイネケンのような大手企業には物流や交渉の専門家がいて、最善の費用見積もりを出せる。だが、物流コストは財務予測に大混乱を招くおそれがある。例えば、船から製品を下ろすのに荷下ろし費用がかかる。期限内に製品をトラックに積むことができなければ、サプライヤーは1日遅れるごとに手数料を取る。こういった追加の費用が予算を狂わせる。

　アフリカのような新興市場では、物流などで予想外の費用がよく発生する。買収時、当初のNPVにそれをどうやって取り入れられるだろうか？

　新薬を市場に導入するときのリスクのように、悲観的な結果になる可能性を分析するのには、シナリオを使えばいい。正しくシナリオを作るには、投資を検討している会社と国を研究する必要がある。このような不確実性のさなかにあっては、シナリオの確率を使って加重平均を出すのが、最善の評

価となるだろう。

外国企業を買収して統合するときには、どのような課題があるだろうか？

実務家はどう考えるか

ハイネケンの CFO、ローレンス・デブローは、こうコメントする。

2つの組織を隣合わせに並べて、「両社の良いところを採用していこう。時間をかけて ERP システムを選び、IT をどうするか、見ることにしよう」と言うのは最低だ。社員はまったく働く意欲を失い、自分の立ち位置がわからなくなってしまう。自分たちの上司が新しい組織で上司に指名されなかったと知るほうが、組織のどこにいるのかわからず、これから何が起こるのかわからずにいるよりも、実際にはましだ。わかれば、はっきりと選択できる。「ここにとどまるか？　それとも出ていくか？　とどまるとしたら、十分にやる気を持てるだろうか？　明日からリーダーになるという人と、一緒に働いていけるだろうか？」。はっきりさせること。はっきりさせるのが早ければ早いほど、ビジネスにも、社員にとっても良い結果になる。

ビジネスのみならず、国によって商慣習が異なるなど、カルチャーの違いが大きいと思っていいだろう。シナジーを実現させるのは予想以上に難しい。例えば、IT コールセンターを統合しようとしても、言語の壁があれば統合できない。また、何千マイルも離れた会社を統合しようとすれば、距離がうまくいかない原因になるだろう。地元の経営陣には、買収会社と一緒に働こうとするインセンティブがなく、変更に抵抗するかもしれない。これらの問題となりうるものすべてをまとめてシナリオ分析に組み込むのは、正しい決断をするために不可欠だ。

06 バイオジェンの自社株買い

2015 年に向けて、バイオジェンの売上は 20% から 40% の間で伸びていった。多発性硬化症治療薬、テクフィデラの成功に牽引されて、バイオジェンは事業をほぼ倍増させた。会社はキャッシュを積み上げていたので、財務的な見通しはきわめて明るく、投資家は余剰キャッシュをどうする計画かを特に知りたがっていた。

2015年、CFOのポール・クランシーは取締役会で、50億ドルの自社株買いプログラムに承認を得た。会社はそれを何年もかけて実施する計画でいた。取締役会がプログラムを承認したとき、会社の株価は高く、300ドル台の半ばから後半のところにあった。そこで会社は、プログラム実施を待つことに決めた。

数カ月後、テクフィデラの成長が緩慢になると、株価は200ドル半ばに下落した。クランシーは、市場が間違っており、会社を20%ほど過小評価していると計算した。クランシーによれば、「会社は買収で取り込んだものや、社内で育ててきたプロジェクトで生じてきた医薬品開発に、熱心に取り組んでいる。今後2、3年の間にその成果が出てくるだろう」とのことだった。

クランシーが自社評価を行うとき、アナリストやバイオジェンの投資家に比べて有利な点、不利な点には何があるだろう？

外部のアナリストと違い、クランシーは会社、そして医薬品の将来の見込みを、はるかによく知っている。デメリットは、外から見たときの視点を持てず、内部者として偏った見

方をしているかもしれない点だ。株価下落を受けて、クランシーとバイオジェンのチームは、株の買い戻しプログラムを前倒しで、迅速に行うことに決めた。

株の買い戻しを短期間に行うメリットは何か？ （ヒント：シグナリングについて考えよう）

メリットは、株価は過小評価されているという強いメッセージを、会社として伝えられる点だ。自社株買い戻しを定期的に行うと、それは会社の政策だと思われる。だが、多数の株を一度に買い戻すと、株が過小評価されていると考えてい

図6-13

バイオジェンの自社株買い戻しと株価の推移 ［2012-2018年］

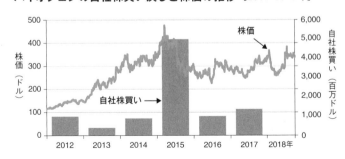

ることが伝わる。**図6-13**は、2015年1月以降のバイオジェンの、買い戻しプログラムによる購入金額、株価の動きを示したものだ。17年7月まで、バイオジェンの株価は300ドルを下回るところでうろうろしていたが、新たなアルツハイマー病治療薬の発表後には350ドルに急騰した。

バイオジェンの株買い戻しは、成功したと思うか？　その理由は？

バイオジェンは総合すると、加重平均価格303.66ドルで、合計54億6000万ドルの株を買い戻した。2018年の終わり頃には、バイオジェンの株価は325ドルになった。

07　株主のアップルへの反乱

アクティビスト投資家は経営陣に対し、資本配分の決定が正当である根拠を示すよう、ますますプレッシャーをかけるようになってきた。2012年、アップルが市場に売り出した製品で成功を収めていたとき、株主が反乱を起こした。当時、

アップルは1300億ドル以上のキャッシュを貯め込んでいた。アップルの時価総額は5600億ドル、すなわち会社の価値は4300億ドルと見られていた（時価総額－余剰キャッシュ）。デイビッド・アインホーンとカール・アイカーンに率いられて、投資家は反旗を翻すことにした。

アインホーンとアイカーンは、アップルは銀行のように行動しており、キャッシュは金利ゼロで山積みされていると見ていた。彼らはアップルに、キャッシュの一部を還元するよう求めた。アップルはこの要求に対し、2つの理由から抵抗した。第一に、世界経済は安定しておらず、将来の問題回避のために資金を手元に置いておくことが重要だとした。第二に、将来、投資機会が出てきたときにキャッシュを使えるとした。

アップルの説明は、理論上正しい。問題は、キャッシュの金額が、その説明を裏打ちするような金額をはるかに超えていることだった。たとえ、もし事業がうまくいかなくなったとしても、はるかに少ない金額で何年も事業を継続することができる。同じことが投資についても言える。アップルが会社を買収したいと思ったとしても（とはいえ、今まで買収で成長を遂げたことはない）、1300億ドルはヒューレット・パッカードを3回購入しても余りある金額だ。実際、その当時の直

近の買収はビーツだったが、わずか30億ドルだった。

　アップルが配当や自社株買いを渋るのには、別の大きな理由があった。キャッシュの大半はアイルランドにあり、それをアメリカに還流するとなると、アップルが望まない税金の問題を引き起こすことになるからだ。この問題を回避するために、アインホーンは、iPrefと呼ぶ方法を提案した。アインホーンは、アップルが当時1株450ドルで取引されており、EPSは45ドル、P/Eレシオは10倍であることに注目した。アインホーンは、EPS45ドルのうち10ドルを、iPref配当という形で株主に支払うことを提案した。もっと具体的に言うと、株主はそれぞれ、普通株1株につきiPrefを5個受け取る。そしてiPrefはそれぞれ毎年、配当の形で2ドル受け取る。アインホーンはEPS45ドルを、普通株式からの利益35ドルと、iPrefからの利益10ドルに分けたことになる。

　なぜ、こんな面倒なことをするのか？　アインホーンによれば、こうすることで、多額の価値を引き出すことができる。新たな普通株は、同じP/Eレシオ10倍で評価される。もともとの普通株は350ドルの価値があったし、これからもあるだろう。キャッシュはアイルランドにあるので、新たなiPrefは大変安全な債券として評価されるだろうから、4%の利回りで投資家は満足するだろう。4%の利回りを受け入れ

るということは、5個のiPrefは250ドルに評価されることを示唆する（250ドル×4％＝10ドルの配当）。ということは、iPrefは4%の利回りから、マルチプル25倍と評価されるということだ。したがって、それまで450ドルの価値があるとされていた1株は分割され、組み合わせた価値は600ドル（250ドル＋350ドル）になる。

アインホーンは、どのようにしてこの金融エンジニアリングから1株150ドルを作り出したのか？　この計画のどこが悪いのか？　価値中立性の考え方はどうなったのか？

　アインホーンは、45ドルの利益を普通株の35ドルとiPrefの10ドルに分割することで、価値が急増すると示唆した。彼はどのようにそれを達成したのか？　カギとなるのは、iPrefのマルチプルを25倍、新たな普通株は10倍と、問題なく想定できると考えるところだ。

　iPrefの25倍と、普通株の10倍の2つの仮定のうち、どちらが怪しいだろうか？　25倍の想定は怪しげに見えるかもしれないが、通常の債券の利回りが低いこと、iPrefはいかに安全かを考えれば、妥当なところだろう。怪しげな想定は、普通株のP/Eレシオを10倍と、以前と同じに想定している

点だ。それは、以前の普通株が達成していた45ドルの利益は、新たな普通株の利益35ドルと同じに評価されるべきだ、と言っているのに等しい。

だが、この2つの利益の流れは同じか？ アップルの資本構成にiPrefが入ることで、新たな普通株式は大幅にリスクが高まる。事実上、アインホーンは、リスクは気にするなと言っているのだ。新しい普通株式が支払いを受ける前に支払いを受ける存在が出てきたにもかかわらず、投資家は以前と変わらずP/Eレシオ10倍の場合と同等の金額を払うとする。それは、追加のリスクを負うのに、追加のリターンは求めないと言っているようなものだ。なんとも疑わしい想定だ。この場合、普通株はリスクを多く負うことになるから、投資家はより高いリターンを求め、低い収益マルチプルで取引されるはずだ。

あなたはアップルだと仮定しよう。アインホーンはiPrefを作って会社に反乱を起こした。あなたの株主は、どうにかしろと要求している。アインホーンが言うとおりには動かないとわかっていても、iPrefのアイデアに賛同するか？ 株主にアインホーンの計算は疑わしいと指摘するか？ 配当を払うか？ 自社株買いをするか？

アインホーンの論理は少し疑わしいが、アップルは屈して、最大規模の自社株買いを実施し、配当を7倍に増やした。2015年末までに1000億ドルを還元することにコミットした。同時に、アップルはキャッシュを還元することに同意し、200億ドルを借り入れた。多額のキャッシュを抱えているのに、なぜ資金を借りるのか？ 1つの理由は、アイルランドからキャッシュを持ち帰るときにかかる税金を回避しようとしたからだ。そのパターンは継続している。2018年、アップルは1150億ドルほどの債務を負い、2900億ドルを主に株の買い戻しで還元し、キャッシュを2800億ドルほど保有していた。株主への還元資金は、主に借り入れで賄っている。

その後、とりわけこの株主還元の発表のせいでアップル株は急騰し、最終的には分割された。アインホーンの論理は間違っていた。そして彼は、たぶんそれを知っていたと思う。だが彼は、アップルが山積みにしていたキャッシュの問題に光を当てることに成功した。そしてアップルの経営陣は、実質的に、「わかった。キャッシュフローを分配して、資本配分の木から出ている還元の枝を伝って降りようじゃないか」と言ったようなものだ。

Quiz 練習問題

1つ以上の答えがある場合もあることに注意。

1. 2017年2月14日、ヒューマナ・インクは20億ドルの自社株買い戻しを発表し、15億ドルを17年の第1四半期に前倒しで行うとした。すぐさま株価は1株205ドルから207ドルに上昇した。株の買い戻し発表の直後に株価が上昇した理由は、次のうちのどれか？
   A. シグナリング
   B. 逆希薄化
   C. 価値創出
   D. 税金

2. 2016年9月、バイエルはモンサントを660億ドルで買収すると発表した。モンサント買収が完了した後、バイエルが懸念すべきことは次のどれか？（該当するものすべてを選択すること）
   A. デュー・デリジェンス
   B. シナジーの実現
   C. カルチャーの統合
   D. 正確な永久成長率

3. 100万ドルのフリーキャッシュフローを、既存の枠組みで成長させるオーガニック成長、配当、株の買い戻しの間で、どう配分するか決めようとしている。会社にはオーガニック成長の機会がある。それには100万ドルの投資が必要だが、NPVは230万ドルである。代わりに、100万人の株主に1ドルの配当を出すこともできる。あるいは10万株を1株10ドルで買い戻すことも可能だ。会社は、何をすべきだろう？
   A. 100万ドルをオーガニック成長プロジェクトに使う
   B. 100万ドルを配当で分配する
   C. 100万ドルを株の買い戻しプログラムで分配する
   D. 配当0.50ドルを支払い、残りの50万ドルで5万株を買い戻す

4. ファイナンスの観点から、コングロマリットについてどのような懸念が挙げられるか？
   A. 貴重な多角化のメリットを得て、株主に価値を創出する
   B. 価格のコントロールを得るために水平統合することができる
   C. 複数の産業で広範な経験を得て、より高い評価を得られる
   D. 株主は自分で分散投資できるから、会社がする必要はない

5. 2016年10月、マイクロソフトは400億ドルの自社株買い戻しプログラムを発表した。株主が配当ではなく株の買い戻しを好むのは、次のどの理由からか？ （該当するものすべてを選ぶこと）
   A. 株の買い戻しは、配当に比べて税率が有利になる（所得税率ではなくキャピタル・ゲイン税率を使うので）
   B. 株の買い戻しは、会社が株を過小評価されていると考えていることのシグナルになる
   C. 配当は既存の株を希薄化する
   D. 配当は会社が保有するキャッシュの金額を減らすので価値を棄損する

6. 買収時に過払いのリスクを減少させるのは、次のどの評価テクニックか？
   A. シグナリング
   B. カルチャーの統合
   C. シナジーの評価を最大にする
   D. シナリオ分析

7. 2016年に、カナダの会社はかつてないほど株式を発行した。なぜ株を発行すると株価は下がるのか？
   A. 希薄化
   B. シグナリング
   C. 株式発行は常に価値を棄損する

   D. 投資家は会社が株式発行で得た資金を株の買い戻しに使うことを好む

8. 不誠実な CEO が自社株買い戻しを行うとしたら、どういう理由からか？ （該当するものをすべて選ぶこと）
   A. 目標達成のために EPS を増加させるため
   B. CEO は株が過小評価されていると考えている、という虚偽のシグナルを送るため
   C. 配当には株の買い戻しとは異なる税率が適用されるため
   D. 配当は証券取引委員会によって規制されているが、株の買い戻しは労働省の管轄だから

9. 次のどれが最も価値を創出するか？
   A. NPV がプラスのプロジェクト
   B. 配当の支払い
   C. 自社株買い戻し
   D. 上記のいずれでもない

10. 買収が失敗するのは、次のどの理由からか（該当するものすべてを選ぶこと）
    A. シナジーが実現されない
    B. 被買収企業に支払い過ぎる
    C. カルチャーの衝突
    D. 資本コストの相違

この章のまとめ

　資本配分はますます、経営者の最大の関心事となりつつある。価値創出も可能だが、資本配分の不手際——例えば構想がよく練られていない買収、タイミングの悪い株の買い戻しなど——による価値破壊は、ほかの経営判断を矮小化してしまう。資本配分のディシジョンツリーのチャンスと落とし穴を、図6-14にまとめた。

　事業推進で中心となるべきは、常に、価値創出の機会を追求することである。株を安く買い戻すのは価値創出ではない。

図6-14

資本配分決定のチャート　要約

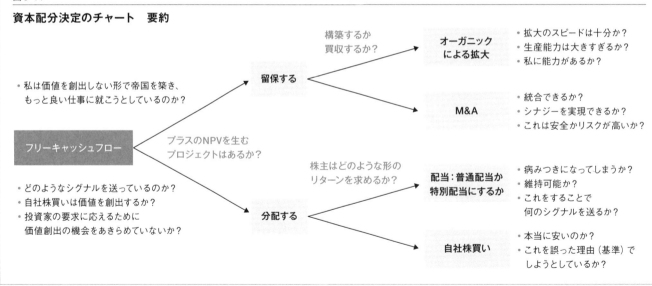

単なる価値の再配分でしかない。価値を創出する機会がある
のなら、既存の社内枠組みを生かしてオーガニックに行うか、
行わないかがきわめて重要な決定になる。このいずれを選ぶ
かの岐路は、地雷原となる。「M&Aは手っ取り早い」「シナ
ジーを考えよう！」というよく使われる論理によって、大き
く間違える可能性があるのだ。

　資金の還元をどうするかはもう1つの岐路で、同様に誤り
だらけだ。重要な教訓は、キャッシュは社内にあろうが社外
にあろうが、価値は同じだということ。価値は、貸借対照表
の資産サイドで創出される。ファイナンスの決定で作られる
ものではない。税制や情報の非対称性など市場の不完全性の
観点から、これらの決定が重要になるだけだ。この岐路に立
ち、この決定がシグナリング、エージェンシー問題のコスト、
税にどのような影響を与えるかを、じっくり考えることが重
要だ。さまざまな還元戦略や特別配当を使うことは、とりわ
け効果が大きい。

Conclusion

結論

おめでとう！

　本書を読み進むのは、骨の折れる、厳しいけれど楽しいものだ、と思っていただけただろうか。DCF、比率分析、マルチプルなどのさまざまなファイナンスのツールに慣れ、包括的なファイナンスの考え方を理解していただけたならよいのだが。ファイナンスの世界を探求し続けるために、いくつかのアイデアと提案を詳しく挙げておこう。

● 資本市場とファイナンスは、すべて情報、インセンティブの世界であり、お金ではない。ファイナンスは本質的に、プリンシパル−エージェントの問題、所有と経営の分離、といった近代資本主義の根深い問題を解決しようとするものだ。

● 資本配分はCFOとCEOにとって、最も重要なファイナンスの問題だ。いつキャッシュを分配するか、あるいは再投資するか。社内の既存枠組みを利用してオーガニックに成長するのか、外部の力を使って成長するのか。自社株買いで株主に還元するのか、配当をするのか。これらの問題は、とてつもない価値創出をもたらすかもしれないし、価値を破壊するかもしれない。

● 価値は、すべて将来から生まれる。今日の価値は、将来の価値創出に対する期待を反映するものである。長期にわたって資本コストを上回る利益からのみ、価値が創出される。そして高い利益を上げるようにキャッシュフローを再投資することによって生じる。

● 株主資本利益率（ROE）は業績を測る重要な評価基準であり、この利益は、収益性、生産性、レバレッジから生じる。財務業績を分析するには、比較可能で、相対的なフレームワークが必要となる。数字はほかと比べなければ意味がない。業界や時間的な動きを考慮しなければ意味がない。

● 収益性の考え方は、不完全で問題がある。キャッシュフローの考え方を損なうからだ。経済的なリターンを測るには、キャッシュのほうが優れている。キャッシュを測るには多くの方法がある。EBITDA、営業キャッシュフロー、そして最も役に立つのがフリーキャッシュフローだ。

● 評価はアートであって、科学ではない。科学の情報で成り立つアートだ。だが、最も重要なところは主観的であり、そのプロセスは間違いを犯しやすいものだ。プロセスの中に隠された偏見に注意をしよう。特にシナジーの魅惑や、アドバイザーが持つインセンティブには注意しよう。

● リターンとリスクは対応していなくてはならない。そしてリスクは、分散ポートフォリオの観点から考えるべきだ。市場を上回るリターンを得るのは難しい。手に入れたのかどうかもはっきりしない。

● 経営陣は資金の出し手のための、資本の管財人だ。資本に対するリターンの発生を遅らせたなら、遅れたぶんと所有者が取ったリスクを補うべきだ。

● 株主にキャッシュを還元するなどのさまざまなファイナンスの決定は、それ自体が価値を創出したり、破壊したりするものではない。これらの決定が重要になるのは、経営陣

と資本市場との間の情報の問題や、そのほかの不完全性が存在するためだ。

次のステップは？

　本書は、始めの一歩であり、終わりだとは思わないでほしい。ここで学んだツールやスキルで、ファイナンスを理解する生涯の旅が始まる。次のステップを考慮するにあたり、価値創出のレシピは役に立つだろう。

●あなたの貴重な時間を上手に投資するように。研究したい会社を何社か選び、決算状況を追跡し、それらの会社が提供するIR電話会議に参加しよう。経済紙を購読しよう。社内の財務担当者と話をする時間を取り、徹底的に質問をしよう。

●第二に、成長を続けよう。ここで学んだ基礎的知識をもとに、さらにファイナンスの知識を身につけていこう。学んだことを、ほかの人に教えてあげよう。第1章の演習を、配偶者と試してみてほしい。ファイナンスの世界にいる友人に、彼らが使う用語を本当に理解しているかどうか、突っついてみよう。

●最後に、継続していこう。ファイナンスの学習は一生の旅

だ。もっともっと投資をすれば、得られるご褒美はどんどん大きくなっていく。

Answers　各章末練習問題の答え

第1章

1.　C

レバレッジを上げれば会社のリスクが高まるので、損失も膨らむ

　レバレッジは全体のリスクを増やすので、利益も損失も増加させる。プラス面としては、レバレッジによって利益を増加させることができる。収益性がマイナスの場合には、レバレッジは損失を大きくする。

2.　B

安定的な予測可能な業界で、キャッシュフローが確実な会社

　レバレッジはリスクを増加させるので、レバレッジの金額の高い会社は、リスクにあまりさらされないビジネスモデルの企業になるだろう。新しい業界の会社は通常リスクが高いので、ファイナンスのリスクがビジネスリスクを増幅させてしまう。

3.　D

優先株の配当は偶数のパーセンテージでなければならない（2%、4%というように）

　優先株は株式の一種なので、会社の所有権を持つ。しかし、倒産の事態では「優先」して、普通株式を所有する株主よりも前に支払いを受ける。配当も、優先株主は普通株主よりも先に受け取る。

4.　A

ギリアド・サイエンシズ・インクの、収益性の高い社内開発によるC型肝炎治療薬の特許

　特許は知的所有権の一種で、貸借対照表の資産には通常表れない。しかし、開発した会社が他社に買収されると、のれんとして資産の一部に計上される。フェイスブックの現金科目は現金資産だ。建物は固定資産。会社に支払う義務のある支払いは、売掛金資産だ。

5.　A

ファストフード・レストランのサブウェイ

　在庫回転率は、1年間に何回その在庫を売り切るかを計測する。食料雑貨店、ファストフード・レストランなど、食料を売る会社は通常、在庫を早く売り、在庫回転率は高い。食料雑貨店は食料品以外も売る（例えば電球とかペーパータオルとか）ので、ファストフード・レストランがいちばん在庫回転率が高いと言えるだろう。書店は本を書棚に長く置いておいても、あまり気にしない。航空会社は物理的在庫を持たない。

6.　B

短い売掛金回収期間

　小売業は売掛金回収期間が通常短い。顧客は購入した品物の代金を即座に支払うからだ。売掛金回収期間を見れば、法人相手の事業か（売掛金回収期間が長い）、あるいは消費者相手か（売掛金回収期間が短い）が見分けられる。ROE、在庫回転率、債務レベルは、主に販売商品のタイプに影響される。小売業界ならみ

234

な同じというわけではない。

7. D

製鉄会社のUSスチール

　BHPビリトンにお金を借りる会社は、鉱業会社の製品である原鉱を定期的に購入して、製造過程で使う会社だ。BHPビリトンは、バンク・オブ・アメリカ、マイニング人材紹介代理店、シスコにお金を借りているかもしれない（BHPビリトンの買掛金に計上される）。だが、4つの選択肢の中で、鉄鋼に加工処理する原鉱を購入するUSスチールだけは、BHPビリトンが売掛金としてお金を貸している。

8. B

サプライヤー

　流動比率は、会社が短期債務を短期資産によって、どの程度容易に支払えるかを示すものだ。言い換えれば、会社の請求書支払能力を測るものだ。選択肢にある4社とも流動比率に関心があるだろうが、サプライヤーがいちばん強い関心を持つ。請求書を出す側だからだ。

9. B

正しくない

　ROEが高いことは望ましいが、常に良いこととは限らない。ROEを構成する要素を見れば、そのROEが持続可能か、あるいは会社を破壊するものの上に成り立っているのかを、見極めることができる。前述のティンバーランドは、収益性ではなく、レバレッジによって高いROEを出している例だ。

10. A

金利が明示された債務

　債務は、明確な金利が付いているので、通常の負債とは異なる。株式と違い、普通の債務には会社の所有権がない。株主資本は通常、会社の残余請求権である。債務は、サプライヤーに限らず、銀行など会社にお金を貸す人が所有するものだ。

第2章

1. B

売上を伸ばす

　資金繰りのギャップは、在庫日数＋売掛金回収期間−買掛金支払期間で計算される。このギャップは、在庫日数を減らすか、売掛金回収期間を短縮するか、あるいは買掛金支払期間を長くすることで減少させられる。売上を伸ばしても、日数で測定される資金繰りギャップは変わらない。とはいえ、全般的な運転資金をさらに多く必要とするだろうから、資金調達に必要な金額は増加するだろう。

2. A, B, D

[A]経済的リターンを構成するもの（純利益あるいはフリーキャッシュフロー）[B]資産をどう評価するか（取得原価あるいは将来のキャッシュフロー）[D]株式価値をどう評価するか（簿価か時価か）

　会計とファイナンスでは、経済的リターン（純利益かフリーキャッシュフローか）、資産価値（取得原価か将来のキャッシュ

フローか）、そして株式の評価（簿価か時価か）で考え方が違う。いずれも、在庫は貸借対照表に記載されるべきだ、という点では一致する。

3.　B,C

[A] 4億ドルと［B］5億ドル

　会社は、現在価値がプロジェクトの投資費用を上回るプロジェクトにだけ投資すべきだ。言い換えれば、会社は正味現在価値（NPV）が0より大きいときにだけ、プロジェクトに投資すべきだ。この場合、4億ドルと5億ドルだけが、投資費用3億5000万ドルよりも大きい。

4.　B

23万ドル

　投資の現在価値を出すには、その投資から生じる割引キャッシュフロー（DCF）をすべて足し合わせればよい。この場合、キャッシュフローの合計は48万ドルになる（9万ドル＋8万ドル＋7万ドル＋6万ドル＋18万ドル）。投資のNPVは、その現在価値から費用を引いた数字になる。この場合、それは23万ドルになる（48万ドル－25万ドル）。

5.　C

なぜなら、減価償却費は非現金費用だからだ

　減価償却はキャッシュの支出を伴わない。だが、純利益は減少させる。したがって、キャッシュを重視して経済的リターンを見る場合には、減価償却費を足し戻さなくてはならない。

6.　A

キャッシュと債務を相殺した後、フェイスブックの事業から生じるすべての将来のキャッシュフローの現在価値から見ると、フェイスブックの株価は150ドルになる

　NPVが0よりも大きい投資なら、投資できる人は誰でも投資すべきだ。市場の株は、NPVがかっきり0になるまで、需要が上昇するはずだ。NPVがかっきり0になるには、株価はその株から期待されるキャッシュフローの現在価値に等しくなければならない。フェイスブックの株の場合、150ドルで取引されているのなら、投資家はその株を所有することで受け取る将来のフリーキャッシュフローの現在価値が、150ドルであると信じていることを意味する。

7.　B

52日間

　資金繰りのギャップは、在庫日数＋売掛金回収期間－買掛金支払期間で計算される。USスチールの場合、それは52日になる（68日＋33日－49日）

8.　C

2%

　もしサプライヤーに早く支払えば、資金繰りのギャップは増加する。その増加分を銀行融資で埋める必要がある。現在、そのギャップは割引を受け取らないことで穴埋めしている。そのレートは2%である。したがって、サプライヤーが、20日間早く支払えば2%の割引をすると言うのは、2%の金利で20日間の融資を

236

提供すると言っているのと同じだ。

9. B

いいえ

　現在価値は5000万ドルのままだ。ファイナンスでは、サンクコストは関係ない。したがって、当初の投資費用と予想フリーキャッシュフローは、もはや関係がない。関係があるのは、現状がどうかということだけだ。この場合、投資費用は今やゼロである（すでに支払っている）。そして投資の現在価値は5000万ドルである。それは、工場をそのまま残すことのNPVは5000万ドルということだ。それはプラスの数字だから、工場は閉鎖せずそのまま残すことを選択すべきだ。

10. B

すべての資金の出し手のものであり、税効果調整済みである

　フリーキャッシュフローは、債券であれ株であれ、すべての資金の出し手のものである。それは次の方程式で計算される。

　フリーキャッシュフロー＝ EBIAT ＋減価償却±純運転資金の変化－設備投資

第3章

1. A

ゼネラルモーターズを買い（ロング）、フォードモーターを売る（ショート）

　ヘッジのポジションを作るとき、類似した2社を探し、良い業績を上げるだろうと思う1社の株を買い（ロング）、あまりうまくいかないだろうと思う1社を売る（ショート）。この場合、ゼネラルモーターズをロング（買い）、フォードモーターをショート（売る）すべきだ。

2. B

それはリターンの金額との兼ね合いで、ポートフォリオのリスクを減少させる

　分散は、ポートフォリオに入れる株の数を増やし、全体的なリスクを減らすことだ。異なる会社の株はまったく異なる形で推移するから、完全に相関しない。したがって分散は、リスク調整後のリターンを減らすことなく、リターンの変動を減らすことによって投資家にメリットを与える。

3. D

会社が予想を達成できなかったのは、偶然のことなのか、運が悪かったのか、あるいは経営陣が何かもっと根深い問題を隠しているシグナルなのかが、投資家には判断ができない

　株は収益予想を達成できないと、値下がりする。なぜ達成できなかったのか、投資家がその原因を確定できないからだ。投資家と経営陣との間に情報の非対称性があるために、投資家は収益で不意打ちを食らうと、最悪の状況を想定するものだ。例えば、2016年11月、ファイザーは1株当たりの収益（EPS）を61セントと報告した。予想のコンセンサスは1株62セントだった。たった1セント不足しただけなのに、ファイザーの株はこの発表の後、3.5% 下落した。

4. A
化学および製薬の多国籍企業、バイエル

　ヘッジを組むとき、ほぼ同等の会社を選ぼうとする。この場合は、ダウ・ケミカルと別の化学会社バイエルを組み合わせるべきだ。分散は全般的なリスクを減少させるが、ダウ・ケミカルのリスクを切り分け、そのリスクをきっちりヘッジすることはできない。

5. B
アナリストは「売り」推奨することを恐れる

　その会社が彼らの雇用元と、将来仕事をしなくなるかもしれないと考えるからだ。「売り」推奨を食らった会社は、その仕事を他社に与えて仕返しをするかもしれない。そして、その仕事は、アナリストを雇用する会社の主な収益源なのだ。好業績の会社に投資する投資家や、優良企業に投資をする年金基金は、良いインセンティブの例だ。CEO は、個人資産の大半がストックオプションに縛られていると、リスクを減らす。たぶん、過剰に減らす。

6. C
セルサイドの会社

　大半の株式リサーチ・アナリストは投資銀行などのセルサイドの会社に雇用されている。セルサイドの会社は株式リサーチ・アナリストを雇い、バイサイドの機関投資家にアイデアと情報を提供する。それによって投資家はお気に入りのアナリストを雇用している投資銀行に、もっとビジネスをまわすようになる。

7. A, B, D
[A] アナリストは、会社の正確な評価をしようと、熱心に働く [B] ランキング上位のアナリストは、ランキングで自分の立場を維持するために、ほかのアナリストと類似の評価を選んで「群れる」ことがある [D] ランキングの低いアナリストは、幸運に恵まれてランキングのトップに躍り出ることを願って、突飛な逆張りの予想をすることがある

　アナリストはランキングによって報酬が決まるから、高いランクにつけるように働く。これは正確な評価を出すために一生懸命働く、といった良いインセンティブになることもあるが、自分の地位を守るために群れたり、大胆で突飛な予想をしてランクを急上昇させようとしたりする、悪いインセンティブになることもある。アナリストの群れる行動が、アナリストのレポートの質を落とし、情報の非対称性の問題を悪化させた例がある。それによって、収益予想で予想外の結果が多く出るようになり、それにより市場のボラティリティが高まる事態が出てくる。

8. C
セルサイド

　IPO は株式の販売である。そのため、セルサイドの会社が取り扱う。フェイスブックの IPO は、ピーク時には時価総額1040億ドルとなり、インターネットの歴史始まって以来の超大型の IPO となった。引受は、モルガン・スタンレー、JP モルガン、ゴールドマン・サックスの3社が行った。

238

9. B

会社を買い、改善し、ほかのプライベート・エクイティに売却するか、公開市場で売却する

　プライベート・エクイティ市場は、この何十年間で急速に成長した。マッキンゼーのレポートによれば、プライベート・エクイティの運用資産は、2017年には5兆ドルに増加している。注1

10. D

プリンシパル-エージェント問題

　この場合、不動産の仲介業者（エージェント）は、オーナー（プリンシパル）のために、自分の取引をするのと比べて、熱心にも、巧みにも働いていない。1992年の「ジャーナル・オブ・アメリカン・リアルエステート・アンド・アーバン・エコノミックス・アソシエーション」で、マイケル・アーノルドは不動産仲介業者の3種類の報酬の仕組み（固定割合の手数料、固定手数料、委託）を分析した。そして、急いで売りたい人の場合には、固定割合の手数料がいちばん良い（仲介業者は最終価格の一定割合を手数料として受け取る）、じっくり待てる売り手なら、委託が良い（売り手は事前に決められた金額を受け取り、仲介業者はそれを上回る金額を全部受け取る）とした。

第4章

1. A, B

[A] 資本コストを上回る資本の利益率　[B] 成長のために再投資をする

価値を生み出すものは3つある。資本コストを上回る資本利益率、成長のための利益再投資、そして長期間にわたり両方を維持することだ。1株当たり利益（EPS）は会計上の評価基準で、価値創出は捕捉しない。そして総利益（売上－売上原価）は、営業費用がその総利益を上回るかどうかは教えてくれない。

2. B

株価がより広範な市場でどのくらい動くかを測定するもの

　分散にコストがまったくかからず、投資家が株式市場全体を所有しているような環境では、会社のリスクを適切に測る基準は市場のポートフォリオとの相関度である。それがベータだ。例えば、アップルのベータは1.28である。ということは、平均して、市場が10%上昇すると、アップルの株価は12.8%上昇する。市場が10%下落すると、アップルの株は12.8%下落する。

3. C

事業部門C

　不正確に高いベータを使うと、株主資本コストが不正確に高くなる。そして資本コストが高すぎることになってしまう。これは、プロジェクトの現在価値が低くなりすぎる結果となり、会社はこれらの投資を敬遠するようになる。逆に、ベータが低すぎると株主資本コストが低すぎることになり、現在価値が高すぎることになる。そして、会社は過大投資をするようになってしまう。この場合、平均のベータ1.0はC事業部門には低すぎるので、会社はその部門に投資をしすぎる結果になる。

4. A

お金を貸す人は、現時点での借入コストがいくらかを知っている

　貸し手は、リスクフリー・レートと会社のリスク度合いに応じた信用スプレッドの組み合わせで、債務コストがいくらになるかを決められる（会社の流動比率に信用格付けを掛け合わせて求めることはしない）。WACCから株主資本コストを差し引いて債務コストを求めるのは間違いだ。コストからWACCを求めるのであって、その逆ではない。

5. B

1より小さい

　資本利益率が資本コストよりも少ないときには、株価資産倍率は1よりも小さくなる。この場合、将来にわたるフリーキャッシュフローは毎年、成長率（資本利益率）よりも高いレート（資本コスト）で割り引かれる。そのような状況では、会社は事業を継続することによって価値を破壊しているのだから、会社を所有する人は事業撤退を考えるべきだ。

6. B

正しくない

　会社の価値は、一定のところまでレバレッジを加えることで、増加させることができる。債務の金利支払いに対する税制メリット（金利支払い分は税額控除される国の場合だが）があるからだ。そして、一定のところで、会社は最適資本構成に達する。さらにレバレッジを加えると、税制のメリットよりも経営不振のコスト増のほうが大きくなる。

7. B

リスクフリー・レートに株のベータと市場リスクプレミアムを掛け合わせた数字を足す

　資本資産評価モデル（CAPM）に従うと、株主資本コストはリスクフリー・レートに、ベータと市場リスクプレミアムを掛け合わせたものを足したものとなる。1990年にウイリアム・シャープ、ハリー・マーコウイッツ、マートン・ミラーは、1960年代にCAPMを開発した功績を認められ、合同でノーベル賞を受賞した。

8. A

高い株主資本コスト

　資本資産評価モデル（CAPM）に従うと、株主資本コストはリスクフリー・レートに、ベータと市場リスクプレミアムを掛け合わせたものを足したものとなる。したがって、ベータが高いと資本コストは高くなる。資本コストは株主が会社に期待するリターンだから、株主はベータの高い業界からは、低いベータの業界よりも高いリターンを期待するということだ。

9. D

資本コストよりも高い利益率で価値を創出するからだ

　NPVがプラスのプロジェクトは、資本コストよりも高いリターンを生み出す。第2章で見たように、NPVはどのプロジェクトが価値を創出するかを見極める方法だ。NPVはプロジェクトの割引フリーキャッシュフロー（DCF）を使うが、このキャッシュフローは資本コストで割り引かれる。フリーキャッシュフローは

240

すべて割り引かれ、合計されるが、プロジェクトの利益率がその資本コストよりも大きければ、プラスの数字になる。

10. A

なるべく多くの利益を再投資する

　価値創出は3つのものから実現される。資本コストよりも大きい資本利益率、成長への再投資、そして時間だ。この状況では、会社はすでに資本コストよりも高い資本利益率を達成しているから、価値創出を最大化するために、できる限り多く再投資すべきだ。再投資に代わるもの、すなわち株主への分配については、第6章でじっくり見ていく。

第5章

1. C

1125億ドル

　シナリオ分析をする目的は、期待値を出すことだ。期待値はそれぞれのシナリオになる可能性で加重平均を出す。この場合、加重平均500億ドル（×25%）＋1000億ドル（×50%）＋2000億ドル（×25%）で、1125億ドルが期待値となる。この期待値が最高値の入札値になる。それが会社の価値と考えるからだ。もしベストケースのシナリオだけに基づいて入札価格を出したなら、NPV0を達成するためだけに、そのベストケースになるよう努力しなくてはならなくなってしまう。

2. C

5億ドル

　会社を5億ドルと評価し、シナジーは5000万ドルと推定し、すべてのシナジーを手に入れようとしたら、その会社に5億ドル以上を支払うべきではない。5億5000万ドルとか、5億ドル以上の札を入れたら、シナジーを製材会社の株主にあげることになってしまう。

3. A

市場は、ヤム！に、ウェンディーズやマクドナルドよりも成長の機会があると考えている

　PERは、永久成長方式（growing perpetuity formula）にさかのぼることのできるマルチプルだ。その方程式の分母は、割引率マイナス成長率である。したがって、PERの高い会社は割引率を低くするか、成長率を高くする必要がある。これらの会社の正確な価値はわからないから、ヤム！だけが成長の機会が大きいことで、PERがウェンディーズやマクドナルドよりも高い説明がつく。

4. C

価値破壊、買収者から被買収会社への富の移転

　あなたの会社は価値を失ったが、被買収会社は価値を得た。ということは、買収者から被買収者に価値が移転したことを意味する。被買収会社の株主は2500万ドルの価値を得たが、あなたの会社の株主は価値を失った。したがって、これはシナジーを分け合ったケースではない。あなたの会社の価値が被買収企業に移っただけだ。また、失った価値は、被買収会社が得た価値よりも大きい。ということは、価値の棄損があったことを意味する。2つ

の会社が1つの組織で、一方が2500万ドルを得て、もう一方は5000万ドル失ったと想像しよう。純損失2500万ドルが価値棄損したことになる。

5. C

流動資産対流動負債

P/E、企業価値/EBITDA、時価総額/EBITDAは、すべて評価のためのマルチプルだ。価格、企業価値、時価総額はすべて価値を表現しているので、評価マルチプルとなる。流動資産÷流動負債で表される流動比率は、価値を示さない。役に立つ比率で、特にサプライヤーには役立つが、会社の価値に関する情報は伝えない。

6. C

割引率9%と成長率3%

企業価値対フリーキャッシュフローのレシオは、永久成長方式と考えることができる。分子は1（全体評価を決めるために、マルチプルはフリーキャッシュフローに掛け合わされるからだ）。そして分母は割引率マイナス成長率だ。もし企業価値対フリーキャッシュフローの比率が16.1であれば、グッドイヤーの永久成長方式の分母、（r − g）は、1/16.1に等しくなる。それはほぼ6%となる。したがって、割引率マイナス成長率は6%に等しくなるはずである。この場合、ただ1つのオプション（9%と3%）が説明に使える。

7. D

1万ドル

永久成長方式を使って、この教育機会の価値を1000ドル/（13% − 3%）、すなわち1万ドルと計算できる。これが、あなたが支払う最大限の金額となる。

8. D

IRR25%のプロジェクトは好ましいかもしれないが、DCF分析を行うべきだ

WACCよりもIRRが低いプロジェクトには投資をしてはいけない、というのがIRRの最初のルールだ。両方のプロジェクトはWACCよりもIRRが高いから、2つを比較する方法が必要だ。しかし、IRRは価値創出の評価尺度としては優れているとは言えず、IRRだけではどちらのプロジェクトがより多くの価値を創出するかはわからない。IRR25%のほうが価値を創出しそうだが、NPV分析で正しい答えがわかるだろう。

9. A, C, D

[A] 永続価値に使う成長率が高すぎる　[C] 株主資本の価値ではなく、会社の購入価格に基づいている　[D] シナジー分を支払っている

経済全体よりもはるかに高い成長率を使って永続価値を計算すると、その会社がやがて世界を乗っ取ることになってしまう。経済全般が2～4%で伸びているとき、選んだ6%は高すぎる。さらに、アシスタントは、シナジーを含む入札価格を提案している。それでは買収から生じるすべての価値を、買収企業ではなく、被買収企業に移転することになる。最後に、アシスタントは債務5000万ドルと現金1000万ドルを考慮に入れずに価格を推薦して

いる。それを入れれば、株主資本評価は会社の評価額1億ドルよりも低くなる。1つだけ彼は正しいことをしている。足元の成長率に業界の成長率を使ったのは良いやり方だ。同じ業界の会社は、同じような成長率になることが多いからだ。

10. A

NPV1億ドルのプロジェクト

NPVがプラスのプロジェクトは価値を創出する。プロジェクトのコストと資本コストを超える価値をすべて考慮しているからだ。回収期間とIRRには問題があり、プロジェクトが価値を創出するかどうか決められないので、使いたくない。現在価値はプロジェクトの価値を測るのに正確なものさしだが、価値創出については何も教えてくれない。投資費用の要素を考慮に入れないからだ（例えば、このプロジェクトのコストが2億5000万ドルだとすれば、それは価値を破壊するものだ）。

第6章

1. A

シグナリング

自社株買いは価値を創出しない。しかし、会社の経営陣が自社の株価は過小評価されていると思っている、というシグナルを市場に送る。それによって株価が上昇することは考えられる。この説明は、情報の非対称性の問題に戻る。適切な情報を持つ人が株価は魅力的な投資レベルだと思えば、ほかの投資家は追随しようと思うだろう。

2. B, C

[B] シナジーの実現 [C] カルチャーの統合

買収後は評価も入札も終わっているから、デュー・デリジェンスと正確な永久成長率はそれほど重要ではなくなる。評価も入札もすでに終わっていて、つけた価格での支払いはすでに終わっている。カルチャーの統合とシナジーの実現は残っており、バイエルが注意を払うべき重要な関心事である。正しく注意を払わなければ、買収から得られる価値は、購入価格を決めたときの評価額660億ドルには達しないだろう。

3. A

オーガニック成長プロジェクトに100万ドルを使う

会社はNPVがプラスになるプロジェクトがあれば、常に投資すべきだ。それが会社に価値をもたらす。配当や自社株の買い戻しによる株主還元は価値を生まない。

4. D

株主は自分で分散できる

会社が彼らのためにする必要はない。ファイナンスの原則は、株主が自分でできることは、経営陣はすべきではないとする。しかし、国によっては、労働・製品あるいは資本市場で摩擦が生じているのなら、コングロマリットが克服できることがあり、価値を創出することもある。

5. A, B

[A] 自社株の買い戻しは、配当に比べて有利な税率を選べる（所得税率の代わりにキャピタル・ゲイン税率を使える）[B] 自社

株買いは、株は過小評価されていると会社が考えていると伝える

　配当だと所得税がかかるが、自社株買いだとキャピタル・ゲイン課税で済み、また会社の経営陣が株は過小評価されていると考えていることを伝えてくれるので、株主は自社株買いを好む。配当は既存株を希薄化させないし、価値を棄損しない。価値に中立的だ。株主により異なる資本配分を好むことは「顧客効果」と呼ばれ、会社は株主の選好に基づいて方針を決める。

6. D

シナリオ分析

　入札の手続きに入る前、買収に際して、払い過ぎないかということが懸念される。シナリオ分析は、入札の前により正確な価値を決めるのに使える。カルチャーの統合は評価のプロセスが終わった後のことだ。評価時にシナジー価値をめいっぱい見積もると、リスクを減少させるよりも、金を払い過ぎる結果になりがちだ。

7. B

シグナリング

　株式発行は価値に中立的だ。しかし株価を下げる原因となることが多い。これはシグナリングのせいだ。株主は、なぜ会社が債務や内部資金を利用してプロジェクトに投資しないのか、それだけの自信がないのかと怪訝に思う。株主はこう考える。もし会社がその投資は価値を創出すると考えるのなら、なぜ、その価値を既存の資金の出し手にとどめようと思わないのだろう？　情報の非対称性のせいで、株主は、会社が新たな投資家を入れるのは、

価値創出能力に自信がないからだと結論付けることもありえる。

8. A, B

[A] 目標達成のために EPS を増加させる [B] CEO は株価が過小評価されていると信じている、という偽のシグナルを送る

　株の買い戻しは発行済株式数を減少させる。それは EPS を増加させる（分母が小さくなるからだ）。たちの悪い CEO は、目標達成のためにこれをする（ボーナス・パッケージを手に入れるためだろう）。投資家は株の買い戻しを、経営陣は株が過小評価されていると思っているサインだと見るから、たちの悪い経営陣はこの想定を利用して、シグナル効果が株価を上げることをあてにして、株価を操作する可能性がある。

9. A

NPV がプラスのプロジェクト

　配当支払いや株の買い戻しは価値に中立である。NPV がプラスのプロジェクトだけが価値を創出する。シグナル効果で株の買い戻しにより株価は上がるかもしれないが、これは価値を創出しているわけではない。会社は彼らが考えるよりも高い価値を持っているのだ、ということを株主に情報提供するだけだ。

10. A, B, C

[A] シナジーが実現されない [B] 買収にお金を支払い過ぎた [C] カルチャーが衝突した

　買収はこういった理由から失敗に帰することがある。資本コストの違いは評価のプロセスで考慮されるべきだが、買収の成否を決めるものではない。

244

Glossary
用語集

【ア行】

アクティビスト投資 [activist investing]

上場企業に重要な戦略変更をさせるために株を大量に取得する、投資戦略のひとつ。

アクティブ投信 [active mutual funds]

どの株や資産に投資するかを運用担当者が自ら選択する投信。

アスク [ask]

売り手が売ろうとする価格。

アルファ [alpha]

適切なリスク調整後にベンチマークを上回る超過リターン。

イールドカーブ（利回り曲線）[yield curve]

同じ資産クラス、同じ信用度の債券が償還期限によって示す異なる金利、利回りをプロットして描いた曲線。

インセンティブ [incentives]

役割を果たそうとする気持ちにさせるための、褒賞として認識されるもの。

インタレスト・カバレッジ・レシオ [interest coverage ratio]

会社の財務的持続性を測るために、金利支払いが可能なだけの利益を上げているかどうかを見る。EBIT ÷ 金利費用　あるいは EBITDA ÷ 金利費用。レシオの数値が高いほど企業の金利支払い能力は高い。

売上原価 (COGS) [cost of goods sold]

顧客に販売するための在庫の費用。販売原価とも言う。

売上総利益率 [gross margin]

収益性を測るもので、売上から売上原価を差し引いた残りが売上の何パーセントになるかを計算する。総利益を該当期間の総売上で割って計算する。粗利益とも呼ばれる。

売掛金 [accounts receivable]

資産勘定。顧客に信用供与して提供した製品やサービスに対して、将来現金を受け取る権利。

売掛金回収期間 [receivables collection period]

現金循環化日数の構成要素で、信用で購入した顧客から、会社が代金を回収するまでにかかる日数。

運転資金 [working capital]

会社の基本的な事業運営に必要な資金額。流動資産と流動負債の差額、すなわち在庫＋売掛金－買掛金で計算される。

営業キャッシュフロー [cash flow from operating activities]

キャッシュフロー計算書の一部で、事業活動から生じるすべてのキャッシュを記載したもの。資金はすべて製品やサービスの販売によって生じたもので、製品やサービスを製造したり、提供したりするのに資金は使われる。

永続価値（ターミナルバリュー）[terminal value]

将来の価値を捉えるために、永遠にキャッシュフローを予測する代わりに、ある将来の時点までのキャッシュフローを使う評価方法。最終価値、残存価値とも言う。

オーガニック成長 [organic growth]

社内のプロジェクトに投資をすることで、プラスのフリーキャッシュフローを得て成長すること。

お金の時間価値　[time value of money]

今日受け取るお金は、将来のある時点で受け取るお金よりも価値があるという考え方。お金を手元に持たないことで生じる機会費用によって生じる。

【カ行】

買掛金 [accounts payable]
　負債勘定。信用供与により製品やサービスを提供したサプライヤーに支払うべき義務。

買掛金支払期間 [payables period]
　現金循環化日数の一要素で、信用購買したときにサプライヤーへの支払いが猶予される平均日数。

回収期間 [payback period]
　プロジェクト、資産あるいは会社への投資金額を、プラスのキャッシュフローによって回収するまでの長さを指す。お金の時間価値を考慮せずに計算されるのが一般的。

会社の価値 [firm value]
　「企業価値」を参照。

会社 [company]
　事業に従事する目的で設立された法的存在で、利益を得るために製品やサービスを提供する。法的な所有の枠組みや法的責任は司法の管轄区域によって異なるが、たいていは個人事業、パートナーシップ、法人に分類される。

確定給付 [defined benefit]
　企業が提供する年金制度。従業員の受け取る給付額は（勤続年数や給与水準など）一定の要素で決められる。会社が年金のポートフォリオ

を管理し、投資戦略のリスクを負い、退職者への支払いの責任を負う。

確定拠出 [defined contribution]
　企業が提供する年金制度。従業員と雇用主の双方が年金に拠出する。投資戦略のリスクは従業員が負う。

加重平均資本コスト（WACC）[weighted average cost of capital]
　債務と株式のコスト、関連する資本構成、債務発行による税金のメリットなどを考慮した、会社の資本コスト（％）。

価値の中立性 [value neutrality]
　資金調達方法などの変更では市場価値が変わらないこと。

合併 [merger]
　2つの会社が、同意によって1つの新たな組織になること。

株価資産倍率 [market-to-book ratio]
　時価と簿価の比率。

株価収益率（PER）[price-to-earnings ratio]
　会社の1株価格と1株当たりの利益との比率

株式アナリスト [equity analyst]
　通常は投資銀行の社員で、上場企業のリサーチを機関投資家の顧客に提供する。アナリストは株の価値を査定し、顧客に買い・売り・中立

の推奨を行う。

株式発行 [equity issuance]
　会社が資金を調達するために株を発行すること。

株式分割 [stock split]
　既存の株を分割して新たな株にすること。既存株の価値を分割して株数を変更する効果がある。

株主還元 [cash distribution]
　配当か自社株買い戻しを通じて株主に現金を分配すること。

株主資本 [shareholders' equity]
　株主に帰属する事業の残余請求権。事業のリソース（資産）をすべて足し合わせ、第三者（貸し手やサプライヤーなど）がこれらの資産に対して持つ請求権を差し引いた残余（残っているもの）が株主資本である。それには2つの構成要素がある。1つは所有権を得るために事業に投資されたお金で、もう1つは事業が生み出して保留した利益である。普通株式、自己資本、純資産、エクイティなどとも言われる。

株主資本コスト [cost of equity]
　株式により資金調達する場合の費用。債務費用と異なり、このコストは明示されず、投資家の期待収益率（％）で測られる。年間に支払う

金額で表されることもある。

株主資本利益率（ROE）[return on equity]

株主の投資額に対して、どれだけの利益を生み出しているかを計測する指数。純利益を平均株主資本で割った数値。

完全な情報 [perfect information]

すべての市場参加者が同じ情報にアクセスできる状態。

機会費用 [opportunity cost]

あることを行わなかったために逸した利益。

機関投資家 [institutional investors]

多様な組織から資金を集め、彼らの代わりに投資を行う（投資信託、ヘッジファンドなど）。

企業価値 [enterprise value]

企業全体の価値。企業が生み出す将来のキャッシュフローを現在価値に引き直すことで求められる。株の時価総額に債務を足し、余剰現金を引くことでも計算できる。

期待収益率 [expected return]

投資家がリスクを負う度合いに応じて、投資に期待する利益率。

期待値 [expected values]

プロジェクトや買収でいくつかのシナリオから計算される結果を、実現性の確率で加重平均した合計値。

寄付基金 [endowment funds]

制度化された基金で、長期的成長と組織のミッション遂行のための収入を得るという2つの目的を持つ。一般的な基金には、大学、病院、非営利組織などによるものがある。

キャッシュ [cash]

資産の勘定科目で、通貨、当座預金、現金同等資産（預金など流動性の高い投資商品。通常は90日以内に償還可能な流動性の高い商品）。

キャッシュ・コンバージョン・サイクル（CCC 現金循環化日数）[cash conversion cycle]

企業がサプライヤーから在庫を仕入れて支払い、顧客から現金を回収するまでの時間の長さを測る指標。在庫日数＋売掛金回収日数－買掛金支払日数。

キャッシュフロー [cash flow]

企業が生み出すキャッシュを測るもの。EBITDA、営業キャッシュフロー、フリーキャッシュフローなどと呼ばれる。

キャッシュフロー計算書 [statement of cash flows]

1年間のキャッシュの変化を表す財務計算書。営業活動によるキャッシュフロー、投資活動によるキャッシュフロー、財務活動によるキャッシュフローの3つの部分から成る。

業界 [industry]

経済活動の一翼を担い、同様の製品やサービスを提供するグループを指す。

金利 [interest rate]

資金の借り手が支払い、貸し手が受け取るリターン。お金の時間的価値を分析するときには割引率と同義に使われることもある。

グローイング・パーペチュイティ [growing perpetuity]

パーペチュイティ（永久方式。永久に継続すると期待されるキャッシュフローの流れ）と同様だが、ある一定の割合で成長することを想定する。

減価償却 [depreciation]

有形固定資産（例えば設備機器）の費用を耐用年数の期間中に分散する会計処理法。

現在価値 [present value]

将来のキャッシュフローの流れを所定の割引率で割り引いて計算した、キャッシュフローの現時点での価値。

現物市場 [spot market]

金融商品やコモディティを購入し、即座に引き渡す市場や取引所のこと。これに対して先物市場は、購買者が将来引き渡されるものに支払うことを同意する市場である。

効率的市場仮説 [efficient market theory]

株価はすべての情報を反映しており、市場のベンチマークを一貫して上回ることは不可能であるとする投資理論。さらに具体的には、それぞれ異なるマーケット情報に応じて、この理論の異なるバージョンがある。

コスト構造 [cost structure]

製品やサービスのコストの要因分析。固定費と変動費を含む。

コングロマリット [conglomerate]

多少の自由度を持って独自に経営する、いくつかの関連性のない事業から構成される1つの企業体。共通の持株会社の下で運営される。

コンティンジェント・バリュー・ライト (CVR) [contingent value right instrument]

不確定価額受領権。被買収企業の株主に与えられる権利で、被買収企業の株の買い増し、あるいはキャッシュの受け取りの権利を得る。

【サ行】

最高財務責任者 (CFO) [chief financial officer]

会社の財務活動、財務経営を担当するシニア・エグゼクティブ。最高経営責任者（CEO）の直属で、最終的には取締役会に報告義務を持つ。

在庫 [inventory]

顧客に販売する目的で製造あるいは購買された物品などの資産。最終的に、在庫は商品として売却される。販売されたときに在庫費用が認識され、原価費用となる。製造会社はさまざまな段階で原材料、仕掛品、最終商品といった在庫を持つ。

在庫回転率 [inventory turnover]

会社の在庫管理の効率性を見る比率。該当期間の売上原価を該当期間の平均在庫で割ることにより計算される。該当期間に何回、在庫が回転したかを表す。在庫回転率＝売上原価÷期間平均在庫

在庫日数 [days inventory]

現金循環化日数の構成要素で、販売される前に平均何日間在庫にあるかを示すもの。平均在庫を1日当たり売上原価で割って計算する。365日を在庫回転数で割って求めてもよい。

債務 [debt]

資金の出し手に対する財務的義務で、固定金利が付く。貸出元本は、要求に基づき、あるいは返済予定に従って返済される。会社が財務的危機に陥ったり、解散したりした場合、債務の保有者は株主よりも前に返済を受ける優先権を持ち、資産のコントロール権を持つ。

財務キャッシュフロー [cash flow from financing activities]

キャッシュフロー計算書の一部で、企業が生み出すキャッシュフローのうち、資金源、資金の用途を含むもの。債務を確保する、あるいは債務（融資、債券、約束手形）の元本を返済するなど。また、株の売り出し、買い戻しも含まれる。

債務費用 [cost of debt]

債務により資金調達する場合の費用。通常、借入コストはパーセントで表される。年間に支払う金額で表されることもある。

財務比率 [ratio]

2つの関連する数字を割って比較する方法。例えば、債務合計÷資産合計は、債務によって資金手当てされた資産額の割合を表す。

サンクコスト [sunk costs]

過去に生じたコストで、意思決定に際して考慮に入れてはならない。

時価 [market value]

企業あるいは資産を公開市場で売却したときに入手できる金額。取得原価主義会計により、簿価とは異なる金額となることが多い。

時価総額 [capitalization]

会社の株主資本と債務の合計価値。通常は市

場の価格で決まる。

シグナリング [signalling]

配当や株の買い戻しなどの金融取引を通じて、間接的に投資家や市場に対して情報を提供すること。

資産 [assets]

会社が所有あるいはコントロールしている経営資源で、事業に将来経済的利益をもたらすことが期待されるもの。現金、在庫、設備機器などが含まれる。

資産回転率 [asset turnover]

デュポンのフレームワークの中で生産性を測る指標。一定期間の売上をその期間の平均総資産額で割ったもの。

自社株買い [stock buyback]

資金配分戦略の1つとして、経営陣の判断で自社株を買うこと。株の買い戻しとも言われる。

市場の効率性 [market efficiency]

市場が効率的であるという概念は、株に関するすべての入手可能な情報は株価に織り込まれているとする。「効率的市場仮説」を参照のこと。

市場指数 [market index]

複数の株の集合体を測るもの。たとえば、S&P500指数は、アメリカで取引されている大手公開企業500社の価格推移を表す。

市場の不完全性 [market imperfections]

情報の非対称性、取引コスト、税金などによって、現実が理想の市場から乖離していること。

市場リスクプレミアム [market risk premium]

高リスクの市場資産を所有する対価として期待される上乗せ部分。

システマチック・リスク [systematic risk]

分散によって取り除くことのできない、財務上の安全性に関わるリスク。

シナジー [synergies]

2つの会社を合併することで生じる、個々の市場価値合計を上回る部分。

シナリオ分析 [scenario analysis]

将来起こりそうな結果と、それぞれの発生確率を予想する方法。

支払手形 [notes payable]

近日中に支払期日が来る債務。

資本構成 [capital structure]

会社に資金を供給する株主資本と債務の割合。

資本コスト [cost of capital]

資本を利用する企業に資本の提供者が課すコスト。

資本資産評価モデル（CAPM）[capital asset pricing model]

分散ポートフォリオにおけるリスクを価格付けるフレームワーク。資本資産価格モデルとも言う。

資本市場 [capital markets]

株や社債などの金融商品が売り買いされる市場。本質的に資本市場は、資本の出し手（投資家）と資本の利用者（事業家）を結び付ける場である。

資本集約度 [capital intensity]

将来のキャッシュフローを生むのに必要とされる資金を相対的に測る指標。集約度が高ければ、資金を多く必要とする。

資本配分 [capital allocation]

新規プロジェクトの事業に投資したり、M&Aを行ったり、配当や株の買い戻しで株主に還元したりして、フリーキャッシュフローを配分するプロセス。

ジャスト・イン・タイム [just-in-time]

原材料、仕掛品、最終商品の在庫期間を最小限に抑えるための在庫管理手法。言い換えれば、在庫回転率を最大にする手法。

シャープ・レシオ [sharpe ratio]

リスクに対するリターンを計測するもの。リスクは利益の標準偏差で表されることが多い。

償還日 [maturity date]

債券の元本の満期日で、債券が完済される日。

証券 [security]

企業の資産に対する請求権を表す金融証書。

ショート・セル（空売り）[short selling]

株を借りて、その株を売り、売り値よりも低い価格で買い戻し、借りていた株を返却し、価格下落分から利益を得るプロセス。この戦略は、株の動きが下落傾向にあることを利用する、あるいはヘッジの目的で行う。

正味現在価値（NPV）[net present value]

将来のキャッシュフローの現在価値からプロジェクトの初期投資額を引いた結果。NPV がプラスのプロジェクトは可能性のある有効な投資対象と考えられる。

情報の非対称性 [asymmetric information]

取引に関与する関係者全員が同じ情報を持たない状況。資本市場では、情報を持つ企業、売り手、そしてエージェントがプリンシパルに対して、情報の上でアドバンテージを持つことを指す。

収益 [revenue]

通常の事業活動から得られる総収入。売上。

収益性 [profitability]

（一部あるいは全部のコストを差し引いた後の）ネットの利益額を売上で割って得る数値。例えば、総利益、営業利益、純利益などがある。

新規株式公開（IPO）[initial public offering]

証券取引所を通じて株式を発行し、売り出すことで、非公開企業を公開企業に転換するプロセス。

信用スプレッド [credit spread]

事業リスクを要因とするリスクフリー・レートとの差異、あるいは上乗せして支払う金利部分。

ストック・オプション [stock options]

あらかじめ決められた価格で、一定の期日までに株を買ったり売ったりする権利。義務ではない。

生産性 [productivity]

事業活動のインプット1単位当たりの生産量。例えば、従業員1時間当たりの売上高や、資産当たりの売上高などがある。

政府系投資ファンド [sovereign wealth funds]

国家が所有するファンドで国民のために投資をする。石油等の天然資源の採掘権などを資金源とすることが多い。ファンドの目的は、長期成長を遂げて将来国民に支払う財源を得ることである。

設備投資 [capital expenditures]

固定資産や、長期間使用する資産を会社が購入する金額。

セルサイド [sell side]

バイサイドの反対側に立つ人。株や債券などの金融商品を開発し、売る。投資銀行員、トレーダー、そしてアナリストの一部はセルサイドと見なされる。

相関 [correlation]

2つの変数が相互に関連して動く度合いを表すもの。

総資産利益率（ROA）[return on assets]

資産からどの程度効率的に利益を生み出しているかを測る指数。純利益÷資産合計金額で計算される。

総資本利益率（ROC）[return on capital]

利益を総資本（債務と株式）で割った数値。EBIT ÷債務と株式の価値　で計算される。使用資本利益率（ROCE）、投下資本利益率（ROIC）などとも言われる。

その他資産 [other assets]

（在庫や売掛金などのように）決まったカテゴリーに当てはまらない資産。その他流動資産は、現金、在庫、前払資産以外の資産で、1事業サイクルの間（通常は1年）に現金化できるもの。

その他非流動資産は（有形固定資産など）の長期資産に含まれないもの。

損益計算書 [income statement]

ある特定期間の事業の損益（売上－費用）を要約した財務報告書。期間中のすべての名目勘定の動きを示す。

【タ行】

貸借対照表 (バランスシート) [balance sheet]

財務諸表のひとつで、会社のある時点での財務状況を示すもの。会社が所有あるいはコントロールする経営資源のスナップショットであり、その経営資源の財源は何かを示す。

デュー・デリジェンス [due diligence]

M＆Aなどの合意をする前に、価値、リスク、期待される結果などを十分に理解するために、プロジェクトを詳細に調査すること。

デュポン・フレームワーク [DuPont framework]

株主資本利益率（ROE）を、収益性、生産性、レバレッジの3つの構成要素に分解して見る分析方法。

当期純利益 [net profit]

会社の利益総額。当期純利益がマイナスの数値になることもあるが、それだけでその企業の

財務体質が不健全であるとは限らない。売上からすべての費用（現金費用、非現金費用ともに）を差し引いて計算する。

統合 [integration]

2つの会社の業務を融合させ、1つの組織にまとめるプロセス。

倒産 [bankruptcy]

債務返済不能の状況を解決するプロセス。

投資家 [investor]

自身の資金を資本市場のさまざまな金融商品に投資する個人あるいは組織。

投資キャッシュフロー [cash flow from investing activities]

キャッシュフロー計算書の一部で、企業の投資活動（買収、事業分割など）によるキャッシュフローを記載した部分。固定資産など有形資産への投資、他社への投資も含まれる。

投資銀行 [investment banks]

企業が社債や株式の発行によって資金調達を行うのを手伝ったり、M&Aを行う企業のアドバイスをしたりする金融機関。

投資信託 [mutual funds]

多数の個人投資家から集めた資金を1つのファンドに集めて、特定の投資戦略に沿って運営する。狭い業界セグメントに投資するものか

ら、広範な市場を模倣して投資するインデックス・ファンドまで、さまざまなものがある。ファンドは純資産価格（NAV）で値付けされる。投資家はこの価格に基づいてファンドを売買する。

取締役会 [board of directors]

株主あるいはより広範囲な利害関係者を代表し、利益を守るためのグループ。取締役は通常選出されるが、一定の状況下では指名されることもある。取締役会は社内で最も権限が強く、会社のガバナンス・ポリシーを策定し、会社の業績を監督し、シニアな経営陣を採用する権限を持つ。

トレーダー [traders]

ブローカーのように顧客のエージェントとして取引を行うのではなく、自身で株を買ったり売ったりする人。売買することで市場に流動性を提供し、取引から短期間の間に利益を得ようとする。

【ハ行】

バイアウト [buyout]

企業買収の一形態。対象企業の株式を買い取って経営権を取得する。

バイサイド [buy side]

　会社の株を買う機関投資家。投信などのように、大きなグループのために株を買い、所有するために資金をプールする。

内部収益率 (IRR) [internal rate of return]

　現在価値を求める計算式を利用して算出する、正味現在価値 (NPV) がゼロになる割引率。IRR が会社の最小収益率を上回れば、プロジェクトは価値があると見なされる。

年金基金 [pension funds]

　組織が社員の退職時に福利厚生として将来支払うお金を確保しておき、資本市場に投資するファンド。ファンドの成長を目的とするが、同時に受益者のために、現在および将来のキャッシュフローの成長を目標とする。

のれん [goodwill]

　他社買収の結果生じる無形資産の価値。買収した事業のネットの固定資産の価値を超える買収費用の一部がのれんとなる。

配当 [dividend]

　事業から生じたフリーキャッシュフローの一部を、株数に応じて現金で株主に支払うこと。およびその現金。

パッシブ投信 [passive mutual funds]

　S&P500 などの指数に投資をし、運用担当者の裁量がきかない投信。

発生主義会計 [accrual accounting]

　大半の企業が採用する会計方法。米国会計基準 (US-GAAP) と国際財務報告基準 (IFRS) で要求されている。収益認識の原則で、収益は現金の支払いに関係なく、それが発生した期間に計上されなければならないとする。対応する原則として、費用は現金が支払われたときではなく、関連する収益が発生した期間に計上されるべきとする。

パーペチュイティ [perpetuity]

　永久方式。キャッシュフローの流れが永久に変わらず続くと期待する状況。

非オーガニック成長 [inorganic growth]

　他社あるいは他社の一部を買収することで成長を遂げること。

ビッド [bid]

　買い手が買おうとする最も高い価格。

1株当たり利益 (EPS) [earnings per share]

　発行済株式数と純利益の比率。

評価 [valuation]

　会社、プロジェクト、あるいは資産の価値を決めるプロセス。

負債 [liability]

　企業が銀行、サプライヤー、政府、あるいは社員などに支払う義務、あるいは製品やサービスを将来提供する義務のこと。

普通株式 [common stock]

　最も一般的な株式で、会社の所有権を表す。普通株にもいろいろな種類の株があるが、株の保有者は一定の権利を持つ。持ち株比率に応じて、会社の利益を得る権利、取締役を選任する権利、取締役が株主に対して行う提案に投票する権利などがある。

プライベート・エクイティ [private equity]

　公開資本市場外で非公開企業が株式あるいは債務による資金調達を行うときの資金。供給源にはプライベート・エクイティ会社、ベンチャー・キャピタル、エンジェル投資家などがある。スタートアップ、グロース・キャピタル（成熟した企業がリストラや新規市場への参入、大規模な買収で成長を試みるときに資金を注入する）、経営困難に陥った企業の再生、MBO や LBO に資金を供給する投資戦略をとる。

フリーキャッシュフロー (FCF) [free cash flows]

　事業で必要な費用をすべてカバーした後、投資家に分配するか、事業に再投資することが可能なキャッシュフロー。FCF は事業の資金調達方法には影響されない。フリーキャッシュフ

ロー＝（1－税率）× EBIT ＋減価償却－設備投資－ネットの運転資金の変化。

プリンシパルーエージェント問題 [principal-agent problem]

目的の利害衝突があり、情報が不完全な状況でプリンシパルがエージェントに任務を与えるときに生じる問題。

ブローカー [brokers]

顧客のために上場企業の株の売買取引を取り扱うエージェント。

分散化 [diversification]

1つに集中して投資するのではなく、異なる企業、異なる資産に資金を配分すること。

ベータ [beta]

分散ポートフォリオにある資産のリスクを測る指標。より広範な投資可能資産と、資産のリターンの相関関係を見る。

ヘッジファンド [hedge funds]

投資ファンドだが、通常、投資経験豊かな投資家に限って提供する。投資信託と比べると規制が比較的緩やかで、レバレッジを使うこと、集中して投資すること、ショート・ポジションをとることが許される。

ベンチャー・キャピタル [venture capital]

スタートアップや小規模の事業を専門に資本を提供する投資家。将来高成長の可能性があると思われるリスクの高い投資を主体とする。会社は非公開企業で取引所に上場していない。

簿価 [book value]

資産の会計上の価値。保守主義の原則と取得原価主義の原則から、その資産の市場価値から乖離していることが多い。

保守主義の原則 [principle of conservatism]

会計で数値を推計するとき、楽観的な数字ではなく慎重な推測によって評価すべきとする原則。資産では低い評価額を記録し、負債では可能な限り高い評価額を記録することを意味する。売上や売買差益はほぼ確実と思われるときに記録し、費用や損失に関しては可能性が見えた段階で記録する。

ボラティリティ [volatility]

変数が平均から乖離する度合いを測るもの。

【マ行】

マルチプル [multiples]

類似企業の価値を経営測定基準で比較する評価方法。評価する組織の経営測定基準とその比率を比べる。

無形資産 [intangible asset]

物理的形状を持たない資産（例えばブランド、特許、著作権）。

【ヤ行】

有価証券 [marketable securities]

比較的容易に現金化できる証券のこと。償還日は通常1年以内。CD（譲渡性預金）、財務省短期証券、その他マネーマーケット商品など。

有形固定資産（PP&E）[property, plant, and equipment]

会社の製品やサービスを直接・間接に生み出すのに使う物理的な資産。土地、機械、建物、事務機器、車両など、多額の費用がかかるものが中心。粗固定資産は通常は、当初の投資金額である。純固定資産はその資産の減価償却を差し引いたものになる。

優先株 [preferred stock]

株式の特別な種類で、配当の受け取り、投票権、清算時の受け取りで優先的な権利を持つ点で、普通株式と異なる。

予測 [forecasting]

入手可能なデータと仮定に基づき、将来の収入、費用、キャッシュフローを計算すること。

【ラ行】

利益相反 [conflict of interest]

個人の職業上の利害と公益とが相反する状況。

利益率 [profit margin]

会社の粗営業利益あるいは純利益と売上の比率。

リスク [risk]

リスク回避の性向から、多くの人が避けたいと思う結果の変動性を広く指す言葉。

リスクフリー・レート [risk-free rate]

債務不履行のおそれがない場合に貸し手に支払われる金利。米国財務省証券の金利が最も標準的に使われる。

リターン（損益）[return]

投資によって得られた、あるいは失ったお金。

利払前・税引前利益 (EBIT) [earnings before interest and taxes]

支払金利と税金を純利益に足して計算する。営業利益とも言う。

利払前・税引前・減価償却前利益 (EBITDA) [earnings before interest, taxes, depreciation, and amortization]

非現金費用と財務費用を取り除き、事業が生み出すキャッシュを測る代替値。通常、EBITに有形固定資産と無形固定資産の減価償却費を足し戻して計算する。

EBITDA マージン [EBITDA margin]

キャッシュに重点を置くために、利益の代わりに EBITDA を分子に使い、（EBITDA ÷ 売上高）で計算して収益性を測る比率。

流動資産 [current asset]

1年以内（会社の営業サイクルが1年以上にわたるときには、1営業サイクル以内）に現金化が可能と思われる現金などの資産。

流動性 [liquidity]

資産をいかに迅速に、容易に現金に換えられるかを表す。

売掛金は在庫よりも流動性が高い。在庫の場合、商品が販売されて売掛金になり、それが回収されて初めて現金になる。したがって売掛金は在庫よりも1ステップ現金に近く、流動性が高いと言える。

流動比率 [current ratio]

会社の短期負債の支払能力を表す指標。流動資産を流動負債で割って計算する。

流動負債 [current liabilities]

1年以内（会社の営業サイクルが1年以上にわたるときには、1営業サイクル以内）に清算あるいは現金で支払われる負債。

レバレッジ [leverage]

資金調達に債務を利用すること。レバレッジの高い会社は、ほかの資金調達を行う会社に比べ、多額の債務調達を行っている。

レバレッジによる資本再編成 [leveraged recapitalizations]

債務を増やし、株式所有者から株を買い上げる財務戦略。

レバレッジド・バイアウト (LBO) [leveraged buyout]

現所有者から会社を買収するのに、多額の債務を利用する取引形態。上場企業を非公開にすることが多い。買収企業は、比較的少額の株式投資で、大きな規模の会社のコントロールを得ることができる。

【ワ行】

割引 [discounting]

時間の経過とともに生じるキャッシュフローに適用するプロセス。割り引くことで、将来のキャッシュの流れを現在価値に引き直すことができる。割引率（パーセンテージ）は、資本の出し手にとっての機会費用を表す。

割引率 [discount rate]

将来のキャッシュフローの流れを現在価値に

引き直すために使うレート。割引率は、インフレーションやリスクプレミアムなど、お金の時間価値に影響を与える要因から決まる。

Notes
注記

Chapter 1

1. Bill Lewis et al., "US Productivity Growth, 1995-2000," McKinsey Global Institute report, October 2001, https://www.mckinsey.com/featured-insights/americas/us-productivity-growth-1995-2000.

Chapter 2

1. Barry M. Staw and Ha Hoang, "Sunk Costs in the NBA: Why Draft Order Affects Playing Time and Survival in Professional Basketball," *Administrative Science Quarterly* 40, no. 3 (September 1995): 474-494.

Chapter 3

1. William Alden, "PepsiCo Tells Activist Investor Its Answer Is Still No," *New York Times DealBook* (blog), February 27, 2014, https://dealbook.nytimes.com/2014/02/27/pepsico-tells-activist-investor-its-answer-is-still-no/.

Chapter 5

1. Michael J. de la Merced, "Southeastern Asset Management to Fight Dell's Takeover," *New York Times DealBook* (blog), February 8, 2013, https://dealbook.nytimes.com/2013/02/08/southeastern-asset-management-to-fight-dells-takeover/.
2. Dan Primack, "Icahn: I've Lost to Michael Dell," *Fortune*, September 9, 2013, http://fortune.com/2013/09/09/icahn-ive-lost-to-michael-dell/.
3. *In re:* Appraisal of Dell Inc. (Del. Ch., May 31, 2016), C.A. No. 9322-

VCL, https://courts.delaware.gov/Opinions/Download.aspx?id=241590.
4. Sydra Farooqui, "Leon Cooperman on Dell, Taxes, Equity Prices, More" (video), Valuewalk.com, March 6, 2013, https://www.valuewalk.com/2013/03/leon-cooperman-on-dell-taxes-equity-prices-more-video/.
5. Steven Davidoff Solomon, "Ruling on Dell Buyout May Not Be the Precedent That Some Fear," *New York Times DealBook* (blog), June 7, 2016, https://www.nytimes.com/2016/06/08/business/dealbook/ruling-on-dell-buyout-may-not-be-precedent-some-fear.html.
6. *In re:* Appraisal of Dell Inc.

Chapter 6

1. "AOL-Time Warner—How Not to Do a Deal," *Wall Street Journal Deal Journal* (blog), May 29, 2009, https://blogs.wsj.com/deals/2009/05/29/looking-at-boston-consultings-deal-rules-through-an-aol-time-warner-prism/.
2. Philip Elmer-Dewitt, "Is Apple Ripe for a Stock Split?" Fortune, February 9, 2011, http://fortune.com/2011/02/09/is-apple-ripe-for-a-stock-split/; Mark Gavagan, *Gems from Warren Buffett—Wit and Wisdom from 34 Years of Letters to Shareholders* (Mendham, NJ: Cole House LLC, 2014).

Answers, Chapter 3

1. McKinsey & Company, "The Rise and Rise of Private Markets," McKinsey Global Private Markets Review, 2018, https://www.mckinsey.com/~/media/mckinsey/industries/private%20equity%20and%20principal%20investors/our%20insights/the%20rise%20and%20rise%20of%20private%20equity/the-rise-and-rise-of-private-markets-mckinsey-global-private-markets-review-2018.ashx.
2. Michael A. Arnold, "The Principal-Agent Relationship in Real Estate Brokerage Services," *Journal of the American Real Estate and Urban Economics Association* 20, no. 1 (March 1992): 89-106.

Index
索引

[著者]
ミヒル・A・デサイ（Mihir A. Desai）
ハーバード大学教授。ビジネス・スクール（経営大学院）でファイナンスを教え（みずほフィナンシャルグループ寄付講座教授）、ロー・スクール（法科大学院）では税法を教える。インドで生まれ、香港とアメリカで育つ。ビジネス・スクールの学生時代には上位5パーセントに与えられるベイカー・スカラーに輝き、その後フルブライト奨学生としてインドに留学。ハーバード大学で政治経済学の博士号を取得した。経済と金融の評論家としてメディアにもたびたび登場。コーポレート・ファイナンスから公共政策まで、幅広くコメントしている。その研究は金融専門誌だけではなく、経済誌やニューヨークタイムズ、ワシントンポスト、ウォール・ストリート・ジャーナルなどで取り上げられている。ファイナンスという難科目を担当しているにもかかわらず、2001年にはビジネス・スクールで教える優秀な教師を表彰する学生協会賞を受賞するほどの人気教授である。著書に『明日を生きるための教養が身につくハーバードのファイナンスの授業』（ダイヤモンド社）がある。

[訳者]
斎藤聖美（さいとう・きよみ）
1950年生まれ。慶應義塾大学経済学部卒。日本経済新聞社、ソニー勤務の後、ハーバード・ビジネス・スクールでMBA取得。モルガン・スタンレー投資銀行のエグゼクティブ・ディレクターなどを経て独立。数々の企業立ち上げに携わり、現在はジェイ・ボンド東短証券代表取締役社長。バスケットボール女子日本リーグ（WJBL）会長も務める。訳書に『PRINCIPLES（プリンシプルズ）人生と仕事の原則』（レイ・ダリオ著、日本経済新聞出版社）ほか多数。

HOW FINANCE WORKS
ハーバード・ビジネス・スクール
ファイナンス講座

2020年2月5日　第1刷発行
2020年5月22日　第3刷発行

著　者——ミヒル・A・デサイ
訳　者——斎藤聖美
発行所——ダイヤモンド社
　　　　〒150-8409　東京都渋谷区神宮前6-12-17
　　　　http://www.diamond.co.jp/
　　　　電話／03·5778·7232（編集）　03·5778·7240（販売）

装丁———デザインワークショップジン
本文レイアウト——岸和泉
ＤＴＰ———中西成嘉
製作進行——ダイヤモンド・グラフィック社
印刷———勇進印刷（本文）・加藤文明社（カバー）
製本———ブックアート
編集担当——木山政行

ハーバード・ビジネス・スクールの卒業生に贈られた最終講義を書籍化!

ハーバードでファイナンスを教える名物教授が、数字やグラフの代わりに文学や映画、歴史や哲学のレンズを通して、お金、金融、リスク、リターンなど、ファイナンスの基本原理と人間の幸福な生き方を教える。一見とっつきにくい「ファイナンス」が、人間の本質や人生とどう密接につながっているか。ハーバード・ビジネススクールの卒業生に送られる最終講義の書籍化。世界の本質をファイナンスの目で見られるようになると、人生はこんなに豊かにできる。

明日を生きるための教養が身につく
ハーバードのファイナンスの授業
—ハーバード・ビジネス・スクール伝説の最終講義

ミヒル・A・デサイ［著］　岩瀬大輔［解説］　関美和［訳］

●四六判上製●定価（本体1600円＋税）

http://www.diamond.co.jp/

ミヒル・A・デサイ 著
岩瀬 大輔 解説　関 美和 訳
Mihir A. Desai

The Wisdom of Finance
Discovering Humanity in the World of Risk and Return

明日を生きるための教養が身につく
ハーバードのファイナンスの授業
ハーバード・ビジネス・スクール伝説の最終講義

世界的権威が数式やグラフを使わずに語る、ファイナンスの基本原理と、充実した人生を生きるためのノウハウ。
ハーバード・ビジネス・スクールの卒業生に贈られた名講義が待望の書籍化!

ノーベル賞受賞者（オリバー・ハート教授）も絶賛!
「現代ファイナンス理論をこんなにも魅力的に読めるなんて!」

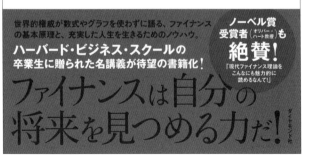

ファイナンスは自分の将来を見つめる力だ!